Meines Großvaters Geige

Gedruckt mit freundlicher Unterstützung des Freundeskreises
der KZ-Gedenkstätte Neuengamme e.V., Hamburg

Die Deutsche Nationalbibliothek verzeichnet diese Publikation in der Deutschen
Nationalbibliografie; detaillierte Daten sind im Internet über https://portal.dnb.de/ abrufbar.

© 2020 Hentrich & Hentrich Verlag Berlin Leipzig
Inh. Dr. Nora Pester
Haus des Buches
Gerichtsweg 28
04103 Leipzig
info@hentrichhentrich.de
http://www.hentrichhentrich.de

Lektorat: Philipp Hartmann
Umschlag: Gudrun Hommers
Gestaltung: Michaela Weber
Druck: Winterwork, Borsdorf

2., überarbeitete Auflage 2022
Alle Rechte vorbehalten
Printed in Germany
ISBN 978-3-95565-409-2

Matthias Brandis

Meines Großvaters Geige

Das Schicksal der
Hamburger jüdischen Familien
Wohlwill und Dehn

HENTRICH & HENTRICH

INHALT

Einleitung	7
Zur historischen Entwicklung	13
Die Familien Wohlwill und Dehn	17
Familienleben bis 1933	18
Yoel Wolf oder Immanuel Wohlwill	18
Rückkehr nach Hamburg	24
Fanny	25
Daniel Theodor	25
Anna Kunigunde	25
Adolph Wohlwill	27
Emil Wohlwill	29
1933 — Das schreckliche Ende einer großen Illusion	37
Die Flucht der Mitglieder der Familie Wohlwill und Dehn 1935 bis 1941	40
Die Kinder der Familie Emil Wohlwill	43
Heinrich Wohlwill	44
Max Wohlwill	51
Briefe der Großeltern Wohlwill an Max und Familie vom 21. Januar 1939 bis 11. Juli 1942	52
Marianne Wohlwill	64
Elisabeth	65
Margarete	65
Überleben unter Bedrohung – Postkarten aus und nach Theresienstadt	69
Kindheit im Krieg	102
Joachim Friedrich (Fritz) Wohlwill	104
Gretchen Wohlwill	107
Marie Wohlwill	109
Sophie Wohlwill	109
Paul Wohlwill	115

Die Familie Dehn *117*
Maximilian Dehn *119*
Robert Solmitz *121*
   Robert Solmitz: Das Sekretariat Warburg: Eine Oase für
   die Juden in Hamburg. Oktober 1938 bis Juni 1941 *122*
Rudolph Dehn *130*
Eduard und Elisabeth Goldschmidt *131*
Hedwig Dehn *133*
Max Dehn *134*
   Besondere Fluchtwege *135*
Marie Dehn *142*
Reinhard Meyer *143*
   Wilhelm Mayers persönliche Erinnerungen ab 1945, aufge-
   schrieben für seinen Sohn Enrique, der gerade ein Jahr alt war *144*
Bertha Dehn *154*
Karl Arnold Dehn *164*
Georg Dehn *164*
Die acht Geschwister Dehn *165*
   Die Schule Bunce Court *166*

Das Schicksal der Verfolgten *169*
Terezín (Theresienstadt) *171*
Nach der Befreiung – Das Tagebuch von Wilhelm Mayer 1945/46 *179*

Abschließende Betrachtungen *185*
Literaturverzeichnis *190*
Abbildungsnachweis *193*

Genealogy and family trees of two jewish families from Hamburg *195*
   Wohlwill family *196*
   Dehn family *200*

Einleitung

Ein Versuch, das Leben einer vergangenen Epoche zu beschreiben, wird durch den Umstand erschwert, dass schriftliche Unterlagen nur sehr vereinzelt verfügbar sind und jeder Versuch, Lücken durch Vermutungen und vermeintliche Interpretationen aufzufüllen, wirkliche historische Fakten verfälscht. Diese Familienchronik soll dennoch geschrieben werden, um den späteren Generationen, den Kindern, Enkeln, Nichten und Neffen den Zusammenhang ihrer eigenen Familie etwas anschaulicher zu machen. Das Schicksal der deutschen und europäischen Juden, ihre Vernichtung und Verfolgung durch das nationalsozialistische Regime, ist umfänglich in unzähligen Einzelbiografien und historischen Abhandlungen beschrieben worden. Saul Friedländer (2007) hat in seinem großen Werk „Das Dritte Reich und die Juden" eine umfassende Analyse zur Judenverfolgung und Vernichtung geschrieben. Nirgendwo sonst wird die Geschichte des Holocaust so eindringlich und kenntnisreich erzählt.

Dabei beschreibt er, dass die deutsche Gesellschaft mit Beginn des Jahres 1933 konfrontiert war mit einem extremen Antisemitismus, der unterschwellig immer vorhanden war. Mit der Machtübernahme Hitlers wurde dieser Antisemitismus verstärkt und zu einem mörderischen Erlösungsantisemitismus, wie Friedländer es formuliert hat, gesteigert. Es war zunächst nicht vorhersehbar, wie die deutsche Bevölkerung auf die Ausgrenzung der jüdischen Bevölkerung reagieren würde, und ob das Ausland evtl. Maßnahmen wie einen Handelsboykott oder Ähnliches ergreifen würde. Schon wenige Wochen nach der Machtübernahme war mit dem „Gesetz zur Wiederherstellung des Berufsbeamtentums" vom 7. April 1933 die Richtung für alle klar. Alle Beamten, Angestellten im öffentlichen Dienst, in Krankenhäusern und Universitäten waren sehr schnell davon betroffen. Friedländer beschreibt, wie verblüfft die entscheidenden Chargen der Partei waren, als der Widerstand relativ maßvoll verlief. Auch die Einflussnahme der jüdischen Organisationen wie z. B. des *Hilfsvereins der deutschen Juden* oder der *Reichsvereinigung der Juden in Deutschland* (RVJD) blieb recht zurückhaltend, in dem Bewusstsein, dass jede Art von aggressivem Widerstand die Situation noch bösartiger machen würde. Friedländer zeigt die stufenweise Verschärfung der Verordnungen gegen die Juden, die zunächst mit den Nürnberger Gesetzen 1935 einen weiteren Höhepunkt erreichten. Die Pogromnacht (euphemistisch auch „Kristallnacht") vom 9. auf den 10. November 1938 zeigte allen Betroffenen, wie ernst es für die Einzelnen werden würde. Bis 1940 war der politische Druck zur Ausgrenzung der jüdischen Bevölkerung auf die „Auswanderung" gerichtet. Parallel dazu wollte man Zugriff auf das jüdische Vermögen haben und verschärfte kontinuierlich die gesetzlichen Vorschriften. „Judensteuer" und „Reichsfluchtsteuer" waren die neuen Begriffe, um die jüdische Bevölkerung zur Flucht zu zwingen. Friedländer beschreibt sehr detailliert, wie sich der Judenhass immer weiter steigerte bis zur sogenannten Wannseekonferenz 1941, in der über das Schicksal („Endlösung der Judenfrage") der Millionen jüdischen Bürger in Deutschland und den im Krieg besetzten Ländern entschieden wurde. Schließlich wurde der 23. Oktober 1941 als Stichtag zum Verbot jeder „Ausreise" festgelegt.

Warum sollte man noch einmal darüber schreiben? Die Beantwortung dieser Frage ist zunächst sehr einfach: Die eigene Familie soll durch diese Darstellung erkennen, woher sie stammt, warum so viele Verwandte in die ganze Welt geflohen sind und wie die tragische Geschichte der Diktatur in Deutschland familiäre Strukturen zerstört hat. Die Tatsache, dass meine Mutter jüdischer Abstammung und mein nichtjüdischer Vater diese Jahre mit uns vier Kindern überlebt haben, ist schwer zu verstehen. Als jüngster Sohn, 1939 geboren, ist es mir ein Bedürfnis, die Geschehnisse so darzustellen, wie ich sie aus vorhandenen Unterlagen und Erzählungen erfassen konnte. Nachforschungen in Archiven (Hamburgisches Staatsarchiv StAHH, Familienunterlagen in den USA und Australien, insbesondere Bildmaterial und Briefe) haben die Unterlagen ergänzt. Direkte Verwandte, wie Cousinen und Vettern 1. Grades in Australien, Cousinen und Vettern 2. Grades in Israel, den USA, Peru und England waren mündliche Zeugen der jeweils eigenen Familiengeschichte. Schließlich hat ein Besuch in Israel, insbesondere der Holocaust-Gedenkstätte Yad Vashem, meine Überzeugung gestärkt, dass es geboten ist, zur eigenen Familie Zeugnis abzulegen und die Geschehnisse zu beschreiben.

Ich bin kein Zeitzeuge, kein Holocaust-Überlebender, sondern schildere die Fakten, wenn möglich nach Unterlagen der verfolgten Verwandten, und versuche nachzuvollziehen, wie die Generation meiner Eltern und Großeltern sowie all der vielen Verwandten die Zeit von 1933 bis 1945 und danach erlebt bzw. überlebt hat.

Während der Holocaust in den 1980er und 1990er Jahren bevorzugt in einzelnen europäischen Ländern oder in den nordamerikanischen Ländern durch Betroffene beschrieben wurde, tendiert die neuere Literatur mehr zu einer globalen Interpretation. Hierbei ist besonders bemerkenswert, wie die Verbrechen des Nationalsozialismus und die der Stalin-Diktatur in der Sowjetunion gegenübergestellt werden, nicht zuletzt, um die Einzigartigkeit der Verbrechen durch den Nationalsozialismus zu relativieren. In jüngster Zeit werden die Genozide, die bis heute stattfinden, in vielen Ländern der Welt einbezogen (Henderson / Lange, 2017). Vor kurzem wurde die ernste Besorgnis geäußert (Aarons / Berger, 2017; Taubitz, 2015; von Treuenfeld, 2017), dass die eigentlichen Zeitzeugen, die in irgendeiner Form den Holocaust überlebt haben, sehr bald nicht mehr zur Verfügung stünden, und es daher dringend erforderlich sei, deren Lebenserfahrungen in dieser Zeit zu dokumentieren. Dies geschieht bereits seit den 1980er und 1990er Jahren in großem Stil, nicht nur durch Steven Spielbergs über 80.000 dokumentierte Interviews, sondern ganz besonders durch verschiedene Holocaustmuseen, etwa in Israel, Washington oder Berlin.

Es stellt sich nun heraus, dass das weltweite Interesse an den Erfahrungen in der nationalsozialistischen Zeit von 1933 bis 1945 in Deutschland und Europa nach wie vor groß ist. So ist die unüberschaubare Zahl der persönlichen und der historischen Dokumentationen zu dieser Zeit offensichtlich in keiner Weise abgeebbt, sondern gewinnt zunehmend ein weltweites Interesse, auch wenn zwischen 1933 und heute nun über 80 Jahre vergangen sind. Die Schwierigkeit, eigene Erinnerungen oder die dokumentierten Erinnerungen von Zeitzeugen auf ihre Wahrheit und Echtheit hin zu überprüfen, macht die Arbeit mit diesem Thema zu einer Herausforderung. Es ist daher das Ziel dieses Berichts, soweit es irgendwie geht, Fakten und Dokumente zu benutzen und darzustellen, die durch sich selbst eine verständliche Erzählung bilden.

Ich werde daher weitestgehend darauf verzichten, meine eigene Interpretation der historischen Ereignisse darzulegen. Bei jedem noch so nüchternen Versuch, die grauenhaften Exzesse gegen Menschen nachzuzeichnen, sind wir mit Tatsachen konfrontiert, die nicht zu ertragen sind und unbegreiflich bleiben. Alle Analysen, die versuchen, den menschenverachtenden Terror der Nationalsozialisten von 1933 bis 1945 zu verstehen, bleiben daher absurd.

Ich möchte den Versuch machen, die Lebenssituation zu schildern und daraus das Bild einer Familie zu gestalten, die sich bis 1933 relativ unbeschwert einen Platz in der Hamburger Gesellschaft erobert hatte. Es soll ein Zeugnis sein für den Untergang einer aus dem 19. Jahrhundert gewachsenen Familie, die durch die nationalsozialistische Diktatur in ihren Grundstrukturen ausgelöscht wurde, dauerhaft, für immer. In alle Welt geflohene und versprengte Mitglieder haben an ihren neuen Wohnorten eine eigene Existenz gegründet. Am Ende wird es interessant sein, zu lesen, in welcher Form diese Menschen ihr eigenes Leben in der neuen Heimat gestalten konnten. Da die Zahl der Mitglieder der Familien Wohlwill und Dehn, um die es in den folgenden Abschnitten geht, schon in den 1930er Jahren sehr groß war, werden nur einzelne Beispiele von Familienerfahrungen und -erlebnissen geschildert werden können.

Zur historischen Entwicklung

Nach dem sehr informativen Buch „Zu einer anderen Zeit: Porträt der jüdisch-deutschen Epoche" von Amos Elon (2003) begann die Jahrtausende alte Leidensgeschichte der jüdischen Bevölkerung mit dem Beginn des Christentums. Die Weigerung der Juden, sich taufen zu lassen und den gekreuzigten Jesus Christus als Messias anzusehen, führte sehr bald unter der römischen Besetzung zu Verfolgungen, die sich in späteren Jahrhunderten oft wiederholten. In der Zeit der Kreuzzüge hatten die Verfolgungen einen Höhepunkt. Im Mittelalter waren Juden keine normalen Bürger, durften keine Berufe üblicher Art erlernen, sondern lebten am Rande der Dörfer und Städte, meist sehr arm, und durften nur mit alten Kleidern oder mit Geld handeln. Manche brachten es zu Reichtum, worauf sie von den Fürsten in Dienst genommen wurden. Später gab es das Phänomen der jüdischen Hoffaktoren. Ein Hoffaktor war ein an einem höfischen Herrschaftszentrum bzw. Hof beschäftigter Kaufmann, der Waren, Heereslieferungen oder Kapital für den Herrscher beschaffte. Viele Hoffaktoren waren Juden, für die der zeitgenössische Quellenbegriff „Hofjude" verwendet wurde. Im Wormser Privileg von 1157 erneuerten und verbesserten die Staufer den Schutz der Juden und unterstellten sie der königlichen Kammer. Friedrich II. unterstellte sich 1236 alle Juden reichsweit als königliche „Kammerknechte" und gewährte ihnen Schutz vor Verfolgungen gegen die Zahlung von Schutzgeldern. Damit hatten Juden mit eingeschränkten Bürgerrechten eine gewisse Existenzsicherheit, zumindest für gewisse Zeit. Je nach wirtschaftlicher Lage wurden die Juden, die mit den Römern nach Germanien eingewandert waren, wieder Verfolgungen ausgesetzt, sie mussten sich speziell kleiden, zum Beispiel spitze Hüte tragen oder gar das gelbe Juden-Abzeichen, etwas, was die Nationalsozialisten in perfider Weise wiederholt haben.

Im Preußen unter Friedrich Wilhelm I., seinem Sohn Friedrich I., dem Soldatenkönig, und schließlich unter dessen Sohn Friedrich II. erlebten die Juden eine wechselvolle Verfolgungsgeschichte (Elon, 2003). Die Vorstellung, dass sich gerade Friedrich II. für die Religionsfreiheit einsetzte, war in der Tat für Juden nicht gültig. Im Gegenteil, er verschärfte die Bestimmungen für die Ansiedlung von Juden erneut gegenüber denen seines Vaters Friedrich I., sodass ihre Entfaltungsmöglichkeiten extrem begrenzt waren. Dann, im Siebenjährigen Krieg gegen Maria Theresia, geriet Preußen in extreme Geldnot, die Friedrich II. wiederum veranlasste, sich der finanziellen Hilfe der jüdischen Händler zu bedienen und ihnen gewisse Rechte einzuräumen.

Es war zu dieser Zeit, dass ein 14-jähriger Junge mit Namen Moses Mendel aus Dessau von seinem Vater nach Berlin geschickt wurde, um etwas zu lernen. Nach mehreren vergeblichen Versuchen, über das Judentor eingelassen zu werden, gelang es ihm, in die Stadt zu kommen.

Er nannte sich später Moses Mendelssohn. Zu seiner Zeit lebten gut über 100 Juden als Hofjuden oder Schutzjuden in Berlin. Juden konnten in ihren eigenen Schulen nur den Talmud lesen und aus ihm unterrichtet werden. Andere Bücher gab es nicht. Die Schule ging von morgens bis abends, die Schüler mussten alle Inhalte auswendig lernen. Moses Mendelssohn war das sehr bald nicht genug, er brachte sich selbst mehrere Sprachen bei, Englisch, Französisch, Latein und Griechisch.

Juden hatten zu dieser Zeit keine eigenen Nachnamen, sondern ihnen wurde sozusagen gestattet, sich nach ihrem Vater zu nennen – so ist Moses Mendelssohn der Sohn von Herrn Mendel aus Dessau. Auch konnten Juden sich nach ihrer Herkunftsstadt nennen, oder sie mussten Tiernamen annehmen. Daher sind jüdische Familiennamen sehr häufig Städtenamen wie z. B. Berliner, Hamburger, Breslauer, Krakauer etc. Auch die Tiernamen Loew(e) und Wolf sind typisch jüdische Namen.

Die Ansiedlung von Juden in den norddeutschen Hansestädten entwickelte sich durch die spanisch-portugiesischen Vertreibungen im 16. und 17. Jahrhundert. Die utilitaristischen Interessen der Hansestädter erlaubten den Juden, die für die Kaufleute durch ihre Erfahrungen im internationalen Handel nützlich erschienen, sich anzusiedeln. Sie wurden geduldet, ohne die Bürgerrechte zu besitzen. Dies erfolgte erst viel später in der Mitte des 19. Jahrhunderts. So war es in Hamburg und Altona z. B. die Familie Warburg, deren Geschichte Ron Chernow in seinem Buch „Die Warburgs" in ausführlicher Schilderung exemplarisch als die langsame Akkulturation einer immer wohlhabender werdenden Familie dargestellt hat (Chernow, 1993).

Das Selbstverständnis der Hamburger Bürger jüdischer Abstammung, die sich als Deutsche und Hamburger identifizierten, war gewachsen aus einer steigenden Akzeptanz innerhalb der bürgerlichen Gesellschaft, so in Hamburg, Berlin, Breslau, Frankfurt und den anderen großen Städten Deutschlands. Sie waren als Geschäftsleute oder Akademiker tätig. Jüdische Bürger waren religiös gebunden, christlich getauft oder Agnostiker und in vielen kulturellen Bereichen prominent vertreten, sei es als Musiker, Schauspieler oder Maler. Das Verhältnis der jüdischen zur nichtjüdischen Gesellschaft ist von Amos Elon beispielhaft beschrieben worden. Die Assimilation, oder besser formuliert: Akkulturation der Juden in den letzten 200 Jahren wird exemplarisch analysiert. John Grenville (2012) hat die Hamburger Situation der jüdischen Familien detailliert erzählt.

Die Stellung von Juden innerhalb der bürgerlichen Gesellschaft in Hamburg war geprägt durch die wirtschaftliche und industrielle Entwicklung im 19. Jahrhundert. Die Möglichkeit für jüdische Kinder, eine normale Schulbildung, das Erlernen eines Handwerkes oder gar den Besuch einer Universität aufzunehmen, war bis in den Anfang des 19. Jahrhunderts hinein nicht gegeben. So ist die Schilderung der Lebensgeschichte Moses Mendelssohns (Elon, 2002) und seine langsame Integration in die Berliner Gesellschaft aufschlussreich auch für Hamburger Juden. Die Juden gingen bislang auf von ihnen selbst organisierte Talmudschulen, in denen sie offensichtlich mit enormem Fleiß gebildet wurden, ohne aber zu einer breiten Schulbildung Zugang zu haben. Diese Beschränkung für jüdische Kinder änderte sich insbesondere in Preußen mit zunehmenden Möglichkeiten. Schon unter der französischen Besetzung war es ab 1806 gesetzlich geregelt, dass Juden der Zugang zu den Schulen gewährt werden musste. Ein typisches Beispiel hierfür ist die Lebensgeschichte von Immanuel Wohlwill (siehe S. 18ff.).

Die anschließenden Berufsbildungschancen beschränkten sich lange auf die den Juden bislang möglichen Berufe wie Geldhandel, Tuchhandel etc. Die Zunftvereine verweigerten den Juden noch für viele Jahre den Zugang zum traditionellen Handwerk.

Die Entwicklung einer jüdischen Familie im 19. Jahrhundert muss unter diesen Vorgaben nachgezeichnet werden, da nur so die Besonderheit der einzelnen Lebensschicksale verstanden werden kann.

Elon beschreibt in seinem Buch das ambivalente Verhältnis der deutschen aristokratischen Gesellschaft und der zur Normalität drängenden jüdischen Bevölkerung anschaulich. Auch auf das Buch von W. Michael Blumenthal (2004) sei hingewiesen. Blumenthal war 1939, mit 13 Jahren, mit seinen Eltern nach Shanghai geflohen, wurde US-Finanzminister unter dem amerikanischen Präsidenten Jimmy Carter und später Direktor des Jüdischen Museums in Berlin. Seine aufregende Lebensgeschichte in Shanghai, die weitere Entwicklung nach sechs Jahren und die Einreise in die USA zeigen die verschiedenen Fluchtwege jüdischer Familien, von denen später noch die Rede sein wird.

Die Ansiedelung von jüdischen Bürgern war im Preußen deutlich früher möglich als in den südlichen Königreichen der Deutschen Länder, wie Baden oder Bayern, wo es den Juden erst Mitte des 19. Jahrhunderts gestattet wurde, sich in den größeren Städten anzusiedeln. Das wird auch daran deutlich, dass in den noch erhaltenen jüdischen Friedhöfen der größeren Städte in Süddeutschland nicht viele Gräber zu finden sind, die älter sind als 1860, mit seltenen Ausnahmen wie z. B. Worms.

Die Familien
Wohlwill und Dehn

Familienleben bis 1933
Es soll hier der Versuch unternommen werden, die Geschichte der Familien Wohlwill und Dehn im Hamburg des 19. und 20. Jahrhunderts zu erzählen.

Mit einer genealogischen Auflistung dieser Familie läuft man Gefahr, die „Bedeutung" einzelner Familienmitglieder zu stark zu betonen. Man muss also versuchen, die Normalität einer Familiengeschichte zu beschreiben und mit einzelnen Beispielen etwas Licht in das Verständnis von Besonderheiten zu bringen.

So zeigt die Entwicklung der Familie Wohlwill zu Beginn und im Verlauf des 19. Jahrhunderts sehr aufschlussreich, wie intelligente und gebildete Juden in die bürgerliche Gesellschaft drängten.

Beginnen wir mit der Frage: Woher kommt der Name Wohlwill?

Yoel Wolf oder Immanuel Wohlwill
Yoel Wolf wurde 1799 in Harzgerode im Harz geboren. Sein Vater Benjamin Wolf war Lehrer einer Talmudschule (F. Wohlwill, 1953). Auch für den Sohn Yoel war die Bildung in einer Talmudschule vorbestimmt. Aus dieser „Vorbestimmtheit" heraus konnte sich Yoel Wolf, später Immanuel Wohlwill, erstaunlich frei entfalten. Wolf wurde schon mit acht Jahren Vollwaise und wurde von einem Onkel in Pflegschaft genommen. Dieser schickte ihn auf die 1801 gegründete Jacobson-Schule in Seesen am Harz, die ein neues Unterrichtsprinzip einführte, christliche Jungen aus Seesen und jüdische Kinder von weither im Internat gemeinsam zu unterrichten, und zwar mit einem breit gefächerten Unterrichtsangebot. Nicht nur diese moderne Grundhaltung war vermutlich prägend für das Kind Yoel Wolf, sondern auch der Lehrinhalt, der sich auf moderne Sprachen, Naturwissenschaften und allgemeine Bildung erstreckte (Frassl, 2001). Es war der Beginn eines neuen pädagogischen Konzepts, das einerseits die Religionen zusammenbringen wollte, andererseits auch die eigene Religion nicht ganz vernachlässigen sollte (Frassl, 2003).

Wolf/Wohlwill wurde ohne Frage durch den Einfluss dieser Schule sehr stark geprägt. Man kann sagen, dass von Seesen aus das reformpädagogische System in der Ausbildung der jüdischen Kinder in Deutschland begann.

Die Jacobson-Schule hat 2001 ihr 200-jähriges Bestehen gefeiert (Frassl, 2001). Ihr Namensgeber Israel Jacobson hatte an dieser Schule 1810 einen Tempel errichtet und als Prediger am 17. Juli 1810 den ersten jüdischen Reformgottesdienst in deutscher Sprache abgehalten, als

Konkurrenz zur traditionellen Synagoge (Frassl, 2003). Yoel Wolf (Wohlwill), der traditionell jüdisch erzogen war, erlebte somit von Anfang an die Entwicklung des Reformjudentums mit, das entsprechend der jüdischen Aufklärung das Judentum als moderne, gleichberechtigte Religion neben dem Christentum verstand (Herzig, 2007).

Nach seiner Schulzeit in Seesen ging Wolf zum Abschluss an das gerade reformierte Köllnische Gymnasium (später Graues Kloster genannt) nach Berlin, wo er 1819 mit Bravour das Abitur ablegte. Er begann in Berlin Philosophie bei Hegel zu studieren. Wolf lernte bei seinen Studien an der Universität Heinrich Heine, Leopold Zunz und Moses Moser kennen, die seine Freunde wurden. Er ist in dieser Zeit vermutlich durch Hegels Theorien zur Toleranz und seiner kritischen Einstellung zur Religion geprägt worden.

Durch die liberalere Atmosphäre in Preußen war es überhaupt möglich, dass Yoel Wolf diese Schule besuchen und schließlich zur Universität gehen konnte. Nicht zuletzt war es den Juden gerade während der französischen Besatzung erlaubt, eine normale Schule zu besuchen. Um 1812/13 ergab sich bei anwachsender Bevölkerungszahl und beginnender Industrialisierung langsam die Möglichkeit für Juden, sich in Bereichen der üblichen deutschen Bevölkerung zu bewegen.

Innerhalb weniger Jahre strömten viele Juden auf die höheren Schulen und Universitäten. Die Juden waren in der Regel durch die Talmudschulen intellektuell sehr gut gebildet, auch wenn sie meist kein Unterrichtsmaterial hatten und alles auswendig lernten. Das ständige intellektuelle Training zeichnete die jüdischen Schulen aus und führte zu einer explosionsartig anwachsenden Zahl von intelligenten jungen Menschen jüdischen Glaubens an den Universitäten.

Wolf/Wohlwill verließ Berlin noch vor Abschluss eines Examens. Zum Doktor der Philosophie wurde er erst 1828 durch die Universität Kiel ernannt. Er wollte Prediger werden und konnte zunächst in Leipzig an der Synagoge eine Stelle als zweiter Prediger antreten, was ihn jedoch nicht befriedigte. So nahm er ein Angebot an, als Lehrer an die Israelitische Freischule nach Hamburg zu gehen. Ab 1823 hat er dort unterrichtet. Beeinflusst von den Hegel'schen Gedanken, überzeugt von der „Gleichheit" aller Religionen, wollte Wolf zu dieser Zeit nach außen ein Zeichen setzen: Er änderte seinen Namen in Immanuel Wohlwill. Mit dem Namenswechsel wollte er gleichsam Toleranz und Gleichberechtigung ausdrücken.

Heinrich Heine hat in einem Brief an ihn seine Meinung zur religiösen Offenheit und Toleranz sehr kritisch kommentiert (Heine, 1823). Das

Original dieses Briefes befindet sich in der Hamburger Staatsbibliothek, er ist in der kritischen Gesamtausgabe der Werke von Heinrich Heine (Heine, 1887) abgedruckt und kommentiert. Heine macht sich etwas über Wohlwill lustig, indem er die gesamte Diskussion um Religionen für überflüssig hält, er sagt dem Christentum eine nur kurze Überlebensdauer voraus und mokiert sich über Wohlwills Gedanken, alle Religionen seien gleichberechtigt:

„Wir haben nicht mehr die Kraft, einen Bart zu tragen, zu fasten, zu hassen, und aus Hass zu dulden; das ist das Motiv unserer Reformation. Die Einen, die durch Komödianten ihre Bildung und Aufklärung empfangen, wollen dem Judentum neue Dekorationen und Coulissen geben, und der Souffleur soll ein weißes Bäffchen statt eines Bartes tragen; sie wollen das Weltmeer in ein niedliches Bassin von Pappmachee gießen, und wollen dem Hercules auf der Casseler Wilhelmshöhe das braune Jäckchen des kleinen Marcus anziehen. Andere wollen ein evangelisches Christhentümchen unter jüdischer Firma, und machen sich ein Talles aus der Wolle des Lamm Gottes, und machen sich ein Wams aus den Federn der heiligen Geiststaube und Unterhosen aus christlicher Liebe, und sie fallieren und die Nachkommenschaft schreibt sich: Gott, Christus & Co."

Heine selbst ließ sich 1825 taufen, wie behauptet wird, um eine bessere Chance bei einer Bewerbung für eine Professur zu haben, woraus aber nichts wurde.

Wohlwill heiratete 1833 Friederike, die Tochter von Ruben Daniel Warburg. Aus dieser Ehe entstammten fünf Kinder, die in der Weiterentwicklung liberaler Ideen ihrer Eltern wesentliche Charakterzüge damals moderner Erziehungsmethoden und kultureller Entwicklung fortführten.

Die Hegel'sche Toleranz in der Gesellschaft hat Immanuel Wohlwill später bewusst in seinen Ansichten zur Akkulturation der jüdischen Bürger vertreten. Es ist bemerkenswert, in welcher Zeit Wohlwill zu so

Abb. 1: Dr. Immanuel Wohlwill, 1838

modernen Ansichten gekommen ist. Immerhin war die rechtliche Stellung der Juden bei weitem noch nicht etabliert. Sie waren weitgehend ausgeschlossen von der aristokratischen und bürgerlichen deutschen Gesellschaft (Elon, 2002).

In Hamburg blieb Wohlwill bis 1838. Neben seiner Lehrtätigkeit beschäftigte er sich mit allgemein-philosophischen Themen und veröffentlichte Schriften, wie z.B „Zur Verbesserung der sittlichen Erziehung des Hauspersonals" (I. Wohlwill, 1828). Darin trat er für eine gerechte und humane Behandlung der Dienstboten ein, denen Gelegenheit zu „wohltuenden Zerstreuungen" gegeben werden sollte, wie z. B. dem Besuch eines guten Schauspiels.

Er selbst schrieb, dass er lange Zeit benötige, um einem Menschen wirklich nahe zu kommen.

Wohlwill engagierte sich stark für die Modernisierung jüdischer Gottesdienste. So komponierte und dichtete er 1833 neue Kirchenlieder in deutscher Sprache, wie sie in einem von ihm herausgegebenen Gesangsbuch zu finden sind (Abb. 2).

Abb. 2: *Allgemeines Israelitisches Gesangsbuch in deutscher Sprache*

Der Versuch Immanuel Wohlwills, in die Hamburger Bürgerschaft integriert zu werden, gelang nicht. Zum Beispiel wurde er nicht offizielles Mitglied der *Patriotischen Gesellschaft*. Aufgrund seiner Leistungen und

Schriften erhielt er jedoch, kurz bevor er 1838 nach Seesen ging, als erster Jude eine Ehrenmitgliedschaft.

1838 wurde Wohlwill zum Direktor der schon oben erwähnten Jacobson-Schule in Seesen ernannt, die er selbst als Schüler besucht hatte. Aus der Einführungsrede des Sohnes des Stifters, Dr. H. Jacobson (Jacobson, 1838), soll hier auszugsweise ein Abschnitt wiedergegeben werden:

„Herr Dr. Wohlwill, den wir Ihnen als den Nachfolger des Herrn Hofrats Schott vorstellen, und hiermit auch zugleich als künftigen Direktor dieser Anstalt einführen, war als Knabe von noch nicht zwölf Jahren im Jahre 1811 als Zögling hier eingetreten. In Harzgerode geboren, empfand er dort den Mangel an aller Gelegenheit, sich die ersten Schulkenntnisse zu erwerben, nach denen er sich schon als Kind sehnte, um dereinst im weiteren Fortschritt als Mann an den Früchten deutscher Gesittung und Bildung mit voller Berechtigung Theil nehmen zu können. Solch edles Verlangen trieb ihn als zwölfjähriges Kind zu dem Stifter dieser Anstalt selbst. Dieser nahm ihn, den Verwaisten, mit seiner lieblichen, alle Herzen gewinnenden Menschenfreundlichkeit auf, und gestattete ihm den Eintritt in diese Anstalt. Die tiefer Gemütlichkeit und wohltuender Herzensgüte entquellende Liebenswürdigkeit des Mannes, gepaart mit seinem würdigen, imponierenden Äußeren, pflanzte in des Kindes Herz die unverwelkliche dankbare Liebe, die Dr. Wohlwill als Jüngling wie als Mann stets treu bewahrt, und ganz besonders in dem freundschaftlichen Verhältnisse, in das er als Jüngling schon zu mir, dem Sohne seines Wohlthäters, getreten war, sorglich und erfrischend genährt und mit dauernder Wärme gepflegt hat. Im Jahre 1815 schied er aus der Anstalt, in welcher er sich durch Fähigkeiten und Fleiß der besonderen Aufmerksamkeit der Lehrer werth und durch ihre Unterstützung reif gemacht hatte, um zugleich in die höhere dritte Klasse des grauen Klosters zu Berlin eintreten zu können.

Von hier mit dem Zeugnis der Reife im Jahre 1819 entlassen, schätzte er die Anonymität in Berlin. Seine regelmäßigen philologischen und philosophischen Studien, welche er im Jahre 1822 beendete, führten schließlich zum Doctor der Philosophie, was er in Kiel 1828 abschloss. Der in Leipzig eingeführte hebräisch deutsche Tempel-Ritus gab Herrn Dr. Wohlwill in den Jahren 1822–1823 Veranlassung, sich auch mit jüdischer Theologie zu beschäftigen, da er nach Leipzig zur Abhaltung der Kanzelvorträge im dortigen Tempel berufen worden war. Allein schon im Jahre 1823 erhielt er einen Ruf als Lehrer an der Israelitischen Freischule nach Hamburg, wo er nach einigen Jahren die Stelle eines ersten Lehrers bekleidete. Die Achtung, welche sich Herr Dr. Wohlwill als Mensch, Bürger und Lehrer zu erwerben wusste, indem er sich neben seiner jüdischen, ehrwürdigen Haltung auch durch mehrere kleine Schriften staatspolizeilichen und pädagogischen Inhalts bemerklich machte, von denen eine durch die patriotische Gesellschaft, deren Ehrenmitglied er seitdem geworden, mit dem Preise gekrönt wurde, lenkte neben anderen anempfehlenden Gründen die Aufmerksamkeit des Kuratoriums bei der Wahl eines neuen Direktors vorzüglich auf ihn. Seine eingewurzelte Liebe für die Wiege seiner ersten Bildung und deren Stifter veranlassten ihn, unserem Rufe freundlich und willfährig zu begegnen."

Abb. 3a: Der Tempel der Jacobson-Schule

Abb. 3b: Der brennende Tempel am 9. November 1938

Im Jubiläums-Buch (Frassl, 2001) der Jacobson-Schule von 2001 wird Wohlwill als der wesentliche Gründer moderner Lehrmethoden bezeichnet, die damit neben Berlin ihren Anfang in Seesen genommen haben. Er freundete sich mit dem Pfarrer der evangelischen Kirche in Seesen an, der für die christlichen Kinder an der Jacobson-Schule Religionsunterricht gab. Die Wohlwill-Familie entwickelte sich recht frei, es wurden alle jüdischen und christlichen Feiertage gefeiert, auch Weihnachten. Zu Sylvester hat die Familie Wohlwill mit der Pastorenfamilie um den Weihnachtsbaum getanzt. Wohlwill starb früh im Alter von 48 Jahren, im Jahr 1847.

In Hamburg wurden seine Kinder Henriette Fanny, Emil Wolf und Theodor Daniel geboren, in Seesen dann Anna Kunigunde und Adolph Benjamin. Alle drei Söhne sind Schüler der Jacobson-Schule.

Abb. 4: Immanuel Wohlwills Grabstein auf dem jüdischen Friedhof in Seesen/Harz

Rückkehr nach Hamburg

Die Mutter zog wieder zurück nach Hamburg, sodass die Kinder Fanny, Emil, Theodor, Anna Kunigunde und Adolph in Hamburg aufwuchsen.

Die Lebensgeschichte der fünf Kinder Immanuel Wohlwills und seiner Frau Friederike sei im Folgenden kurz geschildert. Die Familie wurde finanziell unterstützt durch Verwandte aus der Familie Warburg (z. B. Simon Ruben Warburg, dem Vater von Friederike Warburg). Durch diese Hilfe war es möglich, dass alle fünf Kinder eine ausreichende Schulbildung erhielten. Vier der Kinder entwickelten ein Bedürfnis, pädagogisch tätig zu werden. Dieses galt exemplarisch für Anna (siehe „Anna Kunigunde"), aber in weiterem Sinne auch für Adolph, Fanny und Emil. Die Großfamilie lebte im Spannungsfeld zwischen traditionell orthodoxem Judentum und Reformjudentum. In der Warburg-Familie (Chernow, 1993) in Hamburg gab es die Auseinandersetzung zwischen Reformbestrebungen und traditioneller Religiosität mit Festhalten an strikten Regeln des Alltags besonders deutlich. In der Wohlwill-Familie war dies nicht so stark ausgeprägt. Immanuel war durch die reformpädagogische Schulzeit als Kind und später als Schulleiter in der Jacobson-Schule in Seesen überzeugt, dass die Eingliederung in die deutsche bürgerliche Gesellschaft nur durch die offene Bereitschaft zur Loslösung von zu starren Regeln möglich sein würde. Diese Gedanken haben sich sehr stark auf seine Kinder übertragen, insbesondere auf Emil (siehe „Emil").

Die fünf Kinder sind geprägt von dem Bedürfnis, eine höhere Bildung anzustreben, zumal ihnen für die Zukunft übliche Berufe eher verwehrt waren.

Fanny

Fanny, die Älteste, heiratete einen Belgier, Jean Louis Guilleaume. Fanny gründete an verschiedene Plätzen in Belgien Fröbel-Kindergärten, die im 19. Jahrhundert zu völlig neuen pädagogischen Methoden in der Betreuung von kleinen Kindern führte. Sie basieren auf den Konzepten von Friedrich Fröbel, einem Schüler Pestalozzis.

Daniel Theodor

Daniel Theodor (Abb. 5) ging als Kaufmann nach Lyon und Paris, wo er Teilhaber einer Warburg-Firma wurde. Zwei Söhne und eine Tochter wurden geboren, einer der Söhne war Paul (siehe „Paul Wohlwill"), der in Hamburg später eine wichtige Persönlichkeit wurde. Daniel Theodor kehrte 1883 nach Hamburg zurück und hat sich als wohl habender Bürger nicht mehr kaufmännisch betätigt, sondern ausschließlich die verschiedenen Stiftungen Hamburger jüdischer Familien betreut.

Anna Kunigunde

Die jüngste Schwester Anna Kunigunde Wohlwill trat als Lehrerin in die Pfade ihres Vaters. Sie besuchte eine Schule für höhere Töchter und sammelte prakti-

Abb. 5: Daniel Theodor Wohlwill

Abb. 6a: Porträt von Anna Wohlwill

Abb. 6b: Grabstein von Anna Wohlwill

sche Erfahrungen als Hilfslehrerin bei Johanna Goldschmidt und Amalie Westendorp, die die Armenschule des *Frauenvereins zur Unterstützung der Armenpflege* leiteten. Schule und Kindergarten dieses Vereins erhielten 1866 ein Gebäude in der Straße „Bei den Pumpen", das nach der Vereinsgründerin Charlotte Paulsen benannt war und Paulsenstift hieß. Aufgrund ihrer Fähigkeiten wurde Anna Wohlwill als 15-Jährige als Lehrerin eingestellt. Sie hat nie eine Prüfung abgelegt. Zehn Jahre später, mit 25 Jahren, wurde sie zur Direktorin dieser Schule ernannt. Die bis dahin amtierende Schulleiterin Johanna Goldschmidt legte aus Protest gegen die Ernennung ihre Ämter im Paulsenstift nieder. Das Paulsenstift war als Lehranstalt für Arme gegründet worden und wurde unter Anna Wohlwill mehr und mehr eine Anstalt für höhere Töchter.

Anna Wohlwill führte die überkonfessionelle Einrichtung über mehrere Jahrzehnte. Während ihrer Amtszeit führte die Schule Unterricht in zwei Fremdsprachen und einen neun-, später zehnjährigen Zug ein. Die Institution entwickelte sich zu einer staatlich anerkannten halböffentlichen höheren Mädchenschule. Der Senat überließ der Einrichtung ein Grundstück an der Bülaustraße, auf dem 1893 ein neues Gebäude für 430 Schülerinnen bezogen werden konnte. Auch wenn sich der angeschlossene Frauenverein von der Schule löste, führte die Schulleiterin die Tradition der Armenpflege fort. Indem sie Schülerinnen aus allen sozialen Schichten aufnahm und finanziell schlechter gestellte Kinder unterstützte, versuchte sie, soziale Gegensätze auszugleichen.

1906 feierte Anna Wohlwill ihr 40-jähriges Dienstjubiläum. Ihr zu Ehren wurde in diesem Jahr eine Freistellenstiftung nach ihr benannt. Außerdem erhielt sie vom Hamburger Senat als erste Frau eine goldene Gedenkmünze.

Als die Stadt Hamburg zwei Jahre später Pflegerinnen in der öffentlichen Armenpflege zuließ – ein Amt, das bis zu diesem Zeitpunkt nur wahlberechtigte Bürger ausüben durften (das Bürgerrecht hatten zu dieser Zeit nur ca. 30.000 Bürger, siehe auch „Emil Wohlwill") –, führte Anna Wohlwill das neue Fach „Einführung in die soziale Hilfstätigkeit" ein. Für sie bedeutete soziale Hilfstätigkeit die Pflege armer und kranker Menschen, Jugendfürsorge und Wohnungspflege. In dem neu geschaffenen Unterrichtsfach versuchte sie, Mädchen das Idealbild von Frauen in der Sozialarbeit zu vermitteln, und stellte aus diesem Grund weibliche Lehrkräfte ein (Grolle, 2001).

Außerdem führte sie die Unterrichtsfächer der modernen Sprachen (Englisch, Französisch), der Mathematik, der Leibesübungen und der Musik ein. 1906 wurde eine Anna-Wohlwill-Stiftung gegründet, die begabten ärmeren Schülerinnen Stipendien vermittelte. Anna Wohlwill wurde sehr respektiert und blieb bis zum Alter von 70 Jahren im Amt. 1910 übergab sie ihr Amt an ihre Schülerin und Freundin Hanna Glinzer. Im „Garten der Frauen" auf dem Ohlsdorfer Friedhof in Hamburg findet man u. a. auch einige Grabsteine der hier beschriebenen Persönlichkeiten.

Während der Zeit des Nationalsozialismus durften nichtstaatliche Schulen wie die Paulsenstiftschule keinen Unterricht in Elementar- und Oberklassen mehr anbieten; ein Abiturabschluss war somit dort nicht mehr möglich. Um den Zerfall des Paulsenstifts zu vermeiden, beantragte Glinzer 1937 dessen Verstaatlichung. Da sie sich nicht zur nationalsozialistischen Regierung bekennen wollte, übergab sie die Leitung der Schule an eine regimetreue Nachfolgerin und ging vorzeitig in Ruhestand. In der Folgezeit hegte sie Gewissenszweifel, die Schülerinnen und Lehrerinnen alleingelassen zu haben.

Während des Zweiten Weltkriegs wurden die Paulsenstiftschule und die Wohnung Hanna Glinzers durch Bombentreffer zerstört. Die Pädagogin kam 1949 nach Hamburg zurück und lebte in einem ihr zugewiesenen Gartenhaus in Blankenese. Sie starb am 1. April 1961. Ihr Grabstein befindet sich im Garten der Frauen auf dem Ohlsdorfer Friedhof in Hamburg (Abb. 7). Hanna Glinzer war eine mutige Frau, sozialdemokratisch geprägt, die bis 1938 die Leitung der Schule innehatte.

Abb. 7: Grabstein Hanna Glinzer

Anna Wohlwill starb 1919 im Alter von 79 Jahren. Ihre Bedeutung wird in Hamburg durch einen Straßennamen gewürdigt und man findet ihren Grabstein heute ebenfalls im Garten der Frauen auf dem Ohlsdorfer Friedhof wieder (Abb. 6).

Adolph Wohlwill

Adolph Wohlwill wird Historiker und als erster Wissenschaftler in Hamburg zum Professor ernannt, lange, bevor es eine Universität gab. Er hat in Hamburg regelmäßig historische Vorlesungen über Hamburgische Geschichte gehalten, u. a. über den Bürgermeister Carl Petersen. Die Neffen und Nichten wurden, wie Friedrich Wohlwill schreibt (F. Wohlwill, 1953), häufig verpflichtet, sich seine Vorlesungen anzuhören, fanden sie aber meist sehr langweilig.

Wie schon erwähnt, konnten die Kinder des Immanuel Wohlwill jeder für sich pädagogisch tätig werden. Dies ist bei Adolph mit seinen Vorlesungen sowie bei Fanny Guilleaume mit der Froebel'schen Unterrichtsmethode erkennbar. Die Prägung durch den Vater ist nicht zu übersehen.

Mit dem Sommersemester 1863 studierte Adolph Wohlwill an der Ruprecht-Karls-Universität Heidelberg und ab 1865 an der Universität Göttingen. Ludwig Häusser weckte Wohlwills Interesse für die Geschichte der Frühen Neuzeit und für die Zeit der Französischen Revolution und Napoleons. 1866 wurde Adolph Wohlwill mit 23 Jahren bei Georg Waitz mit der Arbeit „Die Anfänge der landständischen Verfassung im Bistum Lüttich" promoviert. 1867 kehrte er nach Hamburg zurück. Eine feste Anstellung konnte er zunächst nicht bekommen. Er begann mit einer freiberuflichen Vortragstätigkeit im Auftrage der Hamburger Oberschulbehörde am Akademischen Gymnasium und teilweise auch an Privatschulen. Der große Erfolg seiner Vortragstätigkeit führte dazu, dass die Schulbehörde sein mäßiges Anfangsgehalt allmählich steigerte und 1880 auf 6.000 Mark im Jahr festlegte. Seine ersten Schriften behandelten die Geschichte des Elsass (1870 und 1879) und die Geschichte Schwabens („Weltbürgertum und Vaterlandsliebe der Schwaben", 1875).

Abb. 8: Adolph Wohlwill

1872 trat er dem *Verein für Hamburgische Geschichte* bei. 1873 heiratete Adolph Wohlwill Marie Nathan, mit der er vier Kinder hatte. Die Hamburgische Geschichte bildete fortan sein Hauptarbeitsgebiet. 1887 wurde er zum Beamten ernannt, 1890 verlieh ihm der Senat den Professorentitel. Zur Einweihung des Hamburger Rathauses 1897 legte Wohlwill seine Darstellung „Aus drei Jahrhunderten der Hamburgischen Geschichte (1648–1888)" vor (A. Wohlwill, 1897). 1902 wurde er in den neugebildeten Professorenkonvent der hamburgisch wissenschaftlichen

Anstalt berufen. Aus gesundheitlichen Gründen schied er 1907 aus dem Lehramt aus. Seine Forschungen hat Adolph Wohlwill im 1913 veröffentlichten Werk „Neuere Geschichte der Freien und Hansestadt Hamburg, insbesondere von 1789 bis 1815" zusammengefasst. Durch zahlreiche Veröffentlichungen hat er maßgeblich zum Kenntnisstand der Hamburgischen Geschichte von 1789 bis 1815 beigetragen. Der *Verein für Hamburgische Geschichte* machte ihn zum Ehrenmitglied.

Emil Wohlwill

Abb. 9: Emil Wohlwill

Die folgenden Ausführungen über Emil Wohlwill basieren auf den Schilderungen seines Sohnes Friedrich (F. Wohlwill, 1953), seiner Töchter Sophie (S. Wohlwill, 1972) und Gretchen (G. Wohlwill, 1984) sowie vor allem auf der ausführlichen Biographie von Hans-Werner Schütt (1972), dem Professor für die Geschichte der Naturwissenschaften an der Humboldt-Universität Berlin.

Gretchen Wohlwill schreibt über ihren Vater:

„Emil Wohlwill, in Hamburg geboren, ging zunächst auf die [oben beschriebene] Jacobsonschule in Seesen, in der er von seinem Vater unterrichtet wurde. Sein Lehrer Pastor Schulz, der die hohe Begabung des Knaben erkannte, war ihm dort ein väterlicher Freund. Im Jahre 1847 musste er den Tod des Vaters erleben. Die Revolutionsereignisse des Jahres 1848 versetzten den erst 13-jährigen in jugendliche Begeisterung und er gibt in kräftigen Worten in seinen Aufzeichnungen seinem Bedauern über das schnelle Versanden der Bewegung Ausdruck. Von 1849–1851 besuchte er das Gymnasium in Blankenburg, wo er sich wegen der ungerechten Behandlung empörte, die ihm als einzigem Juden widerfuhr.

Nach Umzug der Familie wieder nach Hamburg besuchte er die Hamburger Gelehrtenschule des Johanneums, 1854 des Akademischen Gymnasiums, einer Vorläuferin der späteren Universität, wo er die Schulausbildung mit dem Abitur abschloss."

Aus der Biographie von H.-W. Schütt (1972):

„Seine Interessen waren vielseitig, in dieser ‚Sturm- und Drangzeit' las er Jean Paul, Schiller, Shakespeare, Heine, Börne u. a. Er hielt Vorträge vor den Schülern über literarische Themen, versuchte sich selbst als Schriftsteller, musizierte und interessierte sich stark für Politik. Er löste sich schon sehr bald vom Glauben seiner Väter, schloss sich der bald verbotenen Deutsch-Katholischen Gemeinde an. Konfessionsfreiheit war ihm ebenso Glaubenssache wie die Freiheit der Meinungsbildung und -Äußerung."

Er studierte danach, nach langem Zögern zwischen Philologie und Naturwissenschaften, Chemie in Heidelberg, Berlin und Göttingen. Sein Studium als Halbwaise wurde weitgehend finanziert durch Simon Ruben Warburg. Seine akademischen Lehrer waren Kirchhoff und Bunsen in Heidelberg, Mitscherlich, Magnus und Rose in Berlin sowie Wöhler in Göttingen. Er promovierte 1860 bei Wöhler und ging 1861 zunächst zögerlich nach Hamburg zurück.

Nach seiner Rückkehr nach Hamburg nahm Wohlwill verschiedene Tätigkeiten an, die er mit wechselnder Intensität nebeneinander ausübte. Er unterrichtete Physik an der Polytechnischen Fortbildungsanstalt und der Bauschule, zwei Vorgängerinstitutionen der heutigen Fachhochschule. Ferner war er freiberuflich als beeidigter Handelschemiker tätig, und schließlich arbeitete er als analytischer Chemiker für die Elbhütten-Affiniergesellschaft, ein Unternehmen zur Verhüttung von Buntmetallen (später Norddeutsche Affinerie). Eine Episode, die ein besonderes Licht auf den Versuch der Assimilation und Akkulturation der Juden in Hamburg warf, war der Antrag auf die Bürgerrechte, den er 1862 stellte. Dieser wurde mit der Begründung abgelehnt, dass Emil Wohlwill sich weigerte, die Frage nach seiner Religion zu beantworten. Er ließ es auf einen Prozess ankommen, der auch unter dem Begriff des „Wohlwill-Prozesses" in Hamburg bekannt wurde (Schütt, 1972, S. 16f.). Die Jüdische Gemeinde entließ ihn zwei Jahre später aus dem Gemeindeverband, nachdem er einen beträchtlichen Geldbetrag zahlte, wogegen er sich zunächst gewehrt hatte. So schrieb er an Immanuel Rosenstein 1863:

„Es wird Dich interessieren, dass der Vorstand der jüdischen Gemeinde im Schweiße seines Angesichts Gesetze ausarbeitet, um Leute wie mich loszuwerden, natürlich unter möglichst hohem Abschiedstribut, gegen den ich ebenso natürlich mittels meines Menschentums protestiere." (zit. nach Schütt, 1972, S. 17)

Entsprechend dem preußischen Gesetz von 1860 bestand er darauf, ein Recht auf die Anerkennung als Bürger auch ohne Religionszugehörigkeit zu haben.

Abb. 10: Bürgerschaftsurkunde für Emil Wohlwill vom 5. Mai 1865

Nach diesem zwei Jahre anhaltenden Prozess und seinem offiziellen Austritt aus der Jüdischen Glaubensgemeinschaft erhielt er in der Tat 1865 die Anerkennung als Hamburger Bürger (Abb. 10) und wurde vereidigter Handelschemiker.

Emil Wohlwill bestand auf seinem Recht der freien Entscheidung und gewann. Über seine Einstellung wissen wir aus zahlreichen Briefen an seine Geschwister, an eine mütterliche Freundin, Frau Lehmann-Wolf in Hamburg, und an seinen Vetter in Berlin, Immanuel Rosenstein. Es ist das Verdienst seiner Tochter Sophie, die in einer Biographie über ihn seine zahlreichen Briefe wiedergegeben hat, ein Fundus seiner wissenschaftshistorischen, gesellschaftspolitischen und menschlichen Bekenntnisse. An Hand der von Sophie zitierten Briefe hat Hans-Werner Schütt die wesentliche Würdigung der Persönlichkeit von Emil Wohlwill in seiner Biographie verwenden können (Schütt, 1972). Emil Wohlwills Haltung ist sehr stark geprägt von Fichtes berühmter Vorlesung „Reden an die Deutsche Nation": In einem Brief an seine Schwester Fanny Guillaume 1867 schreibt er:

„Zur Menschenwürde kommen wir durch Freiheit im hohen und höchsten Sinn, und eine Erziehung zur Freiheit ist, aufrichtig gesagt, das Ideal, das mir vorschwebt. Unter Freiheit denke ich mir aber die Höhe der Willensenergie, die mit Notwendigkeit nie das Gute erreicht und erstrebt."

Er macht sich ernste Gedanken über Erziehung und Schulbildung in einer Zeit, in der politisch sich mehr und mehr die Sehnsucht nach einer nationalen Identität entwickelt und zum anderen durch die Industrialisierung die Ausrichtung der Bildung viel stärker die aufkommenden Naturwissenschaften beinhalten sollte. So drückte er es aus in einem Brief an Rosenstein 1866:

„Meine Hauptsache ist nämlich die: eine gleichartige, gelehrte Vorbildung für alle Studierenden bis zum 18. Jahr fortgeführt, durch den Aufschwung der Naturwissenschaften zum Unding geworden, und nur auf Kosten einer wahrhaft zeitgemäßen und wissenschaftlichen Bildung durchzuführen."

Die liberalen Gedanken übertrug er konsequent auf seine Kinder, wie seine Tochter Gretchen Wohlwill in einem Aufsatz über ihren Vater vermerkte und sein Sohn Fritz in seinen Erinnerungen festhielt (Schütt, 1972).

Wohlwill arbeitete in der Norddeutschen Affinerie an der Weiterentwicklung der Edelmetall- und Kupferveredelung. Der Besuch der Weltausstellung in Wien 1873, wo er die Gramme'sche Maschine zur elektrochemischen Trennung von Metallen sah, führte ihn zu der Idee, die industrielle Gewinnung von reinem Gold, Silber und Kupfer in großen Mengen durch die elektrochemische Elektrolyse zu entwickeln. Nach diesen Entdeckungen sah sich die Norddeutsche Affinerie 1877 in der Lage, Emil Wohlwill eine Daueranstellung zu geben. Die Tätigkeit für diese Firma, die ihn 1877 unter festen Vertrag nahm, war mit Wohlwills größtem wissenschaftlichen und beruflichen Erfolg verbunden. Seit 1873 arbeitete er an der Entwicklung eines elektrolytischen Verfahrens zur Scheidung von Buntmetallen. 1875 wurde die erste von ihm entwickelte Anlage zur Scheidung von Kupfer und Silber in Betrieb genommen, und wenig später war er auch bei der wesentlich schwierigeren Raffination des Goldes auf elektrolytischem Wege erfolgreich. Das Verfahren ist als Wohlwill-Verfahren („Wohlwill'sche Goldelektrolyse", Schütt, 1972) in die Literatur eingegangen. Seine Apparatur und sein Verfahren wurden auf der Weltausstellung in Paris gezeigt und mit einem Preis bedacht. Er selbst hat später die von ihm entwickelte Maschine dem Deutschen Museum in München geschenkt. Dieses Verfahren wurde bis in die jüngste Zeit praktiziert. Ab 1891 verließ Emil Wohlwill die Norddeutsche Affinerie, um seinen alten Traum, geisteswissenschaftlich zu arbeiten, zu verwirklichen. Er fuhr nach Florenz und Rom, um sich mit dem Schicksal von Galileo Galilei zu beschäftigen. Er forschte in den Archiven des Vatikans nach den Akten des Galilei-Prozesses. Diese Untersuchungen sollten innerhalb von zwei Jahren abgeschlossen sein, es dauerte aber bis 1909, bis der erste Band seines Galilei-Buches erschien (E. Wohwill, 1909).

Hans-Werner Schütt beschreibt, wie auch Emil Wohlwill manchen Irrtümern aufgesessen ist, betont aber, dass diese erstmalige ausführliche Schilderung wissenschaftshistorisch von großer Bedeutung war. Emil Wohlwill war enttäuscht darüber, dass die Veröffentlichung des

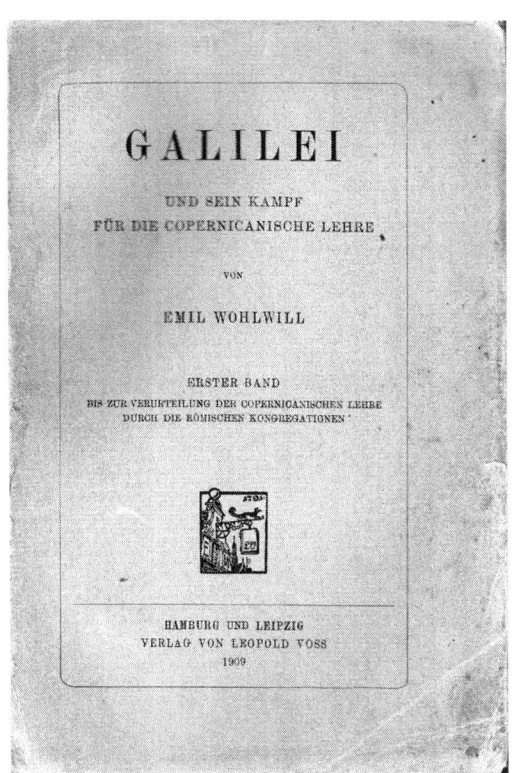

Abb. 11: Emil Wohlwill: Galilei und sein Kampf für die copernicanische Lehre, 1909

Buches relativ wenig Resonanz gefunden hatte. 1912 verstarb er plötzlich, bevor er den Plan eines zweiten Bandes verwirklichen konnte. Dieser zweite Band wurde mit Hilfe seiner Frau und vor allem seines Sohnes Friedrich erst 1926 gedruckt, wobei Aby Warburg, ein entfernter Verwandter, wesentlich zur Finanzierung beitrug.

Emil Wohlwill war ein gelehrter Hamburger Wissenschaftler, der es Zeit seines Lebens bedauerte, dass die Stadt keine Universität besaß. So war er Mitbegründer einer *Hamburgischen Wissenschaftlichen Gesellschaft*, deren erster Schriftführer er wurde. 2001 feierte diese Gesellschaft ihr 100-jähriges Jubiläum und würdigte im Rahmen der Sudhoff-Vorlesung Emil Wohlwills Wirken (Kleinert, 2001).

Obwohl Emil Wohlwill vorwiegend als Chemiker gearbeitet hat, interessierte ihn insbesondere die Geschichte der Physik. Er schwankte lediglich, ob er Galilei oder Kepler zum Gegenstand seiner ersten Forschung in diesem Gebiet machen sollte (Kleinert, 2001). So wollte er schon in jungen Jahren ein Buch über Galilei veröffentlichen, welches aber nie erschienen ist. Dieses ist dann erst nach seinen intensiven Studien im Anschluss an seine industrielle Berufstätigkeit 1909 publiziert worden, wie oben erwähnt. Für Emil Wohlwill stand Galileis Leben exemplarisch für den Kampf zwischen Wahrheitsliebe auf der einen, Reaktion und Obskurantismus auf der anderen Seite. Er forderte ausdrücklich, um diesen Aspekt herauszuarbeiten, müsse man die Dokumente „mit unseren Augen lesen", nämlich mit den Augen des liberalen Bürgers des 19. Jahrhunderts.

Er war auch Mitbegründer der *Deutschen Gesellschaft für die Geschichte der Naturwissenschaften und der Medizin,* deren erster Schatzmeister er ab 1901 war.

Emil Wohlwill starb 1912 sehr plötzlich. Dr. Hugo Krüss, ein Freund, fand anlässlich der Trauerfeier für ihn maßgebliche Worte:

„Wir wissen, dass er in seinem Berufe, in dem er bis zum letzten Augenblick seines Lebens tätig gewesen ist, an einem großen industriellen Unternehmen mitwirkte. Was er dort geschaffen, das konnten und durften wir nicht erfahren. Aber aus dem Aufblühen dieses Unternehmens konnten wir schließen, dass er sein tiefes Wissen in ein tüchtiges Können umzusetzen wusste, und aufgrund der Ergebnisse seiner wissenschaftlichen Untersuchungen außerordentlich wertvolle technische Methoden zu entwickeln verstanden hat.

Einzelne davon konnte er auch durch Veröffentlichung zum allgemeinen wissenschaftlichen Nutzen beibringen. Ich habe noch gestern Abend einige seiner Arbeiten durchblättert und dabei gesehen, wie außerordentlich gründlich er vorging, die ganze Nachbarschaft des von ihm behandelten Gebiets achtete und alle etwa möglichen Zweifel beseitigte, um in überzeugender Weise die Richtigkeit seiner Ergebnisse dar zu tun. Die wissenschaftliche Elektrochemie nennt den Namen Wohlwill bei Gold und Kupfer an erster Stelle, und die elektrochemische Technik verdankt ihm beispielhafte Fortschritte.

Aber wir wissen auch, dass er außer dem Gebiet der Chemie noch die eine andere Wissenschaft mit großer Liebe und großem Erfolg pflegte, nämlich die Geschichte der Naturwissenschaft und dass er darin so anerkannt war, dass sich hier in seinem Hause unter seiner Leitung die Geschäftsstelle der Deutschen Gesellschaft für die Geschichte der Medizin und Naturwissenschaften befand.

Der wesentliche Teil seiner historischen Arbeiten beschäftigte sich mit dem großen Galilei, und vor kurzem hat er sein Lebenswerk mit dem ersten Band über Galilei der Wissenschaft übergeben können. Jahrzehnte hatte er sich damit beschäftigt gehabt, und die Einzelarbeiten, welche er vorher in Veröffentlichungen zeigen konnte, bewiesen, dass keiner wie er zur Herausgabe einer solchen Arbeit berufen sei. Nach deren Erscheinen hat die wissenschaftliche Welt ihm zweierlei bekundet, nämlich, dass er bei der Schilderung der geistigen Kämpfe, welche die Naturwissenschaft unserer Zeit einleiteten, gezeigt hat, wie Galileis Schicksal für die Geschichte der Wissenschaft ebenso bedeutsam ist, wie die Ergebnisse seiner Arbeiten und ferner, dass seine Darstellungen nichts im Dunkeln lassen, was für die Geschichte dieses wichtigsten Zeitraums der Entwicklung der Naturwissenschaften noch der Aufklärung bedürftig war.

Welche umfassenden Kenntnisse Wohlwill auf dem Gebiet der Physik, Geophysik und der Astronomie besaß, erfüllt den Leser seines Werkes mit Bewunderung." (Krüss, 1912)

Seine persönliche und familiäre Entwicklung, seine Entwicklung als Physikochemiker in der Norddeutschen Affinerie und seine historischen Arbeiten sind beeindruckend. Wir erleben Emil Wohlwill als einen Freigeist, der sich keiner Religion zugehörig fühlte, der sich eher als deutsch-national empfand, aber in den Erziehungsmethoden auch seiner Kinder eine grundsätzlich liberale Haltung entwickelte. Er heiratete Louise Nathan, eine musisch hochbegabte Frau, von der berichtet wurde, sie habe das absolute Gehör gehabt. Friedrich Wohlwill schreibt über seine Mutter, sie habe ihn einmal beim Geigenspiel korrigiert mit dem Satz: „Das ist doch ein fis, Du spielst es wie ein ges." (F. Wohlwill, 1953) Das Haus war ein gastliches, mit vielen Hauskonzerten und wohlbekannten Gästen der Hamburger Bürgerschaft. Emil Wohlwill wird, im Gegensatz zu seinem Vater, Mitglied der *Patriotischen Gesellschaft*, wie auch später sein Sohn Heinrich. Dies war auch ein demonstratives Zeichen, sich so weit wie möglich als Deutscher und Hamburger darzustellen, und damit seine jüdische Herkunft eher zu verdecken.

Emil Wohlwill beschäftigt sich intensiv mit den gesellschaftlichen Entwicklungen. Er folgt seinem Idol Fichte mit seinen „Reden an die Deutsche Nation". In einem Brief an seine Schwester Fanny schreibt er: „Die Art der Erziehung, die er ausführlich erdacht hat, ist wohl nie zur Ausführung gekommen, auch nicht versuchsweise, denn sie war und ist zu groß für das kleine Geschlecht." Daraus kann abgeleitet werden, dass für ihn die Erziehung der neuen Generation einen essenziellen Bestandteil des Aufbaus einer neuen Nation bedeutet hat. Das Bedürfnis nach einem eigenen Nationalbewusstsein wird aus solchen Reflektionen immer deutlicher.

Die Darstellung der Lebensgeschichte der fünf Kinder von Immanuel Wohlwill zeigt die Akkulturation der verschiedenen Familien in die bürgerliche und akademische Hamburger Gesellschaft, wobei Fanny in Belgien ihre Spuren hinterlassen hat. Die nächste Generation dieser Familien, die Kinder von Adolf, Emil und Daniel Theodor erlebten nach wohlbehüteter Kindheit und Jugend und akademischer Ausbildung zunächst eine vergleichbare friedliche Atmosphäre in der Hamburger Gesellschaft, bis zum Jahr 1933.

1933 — Das schreckliche Ende einer großen Illusion

Wie konnte es geschehen? Warum ist jüdischen Bürgern das Leben in Deutschland verboten worden? Wie haben die betroffenen Menschen darauf reagiert, wenn sie nicht auswandern konnten oder wollten? Fragen, auf die es in meiner Kindheit und Jugend keine Antwort gab, und die auch heute noch mit derselben Dringlichkeit gestellt und unbeantwortet bleiben werden. Ich will diesen Versuch unternehmen und das Material, das mir spärlich aus geretteten Familienunterlagen einerseits und aus den Unterlagen der Finanzbehörden in den Jahren 1933 bis 1943 zur Verfügung stand, nach den Ereignissen teilweise chronologisch bewerten und beschreiben. Denke ich an meine Großeltern, über die ich so viele warmherzige und schöne Berichte erhalten habe, und sehe mir das wunderbare Bild von beiden an, auf dem Großvater Heinrich Wohlwill seiner Frau Hedwig vorliest (Abb. 12), dann wird sofort ein beklemmendes Gefühl wach in dem Wissen, dass der Großvater im KZ Theresienstadt umgekommen ist, während die Großmutter es irgendwie überlebt hat, aber wohl sehr verändert zurückkam.

Abb. 12: Heinrich und Hedwig Wohlwill

Wie haben diese beiden es ausgehalten, zu leben, zu atmen, sich auf die Straße zu begeben, immer in der Angst, gedemütigt zu werden? Wie kann ich mir das vorstellen?

Bei Nachforschungen über die Vergangenheit von einzelnen Familienmitgliedern wurde ich davon berührt, dass aus der mütterlichen Familie der größte Teil Deutschland zwischen 1933 und 1942 verlassen musste oder im Konzentrationslager umgekommen ist. Fragen werden von der Generation unserer Kinder gestellt, wenn sie den Wunsch haben, mehr über die Ereignisse und die Familienmitglieder zu erfahren.

Wenn ich mich in den letzten zehn Jahren dazu entschlossen habe, die Dokumente, die trotz großer Lücken noch vorhanden sind, zusammenzustellen und in Archiven zu forschen, dann entspringt dieses Bedürfnis gerade dem Wunsch der nächsten Generation, so viel wie möglich zu erfahren über ein Geschehen, das in der Geschichte einzigartig ist. Die unvorstellbar grauenhaften Erlebnisse von Hunderttausenden deutsch-jüdischen Bürgern und der vielen Millionen jüdischen Bürgern in den von Deutschland besetzten Ländern sind nicht plötzlich aufgetreten, sondern wurzeln in einer mehrere Jahrhunderte dauernden wechselhaften Geschichte der Juden in Europa und insbesondere in Deutschland. Die spätere Darstellung ist zusätzlich erschwert durch die Tatsache, dass Augenzeugen entweder aus Deutschland vertrieben wurden und mittlerweile längst verstorben sind oder dass diese ihr Lebensschicksal durch einen Neuanfang gemeistert haben und heute an ihre frühere Zeit als Deutsche nicht mehr erinnert werden wollen.

Es gibt unzählige Berichte, Bücher, Biographien und Dokumente, die in verschiedenen Facetten die Vertreibung und Ermordung von Juden, Sinti und Roma, Regimegegnern oder andersgläubigen Bürgern in Deutschland und den von den Deutschen im Krieg besetzten Ländern berichtet haben. Die Realität mit den täglichen Einschränkungen, Verboten, Schikanen, denen diese Menschen ausgesetzt waren, bis zu ihrer Flucht ins Ausland, kann nur von Menschen berichtet werden, die es am eigenen Leibe erlebt haben. Insbesondere soll versucht werden, zu beschreiben, wie die Menschen bis zu Ihrem Abtransport in die Konzentrationslager existieren konnten und mussten.

Aus den Beschreibungen von Einzelnen aus dem KZ Theresienstadt oder in ihrer nicht selbst gewählten neuen Welt soll beispielhaft nachverfolgt werden, welche physischen und psychischen Belastungen so plötzlich in die Fremde Vertriebene durchleben mussten und wie sie sich ganz unterschiedlich dort zurecht fanden.

Durch die Beschäftigung mit einer immer umfangreicher werdenden Literatur einerseits und durch die Sichtung der einzelne Dokumente, die im Familienbesitz noch zu finden waren, wurde mit der Zeit das Bedürfnis stärker, den einzelnen zu beschreibenden Menschen und dessen Lebenslauf so darzustellen, dass man jedem einzelnen Schicksal gerecht wird, und den Ermordeten wieder ein Gesicht oder eine posthume Identität verleiht. Das Verlegen der Stolpersteine verfolgt nicht zuletzt gerade dieses Ziel: durch die Erinnerung an die Namen vor deren Wohnhäusern ein Bewusstsein zu fördern, dass hier Menschen gelebt haben, die einen Namen hatten, einen Geburts- und Todestag, die ein Leben geplant, eine Familie gegründet hatten und jäh innerhalb weniger Jahre gedemütigt und umgebracht wurden – unter unseren Augen.

Mit der intensiveren Beschäftigung und dem wiederholten Studium der einzelnen Berichte, Briefe und Zeitdokumente gelangt man in eine Sphäre der Identifikation mit diesen Menschen. Das Bedürfnis wird immer größer, zu erfahren: Wie haben die Menschen gelebt, die sich an Leib und Leben über viele Jahre bedroht fühlen mussten?

Welche dramatischen Leiden haben sie durchgemacht, die das Land ohne ihre Familie und ohne Besitz verlassen mussten, oder was haben die Menschen in den Transporten an menschenunwürdigen Bedingungen erlitten, ohne wirklich zu wissen, dass sie für einen Mord bestimmt waren?

Die Flucht der Mitglieder der Familie Wohlwill und Dehn 1935 bis 1941

Vier Familien blieben in Hamburg, davon wurden zwei Ehepaare (Heinrich und Hedwig Wohlwill, Heinrich und Marie Mayer) und Sophie Wohlwill ins KZ Theresienstadt und Marie Mayer noch weiter nach Auschwitz deportiert. Hedwig Wohlwill überlebte als Einzige das KZ und kehrte im Juli 1945 nach Hamburg zurück, schwer geschädigt, und starb 1948. Paul Wohlwill überlebte mit seiner Frau in Hamburg.

Wir – meine Eltern und die vier Kinder – lebten während der Nazizeit in Hamburg, vermutlich begünstigt durch die Tatsache, dass mein Vater, Jahrgang 1892, als Arzt in Hamburg gebraucht wurde. Eine sichere Erklärung, warum wir überlebt haben, ist aus den Akten des Staatsarchivs nicht zu entnehmen

Wer von uns hätte Interesse, die Familiengeschichte meiner Großeltern, Großtanten sowie Großonkel wirklich zu lesen, wenn sie nicht eine gewisse Besonderheit darstellten? Es sind unsere direkten Vorfahren, die dieses durchgemacht haben oder die ermordet wurden, oder unter den Lagerbedingungen zu Grunde gegangen sind. Wie kannst du es verstehen, ohne jeweils immer wieder in Tränen die letzten Briefe dieser Menschen zu lesen, bevor sie wegtransportiert wurden?

Die Besonderheit ist in unserer Familie die Tatsache, dass ein Teil umgebracht wurde, der größte Teil aber vertrieben wurde. Die Spurensuche ist zunächst die wichtigste Voraussetzung, um einige Details zusammentragen zu können. Spuren sind in Briefen und im Wesentlichen in Originaldokumenten, in Biographien und in Zusammenstellungen von verschiedenen Einzelfamilien zu finden.

Maike Bruhns, die sich in den letzten 25 Jahren in bewundernswerter Weise u. a. um die jüdischen Künstler und Künstlerinnen Hamburgs gekümmert hat, deren Werkverzeichnisse nachvollzogen und mit wiederholten Ausstellungen mit dafür gesorgt hat, dass ihre Namen wieder der Öffentlichkeit bekannt gemacht wurden, hat mich veranlasst, die Familie Wohlwill in ihrer historischen Entwicklung darzustellen (Brandis, M., 2009, 2015). Es geht zunächst um das Schicksal der Familie Wohlwill, im zweiten Teil um das der Familie Dehn. Am Schluss soll versucht werden, die Stammbäume der einzelnen Familien so lesbar zu machen, dass jeder die einzelne Person in ihrer Genealogie nachvollziehen kann.

Die Kinder der Familie Emil Wohlwill

Heinrich Wohlwill

Heinrich Wohlwill, mein Großvater, der älteste Sohn, studierte Chemie wie sein Vater, trat um 1900 ebenfalls in die Norddeutsche Affinerie ein und wurde dessen Nachfolger. Neben seinen beruflichen Aktivitäten war seine große Leidenschaft das Musizieren als Geiger oder Bratscher. Häufig fanden Kammermusikabende in seinem Hause statt, zu denen neben seinem Bruder Friedrich auch professionelle Musiker des hamburgischen Staatsorchesters gehörten.

Es ist unmöglich, sich vorzustellen, wie Heinrich und seine Frau Hedwig die Zeit nach 1933 physisch und psychisch überstanden haben. Man muss wohl davon ausgehen, dass Heinrich lange Zeit weiter in dem Bewusstsein lebte, dass es für ihn und seine Familie nicht so schlimm kommen würde. Als Doktor der Chemie in leitender Stellung bei der renommierten Firma Norddeutsche Affinerie wurde er

Abb. 13: Heinrich Wohlwill

sofort im Frühjahr 1933 entlassen und erhielt eine Pension, immerhin. Er war auch weiter als Chemiker in beratender Stellung tätig. Als er diese nicht mehr ausüben durfte, beschäftigte er sich u. a. mit der Buchführung der Kinderklinik Hochallee, nur um beschäftigt zu sein.

Die Musik konnte er in seinem Hause weiter ausüben, als Geiger oder auch Bratscher. Die spärlichen Dokumente über die Zeit bis 1939 lassen nur erahnen, mit welch steigender Angst das alte Ehepaar von Tag zu Tag lebte.

Ein Nachbarjunge meiner Großeltern, Joachim Brandis, damals 16 Jahre alt (die Großeltern Wohlwill und die mit uns nur sehr entfernt verwandte Familie Kurt und Martha Brandis hatten 1929 zusammen ein Doppelhaus in der Hindenburgstraße 111 in Hamburg bezogen), erzählte mir 2010 folgende Erinnerung:

„Ich traf Deine Großeltern auf der Straße und ging mit ihnen ein paar Meter, als Deine Großmutter, Hedwig Wohlwill, zu mir sagte: Geh Du lieber voraus, es ist nicht gut für Dich, wenn man uns zusammen auf der Straße sieht."

Joachim Brandis verstand die Aussage nicht, zumal er gewohnt war, alle 14 Tage von Heinrich Wohlwill einen Stapel von Büchern zu erhalten, mit der Aufforderung, diese zu lesen. Die Familien waren als Nachbarn miteinander gut vertraut. Die Jungen haben nicht registriert, was mit den Juden passierte.

Heinrich und Hedwig erlebten immer mehr, wie sich der Kreis um sie herum enger schloss. Die Tochter Marianne, die Schwester meiner Mutter, ging 1934 nach England, da sie ihren Beruf als Lehrerin nach dem Referendariat nicht fortsetzen konnte. Die Geschwister meiner Großmutter verließen das Land: Ihre Schwester Elisabeth ging mit ihrem Mann Eduard Goldschmidt nach England, ab 1946 in die USA (siehe „Eduard und Elisabeth Goldschmidt"); ihr Bruder Max Dehn, der Mathematikprofessor war, ging mit seiner Frau Antonia, geb. Naun, in die USA; Karl-Friedrich ging nach Südafrika und Georg aus München nach Ecuador. Fritz Wohlwill, der Bruder meines Großvaters, floh schon 1935 nach Portugal, Gretchen folgte ihm 1940 und Sophie blieb in Hamburg. Erst ab 1941 lesen wir in Heinrichs Briefen an Hertha Solmitz noch einmal von dem Versuch, über ein Affidavit (Bürgschaft eines Bürgers eines Aufnahmelandes für einen Einwanderer) eine Ausreisegenehmigung zu bekommen. Vermutlich haben sie und die schon im Ausland lebende Verwandtschaft dafür viel Geld bezahlt, das aber nie an den entsprechenden Stellen ankam. Der Sohn Max, Bruder meiner Mutter, emigrierte 1939 mit seiner Frau und Kindern nach Australien, um sich und seiner Familie ein neues Leben aufzubauen. Unsere Großeltern (Heinrich und Hedwig Wohlwill) sowie Heinrich und Marie Mayer und Sophie Wohlwill blieben in Hamburg (siehe „Margarete").

In einzelnen Briefen an Max und Erika Wohlwill, die sich gerade auf der vierwöchigen Passage nach Australien befinden, werden die Erlebnisse mit den Enkelkindern berichtet, aber in diesen Briefen schwebte die Angst um aller Zukunft mit, wenn auch nicht so klar ausgesprochen. Schwer zu beschreiben ist auch die Einschränkung für die noch in Hamburg lebenden Juden in Bezug auf das gesellschaftliche Leben. Die Hinweise „Für Juden nicht zugelassen" in Restaurants, Theatern, Konzerthäusern usw. sind nur äußerliche Zeichen einer Entmenschlichung jüdischer Bürger. Innerhalb kurzer Zeit wurden Nachbarn, Freunde und Bekannte zu Fremden. Man zog sich zurück und isolierte die Juden. Kinder in der Schule wurden gehänselt und missachtet.

Heinrich und Hedwig konnten sich zu einer Auswanderung, wohl aus Altersgründen und wohl immer noch überzeugt, dass es sie nicht treffen würde, zunächst nicht entschließen. Die Briefe bezeugen die Angst und Unsicherheit über ihr Schicksal. Ein letzter Versuch war dann zu spät, trotz der Bemühungen von Heinrichs Geschwistern in Portugal und auch von Robert Solmitz in New York. Es ist kaum nachzuvollziehen, dass Heinrich sich in Briefen Sorgen machte, ob seine Schwägerin Bertha Dehn noch fliehen könne, dabei aber nicht erkannte oder wahrhaben wollte, dass er selbst und seine Frau genauso bedroht waren.

Heinrich wurde seine Pension von Seiten der Finanzbehörde ab 1939 sukzessive in kleinen Schritten um mehr als die Hälfte gekürzt. Ihren Gold- und Silberbesitz mussten sie vorher schon abgegeben haben. Zusätzlich benötigtes Geld musste auf schriftlichen Antrag erst genehmigt werden. Wegen der Sicherungsverwahrung hatten sie keinen freien Zugang mehr zu ihren eigenen Bankkonten.

Um seiner Haushälterin ein Geburtstagsgeschenk besorgen zu können, musste Heinrich einen schriftlichen Antrag bei der Finanzbehörde um die Bewilligung von 20 Mark von seinem Konto stellen. Selbst für den Transport nach Theresienstadt musste er per Antrag um Bewilligung von jeweils 100 Mark für sich und seine Frau bitten.

Am 11. Juli 1942 schrieb Heinrich Wohlwill ein Telegramm nach Australien (Abb. 14). Dieses Telegramm, das ich auch unter den Briefen in Australien gefunden habe, war die Mitteilung über die vorgesehene Deportation.

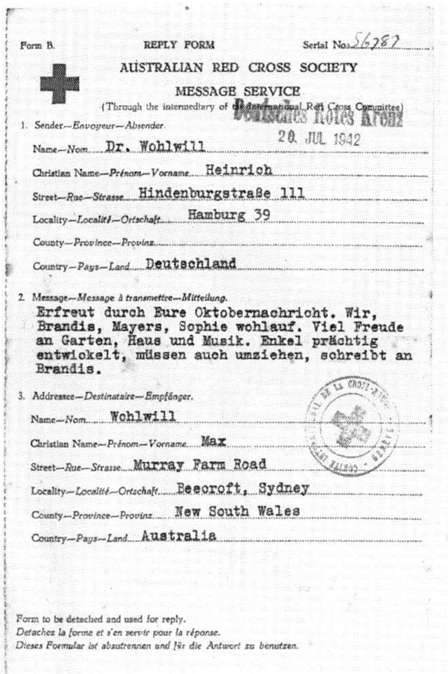

Form B. REPLY FORM Serial No. 56787

AUSTRALIAN RED CROSS SOCIETY

MESSAGE SERVICE

(Through the intermediary of the International Red Cross Committee)

Deutsches Rotes Kreuz

20. JUL 1942

1. Sender—*Envoyeur—Absender*

Name—*Nom* Dr. Wohlwill

Christian Name—*Prénom—Vorname* Heinrich

Street—*Rue—Strasse* Hindenburgstraße 111

Locality—*Localité—Ortschaft* Hamburg 39

County—*Province—Provinz*

Country—*Pays—Land* Deutschland

2. Message—*Message à transmettre—Mitteilung.*

Erfreut durch Eure Oktobernachricht. Wir, Brandis, Mayers, Sophie wohlauf. Viel Freude an Garten, Haus und Musik. Enkel prächtig entwickelt, müssen auch umziehen, schreibt an Brandis.

3. Addressee—*Destinataire—Empfänger.*

Name—*Nom* Wohlwill

Christian Name—*Prénom—Vorname* Max

Street—*Rue—Strasse* Murray Farm Road

Locality—*Localité—Ortschaft* Beecroft, Sydney

County—*Province—Provinz* New South Wales

Country—*Pays—Land* Australia

Form to be detached and used for reply.
Detachez la forme et s'en servir pour la réponse.
Dieses Formular ist abzutrennen und für die Antwort zu benutzen.

Abb. 14: „... müssen auch umziehen ..." Rot-Kreuz-Brief von Heinrich Wohlwill an Max Wohlwill

Am 19. Juli 1942 wurden Heinrich und Hedwig Wohlwill an die Moorweide befohlen. Ihre Haushälterin Johanna begleitete sie noch. Über eine tagelange Reise nach Theresienstadt wurde von anderen Zeugen berichtet. In ihrem Buch „Der Führer schenkt den Juden eine Stadt" schreibt Käthe Starke, geb. Goldschmidt (nicht mit uns verwandt), wie das Ehepaar Wohlwill bei seiner Ankunft in Theresienstadt behandelt wurde:

„Um den Tod von Dr. Heinrich Wohlwill liegt eine besondere Tragik. Die Nazis nahmen ihm Stellung und Beruf. Damit hatte er sich abzufinden. Aber erst als der Transport mit ihm am 19. Juli fort war, sickerte die Kunde davon durch. Die Sache war mit größter Diskretion, wie sich herausstellen sollte, mit allergrößter Diskretion betrieben worden, weil es ein hoher Offizier im Generalstab war, der sich für ihn verwandt hatte, und zwar mit Erfolg, wie nachträglich bekannt wurde. Da aber an entscheidender Stelle der Gemeinde niemand informiert war, konnte auch niemand korrigierend eingreifen, als es ‚Herrn' Göttsche, Leiter des Judenreferats der Gestapo der Stadt Hamburg, gefiel, ein Exempel dafür zu statuieren, dass die Gestapo sich von der Wehrmacht nichts vorschreiben lässt.

Es war ein Kabinettstück an Heimtücke. Er behielt das Schreiben, das Dr. Wohlwill vom Transport freigestellt hätte, auf seinem Schreibtisch zurück und setzte seinen Namen weisungsgemäß nicht auf die Transportliste. Aber den Evakuierungsbefehl ließ er hinausgehen.

Heinrich Wohlwill stellte sich völlig konsterniert zum Transport, der vermeintliche Irrtum werde sich vermutlich aufklären. Stattdessen ergab sich bei seiner Ankunft in Theresienstadt die abstruse Situation, dass man ihn, da er auf der Transportliste nicht verzeichnet war, beschuldigte, sich einschleichen zu wollen. So wie jene Unglücklichen, die im ersten Impuls riskiert hatten, unterzutauchen und dann in der Länge der Zeit nicht mehr wussten, wo sie sich aufhalten sollten, aus Verzweiflung manchmal in einem Transport illegal Unterschlupf suchten. Erst durch die nun einsetzenden Rückfragen im Falle Wohlwill wurde der Sachverhalt in Hamburg bekannt. Geändert wurde er nicht mehr. Heinrich und Hedwig Wohlwill blieben das Opfer der Rivalität zwischen Gestapo und Wehrmacht." (Starke, 1975)

Nach der viertägigen Reise nach Theresienstadt wurde ihm bei der Ankunft sofort seine geliebte Geige abgenommen. Er hat sie nie wieder gesehen. Verschiedene Zeugnisse über das Leben der Lagerinsassen in Theresienstadt bezeugen die qualvolle Zeit, in der viele Opfer entweder weiter nach Auschwitz transportiert wurden oder an Infektionen und Hunger verstorben sind.

Seine Frau Hedwig hat sich zusammen mit ihrer Schwester Marie Mayer (siehe „Marie Dehn") zum Arbeitseinsatz gemeldet. Marie Mayer hat auch nicht überlebt, sie wurde noch nach Auschwitz deportiert, nachdem ihr Mann Heinrich schon vorher verstorben war. Die Schwester von Heinrich, Sophie Wohlwill, blieb zunächst in Hamburg. Im Einzelnen ist es unvorstellbar, welche behördlichen und bürokratischen Quälereien die, die blieben, und die, die auswanderten, ertragen mussten.

Aus den Unterlagen im Hamburger Staatsarchiv habe ich entnehmen können, wie einzelne Bürger sich für die Bedürfnisse von Juden einsetzten. So ist z. B. die Geschichte der Wertschätzung der Geige von Eduard Goldschmidt durch den Geigenbauer Georg Winterling zu erwähnen.

Es ging darum, dass Goldschmidt die Geige mit auf die Flucht nehmen wollte. Hierzu benötigte er eine Bewertung.

Die Beurteilung des Geigenbauers lautete, dass es sich um eine Ruggieri Geige handelt, mit einem Wert von ca. 3000 Mark. Aufgrund des Gutachtens konnte Goldschmidt die Geige mitnehmen. Ich habe diese Geige vor fast 30 Jahren in England in der Hand gehabt. Es handelt sich in der Tat um eine echte Gofriller-Geige, die im Text des Gutachtens als weniger wertvolle Ruggieri beschrieben wurde. Es belegt, dass der Geigenbauer dieses Instrument bewusst niedrig geschätzt hat. So hat es immer auch mutige Menschen gegeben, die mit Mitgliedern der Familie Wohlwill und Dehn gut bekannt oder gar befreundet waren.

Noch einen Tag vor dem Abtransport hat Heinrich, wie so häufig, noch Sonaten von Beethoven und Brahms auf der Geige gespielt. Er wurde begleitet von Prof. Gisela Distler-Brendel (Abb. 15), deren Mutter Jüdin war und deren Vater unter den Nazis enorm gelitten hat. Über ihn hat Ursula Büttner ein eindrucksvolles Buch geschrieben (Büttner, 1988).

Ich habe Gisela Distler-Brendel vor einiger Zeit in Gießen, wo sie seit fast 50 Jahren lebt, besucht. Sie ist im Januar 2022 im Alter von 103 Jahren gestorben. Sie war zu ihrer Zeit eine sehr bekannte Cembalistin und in jungen Jahren eine gute Freundin unsere Familie. Sie erinnerte sich noch an diesen Musikabend mit Heinrich Wohlwill.

Abb. 15: Gisela Distler-Brendel

Vor kurzem hat sie mir Schubert-Noten zu vier Händen überreicht, die Heinrich Wohlwill ihr zum Abschied am 18. Juli 1942 mit einer Widmung geschenkt hatte (Abb. 16). Auf meine Frage hin, ob sie es als belastend empfunden habe, zu wissen, dass die beiden betagten Wohlwills am nächsten Tag abtransportiert wurden, sagte sie, sie hätten einfach Musik gemacht, wohl auch in der Hoffnung, dass sie bald wiederkommen würden.

Heinrich hat den Aufenthalt in Theresienstadt, wohin er am 19. Juli 1942 transportiert wurde, nur bis zu 31. Januar 1943 überlebt. Schwer abgemagert und an einer akuten Darmerkrankung leidend ist er ohne Versorgung dahingesiecht.

Abb. 16a: Klaviernoten von Franz Schubert, ein Geschenk von Heinrich Wohlwill an Gisela Disteler-Brendel vom 18. Juli 1942

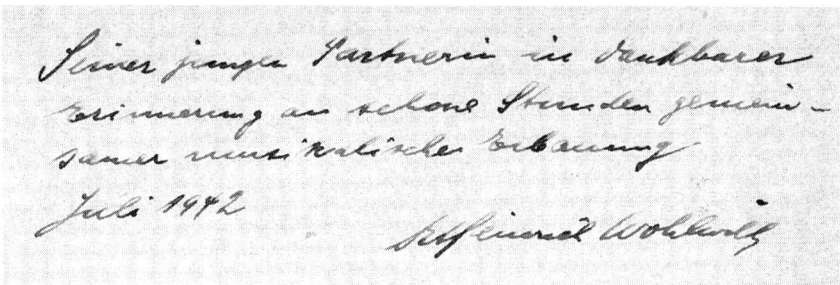

Abb. 16b: Widmung von Heinrich Wohlwill: „Meiner jungen Partnerin in dankbarer Erinnerung an schöne Stunden gemeinsamer musikalischer Erbauung."

Ein Foto aus Theresienstadt, das zufällig von meinen Verwandten in Australien in einem Dokumentarfilm des australischen Fernsehens entdeckt wurde, zeigt ihn während eines Konzertes auf dem großen Platz in Theresienstadt im Spätsommer 1942 (Abb.17).

Seine Witwe, meine Großmutter Hedwig Wohwill, geborene Dehn, hat die drei Jahre Theresienstadt irgendwie überlebt. Alice Kruse, mit der Familie Goldschmidt verwandt, die im Februar 1945 noch nach Theresienstadt deportiert wurde, hat die abgemagerte Hedwig Wohlwill wiederholt dort getroffen und in ihren Erinnerungen beschrieben. Nach der endgültigen Befreiung durch die sowjetische Armee im Mai 1945 hat es noch Wochen gedauert, bis die Überlebenden schließlich auf mühsamem Wege in ihre Heimatstädte zurückgeführt werden konnten. Auch darüber berichtet Hedwig wenig, aber andere, wie Alice Kruse oder auch Angele Mumssen, beschreiben den drei bis vier Tage anhaltenden Transport in Lastwagen mit Übernachtung auf dem Heuboden bei Bauern und die miserablen Zustände, in denen die Geschwächten ausharren mussten (Mumssen, 1958).

Abb. 17: Heinrich Wohlwill als Zuschauer bei einem Konzert auf dem großen Platz von Theresienstadt, ca. 1942.
Ausschnitt aus dem Dokumentarfilm „Where death wears a smile" (1985) von Frank Heimann und Paul Rea

Meine Großmutter Hedwig kam schließlich sehr verändert und geschwächt in unserer Wohnung in Wilhelmsburg an. Die Freude des Wiedersehens ist auch 75 Jahre später schwer zu beschreiben.

1947 schrieb Hedwig die Lebensgeschichte ihres Mannes auf, um den Enkeln in Hamburg, meinen Brüdern, die wesentlichen beruflichen und privaten Ereignisse seines Lebens zu schildern. Sie erzählte von den beruflichen Erfolgen in der Nachfolge seines Vaters Emil in der Norddeutschen Affinerie und der Tatsache, dass Heinrich als Erster in der Welt in dieser Firma eine wirksame Kupferelektrolyse geschafft hat. Aufgrund seiner Erfolge wurde er in die USA und nach St. Petersburg in die Sowjetunion eingeladen, um seine Kenntnisse dort mitzuteilen. Im weiteren Bericht schilderte Hedwig auch sein zweites Ich, die Musik. Sie berichtete, wie er schon als junger Mann Sonaten von Beethoven, Bach und Cesar Franck gespielt hat. Zeitweilig wurde er sowohl von seiner Mutter, die hervorragend Klavier spielte, als auch von seiner Schwester Sophie begleitet. Später hatte er sich vorwiegend mit Streichquartetten beschäftigt.

Mit dem Jahr 1933 schloss Großvaters Glück im Leben ab. Er hat es schwer getragen. 1938 feierte er sein 40-jähriges Dienstjubiläum, das seinem Berufsleben noch einen ganz harmonischen Ausklang gab. Fortan lebte er in seinem Garten und freute sich über das Schöne, was ihm verblieben war.

„Am 19. Juli 1942 verließen wir als arme Verbannte unsere Vaterstadt. Unsere Johanna, die die letzten 19 Jahre bei uns im Hause war, begleitete uns zum Sammelplatz auf der Moorweide. In Tränen nahmen wir voneinander Abschied. Er hatte mir immer helfen wollen, aber ich bin wohl doch noch gesünder und kräftiger gewesen, dass ich all das Schwere überstand. Er konnte dieses Leben nicht überstehen und schloss seine treuen, gütigen Augen am 31. Januar 1943." (H. Wohlwill, 1947)

Max Wohlwill
Max Wohlwill war der Sohn von Hedwig und Heinrich Wohlwill und Bruder meiner Mutter. Er hatte 1932 Erika Overbeck geheiratet, die drei Töchter kamen 1935 (Monika), 1937 (Renate) und 1938 (Sabine) zur Welt. Sohn Christopher wurde 1946 in Sidney geboren.

Die seelische Verfassung von Menschen, die nach den Gesetzen von 1935 als jüdisch galten, seien sie getauft, jüdischen Glaubens oder nicht konfessionell gebunden, ist mit Worten schwer zu beschreiben. Menschen, die sich bis 1933 als normale Bürger mit allen Plänen und Hoffnungen für die Zukunft auseinandersetzten, waren von nun an geradezu vogelfrei. Sie hatten in ihrem Heimatland keine Zukunft mehr.

Viele der Deutschen, die sich nach den nationalsozialistischen Gesetzen dieser Tatsache bewusst wurden, versuchten, ihre Lebenszukunft im Ausland zu planen. Für andere war die Realität dieser Ausgrenzung zunächst so wenig glaubhaft, dass sie sich diese Gedanken nicht machen wollten. Max Wohlwill wurde im Laufe der Zeit klar, dass das Problem auch seine Familie betraf.

Sein letztes Jahr vor der Ausreise aus Deutschland fasste er in einem Bericht zusammen: „Our last year in Germany". Max schilderte darin, wie die reellen Chancen einer Auswanderung waren, und schreibt über die Perfidie, mit der Gestapo-Beamte diese verhindern wollten. Max war Chemiker bei der Metallgesellschaft in Frankfurt und fragte seinen Vorstand, was denn mit ihm geschehen würde. Dort erhielt er schnell die klare Auskunft, dass man ihn entlassen müsste und er alles daransetzen müsse, aus dem Land zu kommen. Die Firma war so großzügig, ihm für das gesamte Jahr 1938 noch das volle Gehalt zuzusichern, sodass er genügend Zeit habe, sich auf die Auswanderung vorzubereiten.

Zufällig kannte er einen australischen Chemiker, der bei ihm kurze Zeit vorher in der Firma als Gast tätig war. Dieser bot ihm sofort eine Stelle an und erreichte eine Arbeitserlaubnis für ihn, mit der er dann auch seine Ausreise planen konnte. Die Familie packte ihre Habseligkeiten in Kisten und besorgte die Schiffspassage, meldete sich in Frankfurt ab und bei seinen Eltern in Hamburg an. Eines Tages erschienen um 4.00 Uhr früh Gestapo-Beamte bei ihnen in Frankfurt und nahmen ihnen die Pässe ab. Die kurze Begründung hieß, als Chemiker sei er Geheimnisträger. Damit war eine sofortige Ausreise nicht mehr realisierbar.

Alle Versuche, die Pässe wieder zu erhalten, über verschiedene einflussreiche Kontaktpersonen, verliefen ergebnislos. Die Familie mit den drei Töchtern zog zunächst nach Hamburg. Max' Frau Erika, die als Nichtjüdin die Organisation in die Hand nahm, kaufte sich ein kleines Auto (DKW), mit dem die Familie in der Lage war, ständig hin und her zu fahren, immer mit der Angst, doch von subalternen Beamten entdeckt zu werden. So gab es auch einen Anruf von Max Dehn in Frankfurt, der ihnen mitteilte, dass die Gestapo nach ihnen in Frankfurt gefahndet habe. Max wollte sich in Hamburg bei der Polizei melden. Der Polizist deutete ihm daraufhin jedoch an, das solle er lieber nicht tun! Solange sie keine Pässe hatten, konnten sie keine Schiffspassage buchen, und so vergingen viele Monate bangen Hoffens. Nach intensiven Versuchen unter Ausnutzung aller möglichen Verbindungen, insbesondere durch Erika, erhielt die Familie ihre Pässe zu Weihnachten 1938 wieder.

Bei der Abholung der Pässe ließ es sich der Gestapo-Beamte nicht nehmen, zu bemerken: „Wenn es nach mir gegangen wäre, hätten sie die Pässe nicht bekommen."

Es ist immer wieder zu lesen, wie einzelne Beamte und Behörden die Bestimmungen sehr willkürlich auslegten. Juden waren eben keine normalen Menschen mehr, sondern Menschen, mit denen man machen konnte, was man wollte.

Die Flucht setzte auch voraus, dass die Familie sämtliche Wertsachen vorher abgeben musste, nach einer entsprechend dokumentierten Information über sämtliche Besitztümer. Nach dem Erhalt der Pässe ging es alles ganz schnell, sodass die Abreise aus Hamburg über Holland schon am 18. Januar starten konnte. Der Vater Heinrich brachte die Familie seines Sohnes bis an die Grenze nach Holland. Der Abschied, so schreibt Max, muss für alle tief traurig und mit dem Gefühl der Endgültigkeit belastet gewesen sein. Seiner schwangeren Schwester Margarete, meiner Mutter, sagte er auf dem Hamburger Bahnhof: „Viel Glück für Minna im Mai". Aus dieser Minna wurde Matthias, der Autor dieser Zeilen.

Briefe der Großeltern Wohlwill an Max und Familie vom 21. Januar 1939 bis 11. Juli 1942
Schon sehr bald nach der Abreise schrieben Heinrich und Hedwig Briefe an die Familie auf dem Schiff, die unter den gegebenen Umständen nur das Alltägliche enthielten. Dennoch ist aus diesen Briefen, die zum Teil zweimal wöchentlich geschrieben wurden, einiges an den Gefühlen der Familie abzulesen.

Ich habe die 50 Briefe vor einigen Jahren bei meiner Cousine Sabine in Australien gefunden, kopiert und die handschriftlichen Texte übertragen. Mein Vetter Prof. Tilo Brandis in Berlin hat den in Sütterlin geschriebenen Teil transkribiert.

Am 18. Januar 1939 verließen Max und Familie Hamburg und bestiegen am folgenden Tag das Schiff in Rotterdam. Schon zwei Tage später, am 21. Januar 1939, schrieb Heinrich: „Nun schwimmt Ihr also wirklich auf dem Ozean, der weiter lockt und Eurem fernen Ziel entgegen." „Wir sind natürlich furchtbar neugierig, zu erfahren, wie sich Euer Leben in London und im Hotel abgespielt hat."

In den folgenden Briefen wurden die Verlassenheit und Einsamkeit deutlich, die die Großeltern immer wieder ausdrückten. In den zahlreichen Briefen versuchten beide, Heinrich und Hedwig, ihren Kindern und Enkeln den Alltag zu schildern. Minutiös wurde die Entwicklung der Gartenblumen und der Obstbäume geschildert, so als ob die Großeltern die Enkel und die Kinder daran teilhaben lassen wollten, als wären sie noch da.

In den folgenden Briefen schilderte Heinrich die mühsamen Verhandlungen mit Anwälten in Frankfurt, um sicherzustellen, dass der gesamte in Kisten verpackte Hausstand von Max und seiner Familie noch schnell per Schifffracht nach Australien geschickt würde, da die Familie so schnell und Hals über Kopf das Land verlassen hatte, und die Umzugsangelegenheiten nicht mehr erledigt werden konnten. Die mühseligen Verhandlungen mit dem Zoll und der Devisenstelle vermitteln ein vielsagendes Bild von den Schwierigkeiten für Juden, ihr Recht zu bekommen.

Heinrich verfolgte die Schiffsfahrt täglich über Telefonkontakte mit der Reederei und wusste im Voraus, wann das Schiff in Tanger, Marseille in Port Said, in Colombo etc. ankam. So schrieb er am 23. Januar 1939: „Also richte ich diese Zeilen an Euch beiden Lieben, deren Fahrt über den weiten Ozean ich in jeder Phase mit aufgeregtem Interesse verfolge. Also morgen früh seid Ihr in Tanger, d. h. in Afrika, und dann kehrt Ihr noch einmal wieder nach Europa zurück und rückt uns dann auf einmal wieder etwas näher. In Marseille werdet Ihr uns wieder ganz nah sein und wir können nur hoffen, in einigen Tagen etwas von Euch zu hören." Dahin schickte er die Post gezielt, um sicher zu gehen, dass seine Kinder den Kontakt zu ihnen behielten.

Max' Eltern berichteten über ihr „normales Leben". So drückte folgender Satz die Verlassenheit aus: „Der gestrige Sonntag-Mittagstisch kam uns trotz der ganzen Brandis-Gesellschaft klein und still vor."

Diese Briefe waren geprägt von der Verpflichtung, keine politischen Aussagen zu machen und enthielten naturgemäß im Wesentlichen Berichte über das tägliche Leben der Familie und auch die Sorgen über die Zukunft. Es waren die Familien Heinrich Wohlwill mit seiner Frau Hedwig und deren Schwester Marie mit ihrem Mann Heinrich Mayer, deren Hoffnung auf Auswanderung immer wieder in Andeutungen erwähnt wurden. „In unserer Angelegenheit oder in Mayers Angelegenheit nichts Neues."

Aus den Briefen war die tief empfundene Sehnsucht nach den Enkelkindern und deren Einleben in Australien spürbar. Die Großeltern hielten an dem Zipfel der Zusammengehörigkeit fest. So schrieb Hedwig: „Vater leidet sehr unter der Trennung. Schreibt ihm, das ist die beste Hilfe. Er hat die letzten Monate nur an und für Euch gedacht."

Am 26. Januar schrieb Hedwig: „Ich habe manchmal netten Besuch. Heute Morgen war Frau Dr. Leipelt hier. Hans [der Sohn Hans Leipelt] hat schweren Dienst; es geht ihm aber gut."

Hans Leipelt wird kurze Zeit später nach der Aufdeckung, dass er Halbjude ist, „unehrenhaft aus dem Militär entlassen". Zum Studium wird er auch nicht zugelassen. Erst der Nobelpreisträger für Chemie in München, Prof. Heinrich Wieland, nahm ihn mit anderen ähnlich betroffenen Menschen in sein Institut auf. Später war er dann zusammen mit den Geschwistern Scholl direkt involviert bei der Weißen Rose, wurde verhaftet und im Januar 1945 hingerichtet.

Heinrich schilderte im weiteren Verlauf auch seine finanziellen Ängste, sodass er sehr sorgsam seine Portokosten so niedrig wie möglich halten musste. Am 3. Februar schrieb er:
„Unsre ersten Briefe waren auf zu dickem Papier geschrieben. Das würde, wenigstens für Australien, zu viel Porto kosten. Jetzt versuchen wir es auf dünnerem, aber, wie Ihr seht, mit keinem guten Erfolg. Eventuell müssen wir auf die Durchschrift verzichten. Eure Bitte um Zusendung von Anna Karenina nach Bombay können wir leider nicht erfüllen. Nach Bombay und ebenso auch nach Australien gibt es nur Briefsendungen per Luftpost. Drucksachen kosten genau so viel und zwar je 5gr 20 bzw. 59 Pfennig. Ein Band von Anna Karenina in Reclam-Ausgabe liegt bei 250 gr. ohne Verpackung, d. h. über 10 M Porto. Das schien uns doch ein zu großer Luxus."
Zwischendurch wurden die alltäglichen Hoffnungen und Ängste der engsten Familienmitglieder erwähnt:
„Wir fangen jetzt so allmählich an, uns unser Leben zu zweien wieder gemütlich einzurichten. Wir lesen jetzt das schöne Buch von Gertrud Bäumer ‚Adelheid' zusammen. Mit Arbeiten ist es allerdings noch nicht weit her. Ich habe allerlei Pri-

vatgeschäfte zu erledigen. Die verschiedenen Familienmitglieder nehmen mich mit ihren Auswanderungssorgen und Plänen in Anspruch: Tante Bertha, Onkel Georg, Tante Gretchen usw. Onkel Georg denkt vermutlich an Ecuador. Das Hineinkommen scheint dort nicht so schwer. Aber das Herauskommen wird immer schwieriger."

Am 15. Februar 1939 schrieb Heinrich:

„Ich habe Eure Reise von A bis Z mit gespanntem Interesse verfolgt. Ich kann nicht leugnen, dass mit der auf dem Atlas (der dauernd auf Mutters Nähtisch im Wohnzimmer liegt) verfolgten Entfernung auch mein Empfinden der Entfernung stetig gewachsen ist. Aber es ist nicht ins unendliche gewachsen. Auch in Melbourne seid ihr immer noch in greifbarer Nähe für mich. Ich fühle mich ganz eng mit Euch verbunden und erlebe alles mit Euch."

Am 28. Februar kam ein Brief von Heinrich:

„Im Übrigen geht's uns gut, wenn man von der rapide fortschreitenden Verschlechterung unserer materiellen Verhältnisse absieht. Kolossale Einkommensteuer auf unsere Konten für uns Juden, und meine Vermögensabgabe in Bezug auf die Wohnung noch unentschieden, aber wir sind mutig, ebenso wie Ihr es hoffentlich seid."

Am 3. März schrieb Heinrich:

„Ich weiß nicht, ob ich Euch schon schrieb, dass wir all unser Silber abliefern müssen. Das ist weniger der materielle Verlust, als der Eingriff in unsere häusliche Behaglichkeit, der uns kränkt. Dazu die fürchterliche Steuererhöhung, die meinen ganzen Etat über den Haufen wirft. Ab 1939 werden alle Juden als Junggesellen besteuert, das heißt etwa 80 % höher als bisher. Das trifft möglicherweise auch Deine noch ausstehenden Einnahmen. Ich werde unter diesen Umständen mein Haus nicht halten können, will aber nichts unternehmen, bis ich etwas klarer über meine Auswanderungsmöglichkeiten sehe. Man weiß ja auch gar nicht, wo man sonst unterkommen soll."

Zur Erklärung: Heinrich Wohlwill hat sich nach kurzer Zeit erfolgreich gegen diese extreme Besteuerung gewehrt, sodass es bei den alten Steuersätzen blieb.

Am 10. März ging Heinrich in einem kurzen Abschnitt wieder auf die materiellen Verhältnisse ein: „War mit Mutter in der Stadt, um 1. meine goldene Brille durch eine dunklere Brille zu ersetzen und 2. Mutter eine Stahluhr anstelle einer goldenen Uhr zu kaufen. Äußerst produktive Tätigkeit!"

Am 15. März schrieb Hedwig:

„Zum Sonntag, den 19. haben wir uns in diesem Jahr die lieben fünf aus der Probsteierstrasse [Brandis-Familie] eingeladen, zum Essen. Abends kommen dann Sophie und Gretchen. Es geht Gretchen wirklich körperlich wieder gut. Dienstag aß sie mit uns zu Abend, sie sah ganz ordentlich aus und aß auch mit Appetit. Sie näht jetzt viel für Margaretes Jungen. Manchmal reden wir davon, dass es herrlich wäre, wenn wir mit ihnen zusammen bleiben könnten, irgendwo. Ich glaube, es würde schon gut gehen. Aber, wir machen keine Pläne, es fehlen vollkommen die Grundlagen, die bei Goldschmidts und Mayers vorhanden sind."

Heinrich schrieb am 27. März:

„Unsere Erlebnisse drehen sich meist um eigene und anderer Leute Auswanderungs-Schwierigkeiten und Sorgen und Hoffnungen. Allmählich geht alles weg. Zu meiner eigenen Sache habe ich ja meine Fäden angeknüpft.

Trotz allem haben wir es hier zu Hause noch ganz gut."

Dies ist ein Beispiel für die Selbstermunterung zur Überwindung der Hoffnungslosigkeit und Verzweiflung, nicht zuletzt auch, um die Familie in Australien nicht zu sehr zu beunruhigen. Und weiter ein zaghafter Versuch, zu den politischen Verhältnissen Stellung zu nehmen:

„Am gleichen Freitag war zum frühen Essen Frau Eggers [Altona, eine sehr enge Freundin der Familie, die auch in dieser schweren Zeit immer wieder zu ihnen hält] hier. Es war auch ein Abschiedsbesuch. Sie geht zunächst zu ihrer Tochter nach München, um ihr erstes Enkelkind in Empfang zu nehmen, dann wohl nach Karlsbad. Ihr Sohn, der dort im Dienst stand, ist allerdings zur Zeit nicht dort, in Zusammenhang mit der Besetzung der Tschechoslowakei. Die politischen Ereignisse überstürzen sich ja. Es sind große Geschehnisse, die sich da abspielen. Großen Eindruck hat mir auch das heute veröffentlichte deutsch-rumänische Wirtschaftsabkommen gemacht. Das sind doch ganz neue Wege. Das Grollen und Toben des westlichen Auslands wird dem planmäßigen Vorgehen Deutschlands doch wohl kein ernstliches Hindernis sein. Für unsereins werden die Aussichten nicht erfreulicher. Trotzdem muss ich die Zielgewissheit und die Erfolge bewundern. Wir und unsere Sache sind ja doch nur ein Nichts in dieser europäischen Welt. Wie glücklich ich bin, dass Ihr in Australien seid, das könnt ihr Euch gar nicht vorstellen. Und doch – vergesst nicht, dass wir sehr traurig sein können. Verzeiht diese kleine Mahnung. Aber es ist uns ja natürlich, dass sich alle Verhältnisse aus der Entfernung so sehr verkleinern. Nur so ist es zu erklären, wenn aus so manchem Brief aus dem Ausland nur völliges Nichtverstehen der hiesigen Verhältnisse hervorgeht."

In einem sehr langen Brief vom 3. April 1939 schilderte Heinrich auch die Gedanken an eine „Auswanderung". Hierzu hat er versucht, über frühere Berufskollegen Kontakt nach England zu knüpfen. Dazu wurde in den Briefen wiederholt ein Herr Beck erwähnt:

„Freitag war Herr Beck aus London hier. Ich sprach ihn leider nur kurz im Hotel. Er tat so, als wenn ihm mein Wunsch ganz neu wäre. Du, Max, hättest allerdings gewisse Andeutungen gemacht. Sehr viel versprechend war die Unterhaltung nicht. Aber wir wollen abwarten. Aber er ist, wie ich ihn kenne, kein Mann, der sich gern mit Problemen befasst. Ganz leicht ist die Sache natürlich nicht, aber mit etwas gutem Willen wäre es doch vielleicht zu machen. Leider hat Mutter ihn nicht gesehen. Ich versuchte gestern noch, ihn einzuladen. Er wollte auch vielleicht zum Kaffee zu uns kommen, kam aber nicht. Nun ist er wieder fort, und ich bin eigentlich gerade so weit wie vorher. Das liegt mir natürlich auf der Seele. Ich habe nicht erwartet, sofort ein positives Ja von ihm zu bekommen, hatte aber doch auf etwas mehr gerechnet. Hätte er von sich aus ja gesagt, dann wäre ich vor sehr ernste Entscheidungen gestellt. Vielleicht hätte ich meinerseits mich noch gar nicht zu meinem entscheidenden Ja entschlossen. Ich bin mir klar, dass das Auswanderungs-Vorhaben sehr viele Seiten hat. Aber was mich bedrückt, ist, dass ich noch gar keine Möglichkeiten sehe. Solange hat es auch keinen Sinn, sich zu überlegen, ob man will oder nicht. Besonders bedrückt mich natürlich die Tatsache, dass alle anderen rausgehen. Goldschmidts haben jetzt ihr Permit von England erreicht. Gertrud, letztere natürlich nur Transit-Visum. Reinhard geht Donnerstag nach Schottland als Schweizer auf ein großes Gut (Largie Castle) an der Westküste."

Am 24. April schreibt Heinrich:

„Nun muss ich Einiges zu Max Brief vom 4. April sagen. Pläne, die über eine Woche hinausgehen, kann man ja heute überhaupt nicht machen. Aber, wenn Ihr uns fragt, ob wir gegebenenfalls, wenn es Euch mal besser dort geht, nach Australien kommen würden, so kann ich das nur mit einem ‚Ja' beantworten. Jeder, der mich bisher gefragt hat, ob ich mich auf England versteifen oder wo ich sonst hingehen möchte, erhielt von mir zur Antwort: ich habe eine Tochter in Hamburg, eine in England und einen Sohn in Sidney. Also kommt für mich nur eines dieser drei Länder infrage. Mein großer Wunsch ist natürlich, keinem meiner Kinder jemals zur Last zu liegen und deshalb nähere ich in meiner Brust immer noch die Hoffnung, irgendeine Betätigung zu finden, und dafür ist wohl in England noch eher eine Chance als in Australien. Solange diese Frage nicht endgültig beantwortet ist, mache ich überhaupt keine Pläne. Ich warte nun erst einmal bis Ende Mai oder Juni. Dann werde ich wohl von Beck, vielleicht auch von Mr. R. etwas hören. Viel Zuversicht habe ich nicht. Aber, wenn ich an ganz ferne Zukunft denke, kann ich uns natürlich nichts Schöneres denken, als in Eurer Nähe zu sein. Es würde mich auch die fremde Mentalität nicht schrecken. Ich kann mir keine fremdere Mentalität vorstellen als diejenige meiner jetzigen Umgebung."

Zwischendurch kommen aufmunternde Ereignisse. So schreibt Hedwig am 17. Mai 1939: „Gestern hat Vater endlich mal wieder musiziert. Klaviertrio von Mozart, und eins von Beethoven, ‚das Geistertrio', mit Tante Sophie, Albrecht Vater. Alle drei waren in guter Musizierstimmung. Im Ganzen ist Vater immer betrübt."

Am 5. Juni schreibt Heinrich:

„Morgen gehen nun Goldschmidts weg. Wir gehen morgen Früh noch einmal hin. Es ist für Mutter ein tiefer Einschnitt in ihr Leben und auch mir wird es nicht leicht, so einen nach dem andern von den nächsten davon ziehen zu sehen. Alice hat ihr Permit noch nicht. Goldschmidts waren am Donnerstag-Abend noch einmal mit Robert und Hertha bei uns zum Essen. Es war ein sehr harmonischer, schöner Abend. Wir konnten ganz lange auf der Veranda sitzen, was bis jetzt nur selten möglich war, da es abends immer kalt wird. Auch Margarete erschien zu unserer Überraschung."

In den folgenden Wochen und Monaten schafften es Alice mit Alida Dehn, Familie Goldschmidt, Georg Dehn und seine Frau mit Sohn Peter, die noch einige Monate bei Heinrich und Hedwig Wohlwill gelebt haben, die Ausreise aus Deutschland zu realisieren. Im Brief vom 25. Juli schrieb Heinrich:

„Allmählich bleiben wir allein zurück. Mayers wissen allerdings immer noch nicht, ob und wann sie fortkommen. Sie haben seit April nichts mehr gehört. Die nächste ist doch vielleicht Tante Bertha. Sie hat einen sehr netten Brief von der Farmdame, die sie angefordert hat, und die offenbar gute Beziehungen zu einem Parlamentsmitglied hat, die sie in Berthas Interesse verwenden will. Dadurch sind natürlich die Aussichten für Tante Bertha bedeutend besser geworden, wenn auch immer noch zweifelhaft bleibt, ob das Custom-Department ihr ein Permit erteilt, mit Rücksicht auf ihr beträchtliches Alter. Aber wir sind hier alle nicht mehr so besorgt bei dem Gedanken, weil der Brief der Dame darauf schließen lässt, dass sie in ein gebildetes Haus kommen würde, in dem sie in der Familie Aufnahme finden und an deren ‚social life' teilnehmen würde."

Beklemmend wirken die Zeilen vom 27. Juli: „Aber die Ungewissheit der politischen Zukunft greift doch so tief in unser privatestes Leben hinein, dass man doch manches darüber sagen möchte. Vielleicht ist es aber auch besser so. Im Augenblick haben wir es ja noch besser als viele andere Menschen, in vieler Beziehung." Und weiter: „Behaltet Euren Mut, wir werden ihn auch behalten und Euer immer mit größter Zuversicht gedenken."

In den folgenden Wochen und Monaten werden die Briefe immer seltener, die Abstände größer. So ist es schwirig, die gegenseitigen Antworten direkt in Beziehung zu setzen. Am 29. August, zwei Tage vor Kriegsbeginn, schreibt Heinrich:

„Meine Lieben! Ihr könnt Euch denken, dass wir in diesen Tagen mit unseren Gedanken viel bei Euch sind. Diese Zeilen haben nur den Zweck, Euch einen kurzen Gruß zu senden, damit Ihr wisst, dass es uns allen gut geht. Wir haben alle Hoffnung, dass noch alles gut wird. Da man aber nicht wissen kann, wann wieder normale Beförderungsmöglichkeiten zur Verfügung stehen, bitten wir alle, an die diese Zeilen gelangen, vorerst Max Dehn in Trondheim, Norwegen, Strandeten 9, in kurzen Abständen zu unterrichten, wie es Euch geht. Max wird die Nachrichten weiterleiten. Ihr werdet ja selbst beurteilen können, zu welchem Zeitpunkt sich dieser Umweg erübrigt."

Nach langer Pause kommt im Mai 1940 ein Brief in Australien an, in dem Heinrich schreibt:

„Nun will ich versuchen, sowie Ihr uns ein Bild von Eurem täglichen Leben gegeben habt, Euch auch einmal ein Bild von unserem Alltagsleben zu entwerfen. Ich glaube, ich mache das am besten, indem ich Euch einmal den Ablauf unserer letzten Woche schildere. Sie war allerdings insofern keine ganz gewöhnliche Woche, als wir unerwarteten Besuch von Frieda Hübner erhielten. Ich weiß nicht, ob Ihr schon erfahren habt, dass vor etwa vier Wochen ihr Mann gestorben ist. Wir wussten bis Mitte vorige Woche nichts Näheres über die Umstände, die zu diesem traurigen Ende geführt haben. Dr. Hübner war erst 52 Jahre alt. Da erschien am Donnerstag voriger Woche morgens ganz überraschend Frida Hübner bei uns. Sie hatte es in der Einsamkeit ihres Heims an der Bergstraße nicht aushalten können – ihre Tochter ist als Ärztin in Offenbach furchtbar beschäftigt, ihr Sohn ist beim Militär – sie ist kurz zu Freunden nach Hamburg gefahren, um sich hier etwas auszuruhen. Sie hat uns erzählt, dass ihr Mann schon lange an einem schweren Nierenleiden gelitten hat, dem er schließlich erlegen ist. Hauptsächlich auf Wunsch der Kinder will Frieda Hübner ihr Grundstück in der Bergstraße behalten. Sie hat aber den Garten verpachtet und hofft, dass sie irgendeinen Menschen findet, der zu ihr zieht und ihr ein wenig hilft. Im Übrigen ist sie ganz die Alte. Rührenderweise setzte sie sich gleich ans Klavier und spielte uns in alter Vollkommenheit und Innigkeit die herrliche letzte Beethovensonate (c-moll) vor. Am Freitagnachmittag waren wir bei Mayers, die zu unserer Überraschung Frieda Hübner auch gebeten hatten. So konnten wir dort gleich für den folgenden Tag mit ihr ein Triospiel mit Albrecht verabreden. Also, am Sonnabendnachmittag hatten wir wieder herrliche Musik im Haus. Wir spielten das große B-Dur Trio von Beethoven, das c-moll Trio von Brahms, und nachher spielte Frau Hübner uns noch einmal die letzte Beethovensonate. Das war ein wunderschöner Nachmittag. Solche Tage sind natürlich für uns jetzt Ausnahmetage. Ich mache zwar auch sonst ganz viel Musik, aber so tief empfundenes und musikalisch vollkommenes Spiel wird einem doch, wenigstens im Hause nur ganz ausnahmsweise geboten."

Die Familie ihrer Tochter Margarete mit uns vier Kindern ist neben dem Ehepaar Mayer und Heinrichs Schwester Sophie die einzige Beziehung, die geblieben ist. Der Großvater berichtet über wunderbare Musikabende noch 1940/41, bei denen die Problemsituation für Stunden verdrängt wurde. In einem Brief vom 25. November 1941 erwähnt er eine Situation eines geselligen Abends, wobei die Gespräche immer wieder auf sorgenvolle Gedanken kommen, obwohl man es so gern vermieden hätte.

Insgesamt sind fast 50 Briefe an die Familie auf das Schiff und nach Australien erhalten. Zwischen den Zeilen sind nur vereinzelt Hinweise auf die Ängste ihres Lebens enthalten, wie groß die Sehnsucht nach den Kindern und Enkelkindern ist. Zwischendurch wurden Hoffnungen geäußert, ob es vielleicht eine Möglichkeit in Australien für sie gäbe. Die späten Versuche ab 1941 über Robert Solmitz, der mittlerweile in New York lebte, oder über die Warburg-Familie ein Visum nach Kuba oder andere Länder zu erhalten, waren schließlich vergeblich. Selbst ein verzweifelter Aufruf von Robert Solmitz an alle Familienmitglieder, die schon emigriert waren, um Geldspenden für ein Visum für Heinrich und Hedwig erreichte zwar die geforderte Summe, aber das Geld verschwand in unklaren Kanälen. Immer wieder kam die Bemerkung in den Briefen vor: „In unserer Sache nichts Neues." Dabei wurde die zunehmende Einengung ihres Umfeldes erkennbar. Die Familie Goldschmidt, Eduard und Elisabeth (die Schwester von Hedwig), waren mit allen sieben Kindern über mehrere Jahre aus Deutschland geflohen. Zuletzt verließen die Eltern selbst Hamburg 1939. Tante G. (Gretchen Wohlwill, die Malerin) quälte sich mit dem Gedanken, nach Portugal auszuwandern. Ihr Bruder Friedrich Wohlwill in Lissabon hatte kein Verständnis für ihr Zögern, schließlich emigrierte sie auch. Wiederholt berichteten Heinrich und Hedwig über Alltägliches im Garten oder über verschiedene Treffen mit noch in Hamburg gebliebenen engen Verwandten. Es fiel dabei auf, dass nur noch selten Nicht-Verwandte, also „Arier", in ihrem Haus zu Gast waren. Trotz guter Freundschaften schien der persönliche Kontakt zu den meisten zum Erliegen zu kommen. Heinrich sorgte sich um die Ausreisemöglichkeiten vor allem für Verwandte, wie die Schwester seiner Frau, Bertha Dehn, oder Georg Dehn, den jüngsten Bruder der acht Geschwister Dehn. Auf einer Postkarte an Sabine Wohlwill, die Tochter von Max, mit Grüßen von Margarete, Albrecht, Hermann und Thomas stand: „Ich reise immer mit Euch."

Die Sorge, ob ihre Familie ohne ihre Habe in Australien existieren müsste, ob der Sohn seine erhoffte Anstellung erhielt, die Kinder sich dort zurechtfänden, die Sprache lernten, all das zog sich durch die Briefe hindurch. Die sehnsüchtige Bindung an die geliebten Kinder und Enkelkinder ist erschütternd zu lesen. Unter anderem befürchtete Heinrich, dass aus dem Besitz der Familie von Max alle Wertsachen noch vorher vom Zoll und der Devisenstelle beschlagnahmt würden.

Es beeindruckt die Beschönigung des eigenen Zustands, die Heinrich in den Briefen an den Sohn zeigt, vielleicht, um den Kindern ein wenig die Sorgen zu nehmen, und vermutlich mitgeprägt von der Angst, in den Briefen den wirklichen Zustand der Ausgrenzung und Einengung zu schildern, vermutend, dass all die Briefe von der Gestapo wohl gelesen würden.

In Kalifornien fand ich Briefe meines Großvaters Heinrich an Robert Solmitz. So etwa ein Brief vom 25. Mai 1941, den ich hier ungekürzt wiedergebe:

„Lieber Robert!

Ich wäre Dir unendlich dankbar, wenn Du versuchen würdest, irgendetwas zu tun, um auch mir eines Tages eine Auswanderung zu ermöglichen. Ich habe bisher selbst wenig in dieser Richtung unternommen, da ich keine vermögenden Verwandten im Ausland habe. Da eine meiner Töchter in England als Krankenschwester, mein Sohn als Chemiker in Sidney, meine dritte Tochter verheiratet mit vier Kindern in Hamburg lebt und auch sicher hierbleiben wird, habe ich bisher fest geglaubt, so lange warten zu müssen, bis eines Tages mein Sohn in Australien mich aufnehmen kann. Während des Krieges ist diese Möglichkeit natürlich ganz ausgeschlossen, und auch nachher kann ich für längere Zeit wohl kaum auf eine Verwirklichung dieses Wunsches rechnen. So wie die Verhältnisse sich hier entwickelt haben, bin ich aber nunmehr zu der Überzeugung gekommen, dass ich jede Möglichkeit ergreifen muss, hinaus zu kommen, wohin es auch immer sei. In erster Linie kommt für mich die USA infrage, weil ich dort wenigstens allerlei geschäftliche Beziehungen habe und eine schwache Möglichkeit sehe, trotz meiner 67 Jahre noch eine Betätigung zu finden. Auf eine solche Betätigung bin ich absolut angewiesen, da ich, wie Du weißt, nach meiner Auswanderung völlig mittellos sein würde. Meine Beziehungen liegen natürlich hauptsächlich in der Metallhütten-Branche. In erster Linie habe ich Beziehungen zu American Metal Co., Broadway New York. Die Herren, die ich dort während meines Aufenthaltes in New York in den Jahren 1907/8 kennen gelernt habe, leben wohl alle nicht mehr. Ich kenne also persönlich nur die Herren, die im Laufe der Jahre nach Hamburg gekommen sind. Das sind Mr. Burkey, der Manager des Werkes der Amco in Cartaret, New Jersey, ferner Mr. Sidney Rolle, Assistant Manager of The Scones Engineering Co., 420 Lexington Ave, New York City. Die letztgenannte Gesellschaft ist eine Tochtergesellschaft der Amco. Diesen Herrn kenne ich nicht besonders gut, er ist auch in meinem Hause freundschaftlich aufgenommen. An ihn habe ich am 17.12.1940 einen Brief geschrieben und ihm meine Lage auseinandergesetzt und ihn gefragt, ob er irgendetwas für mich tun könne. Auf diesen Brief habe ich bis heute keine Antwort erhalten. Aber auch die anderen großen Metallkonzerne werden meinen Namen kennen, wie die American Smelting and Refining Co., ferner Mr. Cates, President of the Phelps Dodge Corporation, 40 Wall Street, New York. Ferner kenne ich ganz gut Mr. Charles Hardy, 415 Lexington Avenue, New York (Spezialfirma für Metallpulver). Ich könnte natürlich an diese verschiedenen Leute persönlich schreiben, ich habe aber wenig Vertrauen zu solchen Korrespondenzen, da das briefliche Ablehnen oder Nichtbeantworten so einfach ist. Ich nehme bestimmt an, dass Max Warburg alle diese Leute persönlich kennt, und eine persönliche Fürsprache von ihm würde bestimmt sehr viel wirksamer sein als ein Brief. Als ich Herrn Rolle im Dezember schrieb, hatte ich noch nicht einmal eine Warte-Nummer und konnte daher nur vorschlagen, dass man mich als Sachverständigen anfordern möge. Inzwischen habe ich mir eine Warte-Nummer beschafft (18898/9), so dass mir heute auch schon mit einem Affidavit gedient sein würde, wenn nur der Affidavitgeber eine Aussicht dafür sieht, dass ich trotz meines Alters noch irgendeine Beschäftigung drüben finden würde. Ich bin selbstverständlich zu jeder Arbeit in meinem ursprünglichen Chemiker-Beruf bereit, und kann auch Laboratoriumsarbeit übernehmen und fühle mich dazu vollkommen befähigt. Zur Orientierung etwaiger Interessenten gebe ich im Folgenden die wesentlichen Daten meiner Personalien: […]

Herzlichen Gruß. Dein Onkel Heinrich"

Abschließend gebe ich die letzten Briefe von Heinrich Wohlwill wieder, die er an Hertha Solmitz in Los Angeles, USA, und an Georg Dehn in Quito, Ecuador, schrieb:

„Meine liebe Hertha! Nun komme ich zu Wort, um Dir wenigstens einen kurzen Gruß zu senden. Das Briefschreiben ist heutzutage eine schwierige Sache. Was uns in erster Linie bewegt, darüber kann man nicht schreiben. Unser schönstes sind immer die Nachrichten von draußen. Vor allem freuen wir uns immer über die guten Nachrichten von Euch. Dass Du bereits eine Beschäftigung gefunden hast, und in Deinem eigensten Beruf, ist ja enorm. Hoffentlich hast Du Zeit, auch außerhalb Deines Berufs Dir Dein Leben befriedigend und behaglich zu gestalten. Mit Robert stehe ich in telegrafischem Verkehr. Über Warburgs hörte ich vor einigen Tagen, dass er sich für uns um ein Kubavisum bemüht. Also so weit sind wir jetzt auch. Der Gedanke ist natürlich für uns und unsere Kinder traurig. Aber es muss sein. Seit gestern wissen wir, dass wir Beiden einstweilen von der augenblicklichen Aktivität verschont bleiben. Nun sorge ich mich noch wegen meiner Schwester Sophie. Es ist gut, dass sie ihre große Wohnung aufgegeben hat. Für ihre Auswanderung bemühen sich unsere Geschwister in Lissabon, die übrigens auch unsere trägen Schritte unternommen haben. Aber ich bin froh, wenn sie etwas für meine Schwester erreichen. Die Kommunikation ist augenblicklich noch extra erschwert, da auch die Kabel nur mit großer Verzögerung befördert werden. Ich habe mich ja auch, wie du sicher weißt, mit Onkel Karl und Georg in Verbindung gesetzt. Von Letzterem hatten wir aber bald, nachdem ich eben gekabelt hatte, die betrübliche Nachricht, dass er seine Stellung eingebüßt hat. Wie traurig für ihn! Bleibt doch nichts erspart. Von seiner Hilfe können wir also nichts mehr erwarten. Auch für Bertha ist es traurig, dass sie so unter so getrübten Verhältnissen am Ziel ihrer mühsamen Reise in Empfang genommen wird. Aber sie wird sich schon durchhelfen. Wie froh sind wir, dass sie noch fort gekommen ist! Augenblicklich stockt jede Auswanderung. Auch Mayers kommen augenblicklich nicht mehr voran. Aber ich bin zuversichtlich. Es wird in einiger Zeit wieder anders werden. Es geht bei ihnen alles glatt. Nur das Haus macht ihnen Schwierigkeiten. Es ist verkauft, aber der Verkauf ist noch nicht genehmigt. Aber daran würde ihre Ausreise nicht scheitern. Wilhelm [der älteste Sohn von Ehepaar Mayer, in Lima] hat ihnen ja angeboten, ihre ganze Passage zu bezahlen. Solange sich aber ein Termin für die Ausreise auch nicht schätzungsweise angeben lässt, hat es für sie keinen Sinn, Passage belegen oder bezahlen zu lassen. Denn, wenn es so weit ist, dass sie reisen können, haben sie vielleicht selbst so viel, dass sie es bezahlen können. Meine Frau drängt, dass wir fortgehen. Wir wollen meine Schwester besuchen, die noch in ihrer alten Wohnung, wo sie noch unendliche Sachen hat, kramt. Also, liebe Hertha, Lebewohl, grüße die ganze in USA versammelte Familie und sei selbst tausendmal gegrüßt von deinem Onkel Heinrich

Heinrich Wohlwill

Januar 1942"

„Herrn Georg Dehn. Quito, Casilla 221

Lieber Georg! Es gibt keine direkte Postverbindung mehr für uns zu Euch, auf umgekehrtem Wege ist vorgestern noch ein Brief aus Argentinien bei Mayers in der fabelhaft kurzen Zeit von zehn Tagen eingelaufen. Also muss es doch noch eine Möglichkeit geben. Deshalb versuche ich heute, euch auf diesem Umweg über Lissabon-Argentinien wenigstens einen kurzen Gruß zukommen zu lassen. Ein ausführlicher Brief vom 25. Dezember kam zurück. In diesem hatte ich bereits Deine rührenden Briefe vom 13. & 26. November bestätigt. Gestern traf noch Dein Brief vom 11. September über Lugano ein, geschrieben noch in bester Stimmung und auch im Übrigen durch die späteren Nachrichten längst überholt. Für alles 1000 Dank! Eine ganz große Freude war für uns auch die Kabelnachricht über Berthas glückliches Eintreffen in Quito. Wir hatten uns alle schon rechte Sorge um sie gemacht. Aber nun hat sie es ja geschafft, alles im letzten Augenblick. Sonst wissen wir natürlich über ihr Ergehen gar nichts. In welchem Zustand mag sie angekommen sein? Ob ihre Geigen auch gesund angekommen sind? Ob aus dem Konzert etwas geworden ist? usw. Inzwischen hat sich sehr vieles verändert. Durch den Eintritt des Kriegszustandes zwischen Deutschland und USA sind alle unsere Auswanderungspläne und Hoffnungen zu Wasser geworden. Es war alles auf bestem Wege. Ich könnte und müsste viele Bogen schreiben, um allen denen, die sich in so rührender Weise um uns bemüht haben, zu danken. Lass es sie alle, Robert, Max und Toni, Karl, wissen, wie unendlich dankbar ich ihnen bin. Mehr kann ich heute zu diesem Thema nicht sagen. Auch für Mayers besteht kaum noch eine Aussicht, hinaus zu kommen. Behrendts [Liesel Mayers Eltern] scheinen allerdings immer noch an eine Möglichkeit zu glauben. Aber sie kennen offenbar nicht die Schwierigkeiten, die hier bestehen. Wir alle in der Hindenburgstraße haben uns jedenfalls völlig darauf eingerichtet, dass wir zusammen hier bleiben und haben uns mit unserem Schicksal abgefunden. Es geht uns allen gut. Wir haben ein schönes Weihnachtsfest mit unseren Kindern und Enkeln verlebt. Die Kinder sind unsere große Freude. Du hast uns zu Weihnachten eine ganz große Freude gemacht durch das schöne Buch von Hess über Anton Dohrn. Inzwischen sind auch über Adolph Goldschmidt die beiden Teile Deiner Arbeit hier eingetroffen. Ich habe auch den zweiten Teil nunmehr mit großem Interesse gelesen. Dass man Dich so miserabel geehrt hat für diese wertvolle und unglaublich mühsame Arbeit, ist mir unbegreiflich. Ob Du wohl inzwischen eine neue Stelle gefunden hast? Wir hoffen und wünschen es von ganzem Herzen. Ich muss mich kurz fassen. Deshalb versage ich es mir, im Einzelnen auf all Dein Missgeschick und seine traurigen Begleitumstände einzugehen. Wir haben viel an Dich gedacht und uns große Sorgen um Dich gemacht. Aber wir haben das feste Vertrauen, dass Du mit Deiner zähen Energie auch dieses überwinden und Dich aufs Neue in die Höhe arbeiten wirst. Sehr interessiert an Deinem Ergehen schrieb mir vor kurzem Herr Strauß aus München. Ich habe ihm über Deine Erlebnisse berichtet. Auch von Frau Albrecht höre ich von Zeit zu Zeit.

Soeben hatten wir einen amüsanten Besuch: von einem Zauberer. Ich habe ihn engagiert. Er soll uns und unseren Kindern am 7. Februar etwas vor zaubern. Er führte uns in unserem Esszimmer eben eine kleine Probe vor. Sehr amüsant! Du siehst also dass es noch immer Wege für uns gibt, uns Zerstreuung zu verschaffen. Mit meiner Musik ist es allerdings ziemlich vorbei. Aber vielleicht kommt auch das noch einmal wieder. Unseren wenigen noch hier lebenden Angehörigen, guten Bekannten und Freunden geht es auch gut. Meine Schwester Sophie wohnt seit einiger Zeit im Martin Brunn-Stift. Ella Nauen und Frau Prof. Fraenkel sehen wir von Zeit zu Zeit. Den Söhnen unserer Freunde, nach denen Du Dich immer so freundlich erkundigst, geht es auch gut. Sage Bertha, ihr Gepäck sei am 10.12. aus Nürnberg abgegangen. Grüße sie sehr, ebenso Wiltrud und Peter. 1000 innige Grüße von Mayers, Hedwig und mir.

Dein Heinrich

Post Skriptum: einige noch vor dem Kriegsausbruch aufgegebene Post erreichte uns noch in den letzten Tagen, und zwar von Martin, und von Gertrud Gunz. Rotkreuz-Nachricht von Max und Erika vom Oktober. Es geht Ihnen zu der Zeit gut. Auch von Marianne aus Lissabon gute Nachricht."

Marianne Wohlwill

Die Tochter Marianne, die Schwester meiner Mutter, emigrierte nach England, konnte dort aber nicht als Lehrerin arbeiten, obwohl sie ihr Studium in Deutschland abgeschlossen und 1934 ihr Referendariats-Examen als Lehrerin für Gymnasien bestanden hatte. Das Referendariat durfte sie nicht mehr antreten – nach dem am 7. April 1933 erlassenen „Gesetz zur Wiederherstellung des Berufsbeamtentuns" war allen Juden eine Stellung im öffentlichen Dienst untersagt.

In England wurde ihr Examen nicht anerkannt und sie absolvierte unter mühsamsten Bedingungen eine Ausbildung als Krankenschwester. Diesen Beruf hat sie dann in verschiedenen Phasen ausüben können, auch hatte sie einige Freunde, die ihr von Zeit zu Zeit halfen. Sie war getragen durch eine tiefe Bindung an kirchliche Organisationen und hat später ihr von einer befreundeten Familie überlassenes Vermögen der Kirche vermacht.

Als Kinder haben wir sie kennen gelernt, als sie nach dem Krieg mit Ausnahmegenehmigung zu ihrer kranken Mutter Hedwig, die aus Theresienstadt heimgekehrt war, zu Besuch kommen durfte und ein nächstes Mal zu ihrer Beerdigung kam. Wir haben diese Tante geliebt, da sie eine fröhliche Atmosphäre um sich entwickelte und sehr viel Harmonie ausstrahlte. Später haben wir Kinder sie in der Nähe von London besucht. Sie hat uns als ihre nächsten Verwandten geliebt und ins Herz geschlossen. Ihre unglaubliche Großzügigkeit, mit der sie alle ihre Nichten und Neffen in Hamburg und in Australien unterstützt hat, war Ausdruck ihrer großen Verbundenheit zu ihrer eigenen Familie. Sie starb nach jahrelanger Demenz in einem Pflegeheim in London.

Abb. 18: Marianne Wohlwill, Passfoto aus dem Jahr 1946 in England

Elisabeth
Elisabeth war eine intelligente junge Frau, die in Frankfurt Philosophie studierte. Sie litt viele Jahre an Depressionen. Darüber wurde in der Familie nie gesprochen. Sie war noch 1934 zum Dr. phil in Frankfurt in Philosophie promoviert worden. Sie starb schon sehr früh 1935.

Margarete
Margarete Wohlwill, meine Mutter, heiratete 1929 den praktischen Arzt Albrecht Brandis. Die Kinder kamen 1930 (Herrmann), 1932 (Albrecht), 1935 (Thomas) und 1939 (Matthias) zur Welt.

Abb. 19: Margarete und Marianne Wohlwill, um 1920

Nach meist sorglosen ersten Jahren begannen 1933 Jahre der Angst und Ungewissheit. Anfangs war die Wahrnehmung der diktatorischen Maßnahmen, die zahlreichen Verhaftungen und Tötungen von politischen Gegnern noch geprägt von dem Bewusstsein, das könne doch nicht lange dauern. Häufig wurde später darüber gesprochen: „Wir haben nicht glauben können, dass diese verbrecherischen Handlungen das Regime lange überleben lassen wird."

Die Familie wuchs und versuchte, so normal wie möglich zu leben. Die Kinder wuchsen auf in dem Bewusstsein, eine normale Familie zu sein. Alle lernten ein Musikinstrument, Freunde und Verwandte kamen häufig zu Besuch.

Die Lebensbedingungen für eine sogenannte privilegierte Mischehe zwischen einem Arier und einer Jüdin waren zunächst noch einigermaßen „normal". Dieser Status der Privilegierung änderte sich aber ab 1942, als immer mehr Juden aus solchen Ehen herausgerissen und verfolgt worden. In gemischten Ehen wurde Vätern nahegelegt, sich von den jüdischen Frauen zu trennen. Die Frage, warum meine Mutter mit uns vier Kindern überlebt hat, ist nie in der Familie angesprochen worden. Noch jahrelang nach dem Krieg wurde meine Mutter bei verschiedenen Gelegenheiten mit dieser Frage konfrontiert. Ich erinnere mich an solche Ereignisse gut, wie sie tief deprimiert und zum Teil auch wütend nach Hause kam, wenn sie wieder mal so etwas erlebt hatte. Bemerkungen von Menschen, die vermutlich ungeschickt die Frage stellten: „Wieso haben Sie eigentlich überlebt?" Dieser Stich in ihr Selbstbewusstsein, den sie als anmaßenden Vorwurf empfand, hat sie häufig tief betrübt, was sie auch uns gegenüber ausgedrückt hat.

Unser Vater war 1940 schon 48 Jahre alt und wurde nicht mehr eingezogen, da er als Arzt in der Stadt Hamburg gebraucht wurde.

Es waren die kleinen Sticheleien und großen Schikanen, die das Leben der noch in Hamburg verbliebenen Juden und Kinder von sogenannten Mischehen zur Hölle machte. Wie konnte meine Mutter, die lange Zeit mit uns geschützt zu sein schien, diese ständige Angst ertragen? Wie konnte sie ihre Kinder schützen?

Neben der ständigen Angst, dass die sogenannte Privilegierung einer Mischehe nur ein zeitlich befristeter Zustand sein würde, mit allen schrecklichen Konsequenzen der Vertreibung meiner Mutter oder auch ihrer Kinder, wurde diese Sorge überlagert durch die zunehmenden Bombenangriffe, die in Hamburg ab 1942 katastrophale Zustände auslösten. Vom Sommer 1942 bis Januar 1943 wurde unserer Familie für einige Monate gestattet nach der Deportation der Großeltern Heinrich und Hedwig Wohlwill in deren Haus in der Hindenburgstraße 111 zu wohnen, mein Vater erhielt nach dem Verlust der Wohnung und der Praxis zeitweilig eine ärztliche Praxis in Wilhelmsburg zugewiesen, wobei wir Kinder langfristig in einem Kinderheim in Kupfermühle, in der Nähe von Bad Oldesloe untergebracht wurden und dort den Krieg bis 1945, einige bis 1946 verbrachten. Das Leben in diesem Heim in Kupfermühle war geprägt durch eine Ansammlung von zahlreichen Familien, die in ähnlicher Weise bedroht waren. Es waren Kinder und Jugendliche aus „Mischehen", die bewusst von der Leiterin des Heimes, Frau Käthe Becker, aufgenommen wurden. Im Dorf gab es Gerüchte und Widerstände, die diese Frau mit mutiger Verteidigung gut abwehren konnte. Hier ergab sich sogar die Möglichkeit, dass meine beiden älteren Brüder Herrmann und Albrecht in Bad Oldesloe das Gymnasium besuchen konnten.

Das Leben in diesem Heim war für uns Kinder alles andere als ein Paradies. Man wurde streng kontrolliert, es gab wie überall wenig zu essen, es wurden Strafen verhängt. Ich erinnere mich, dass ab und zu meine Mutter aus Wilhelmsburg zu Besuch kam. Diese seligen Momente werde ich nie vergessen. Mein erster Aufenthalt in diesem Heim im Sommer 1942, mit dem Ziel, mich und meine Geschwister vor den Bombenangriffen in Sicherheit zu bringen, hat mich offensichtlich sehr

Abb. 20: Käthe Becker mit Margarete (im Hintergrund), Albrecht (mit Katze), Matthias und Thomas Brandis (Vordergrund), 1943/44 in Kupfermühle

verängstigt. Ein erneuter Versuch, mich im Sommer 1943 dort unterzubringen, wurde von mir mit einem anhaltenden Gebrüll vor dem Gartentor beantwortet. Ich weigerte mich (damals vier Jahre alt) über ca. zwei Stunden, das Haus zu betreten – so hat man es mir später erzählt.

Im Nachhinein muss man hoch anerkennen, dass die Heimleiterin Frau Käthe Becker bewusst und bevorzugt Kinder aus Mischehen untergebracht hat. Mein spätes Bedürfnis, von meinen Eltern und Geschwistern mehr Informationen zu erhalten, wie sie die Atmosphäre und Situation Anfang der 40er Jahre erlebt haben und noch erinnerten, wurde nicht beantwortet, oder wir haben die Gelegenheit, darüber zu sprechen, nicht wahrgenommen.

Mein zweitältester Bruder Albrecht war 1942 zehn Jahre alt und erzählte mir vor einigen Jahren die folgenden Erlebnisse, die er vorher noch nie jemand anderem gegenüber geäußert hatte:

„Ich spielte auf der Straße mit einem Nachbarjungen, der plötzlich sagte: schau mal, da kommen zwei Juden. Ich drehte mich um, und sah, dass es meine Großeltern mit Judenstern am Revers waren, die den Weg von Alsterdorf nach Barmbek zu uns zu Fuß gegangen waren, da sie öffentliche Verkehrsmittel nicht benutzen durften. Ich hatte Angst, verleugnete mich, und spielte weiter: Diese Erinnerung hat mich mein ganzes Leben lang bis heute [2010] gequält".

Eine weitere tragische Erinnerung:
„Nach der Grundschule sollte ich auf das Gymnasium kommen. Als ich nach den Sommerferien dort in die Klasse kam, wurde mir gesagt: Du gehörst nicht hierher, geh mal wieder zurück in die Volksschule. Als ich tief deprimiert dort ankam, fragte die Lehrerin: was machst Du denn wieder hier? Ich erzählte ihr leise den Grund. Worauf sie sagte: das erzähl Du selbst laut vor der Klasse.

Meine Demütigung war unvorstellbar, und ich habe diesen Moment nie vergessen."

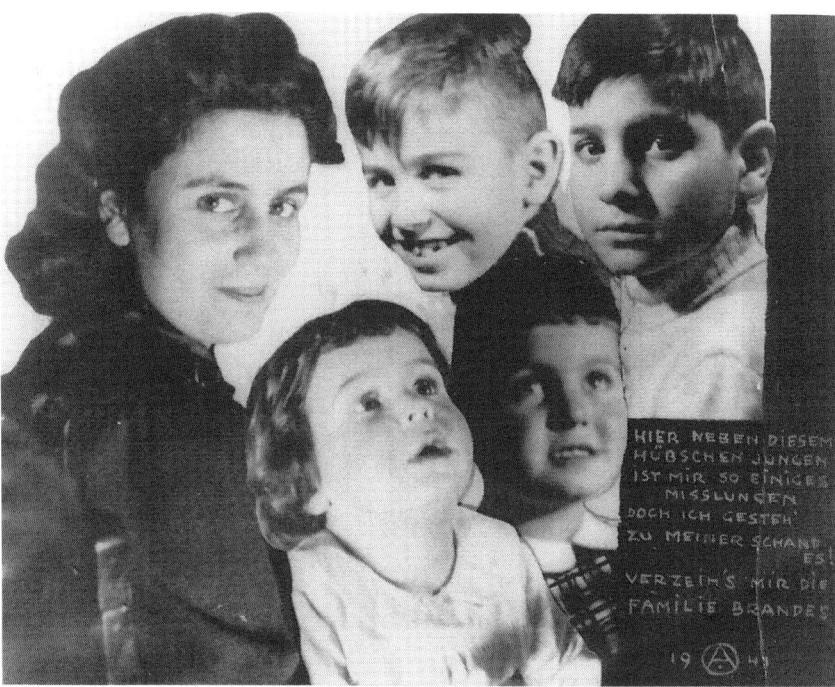

Abb. 21: Margarete Brandis mit ihren vier Kindern (1941, Collage von der Fotografin Lieschen Hertz, die im Holocaust ermordet wurde)

Diese Demütigungen müssen für meine Eltern und meine älteren Geschwister sehr prägend gewesen sein. Die Angst der Eltern, dass doch etwas passieren könnte, ist wohl bis zum Schluss, bis zum Kriegsende, nicht gewichen.

Überleben unter Bedrohung – Postkarten aus und nach Theresienstadt

Die Familie Brandis blieb als einzige zurück, zumal Vater Albrecht Brandis, Kriegsteilnehmer im Ersten Weltkrieg, stets der Überzeugung blieb, seiner Familie könne nichts Schlimmes passieren.

Fühlte sich Margarete Brandis trotz der Sorge um ihre Kinder bis dahin noch einigermaßen sicher, wie die unbeschwert wirkenden Familienaufnahmen zeigen (Abb. 20 und 21), wurde ihr natürlich sehr bewusst, welche Gefahr drohte, als ihre eigenen Eltern am 19. Juli 1942, trotz anderer Informationen vorher, nach Theresienstadt deportiert wurden. Welchen beängstigten Eindruck diese Tatsache auf die Gefühle der schon zehn- und zwölfjährigen Kinder (meine älteren Brüder) hinterlassen hat, ist schwer vorstellbar.

Das Gefühl der Machtlosigkeit und das unausgesprochene Schuldbewusstsein, ihre eigenen so geliebten Eltern nach Theresienstadt, in ein Konzentrationslager, abtransportiert zu wissen, hat sie nicht mehr losgelassen, auch viele Jahre nach dem Krieg und eigentlich ihr ganzes Leben. Mit uns Kindern hat sie nie darüber gesprochen, mit anderen vielleicht mehr. Sie fühlte sich schuldig, ihre Eltern nicht gerettet haben zu können. Während der Kriegsjahre ging es um die Sicherheit der Familie. Die vier Kinder waren in Kupfermühle wohl sicher. Für gewisse Zeit waren sogar einige Eltern dieser dort untergebrachten Kinder dorthin geflohen, um den Bombenangriffen zu entgehen.

Für uns Kinder war es eine schwierige Zeit. Unsere Eltern waren meist in Wilhelmsburg, wo mein Vater die Praxis führte. Die Mutter kam nur in größeren Abständen nach Kupfermühle. Dennoch war das Leben für uns normal, wir kannten nichts anderes. Die älteren Kinder, Hermann und Albrecht, gingen sogar auf die Oberschule in Oldesloe, Thomas wurde in der Grundschule Tremsbüttel eingeschult, ich (Matthias) noch im Jahre 1945. Im Dorf hatte es sich schnell herumgesprochen, dass in diesem Heim jüdische Kinder wohnten. Die Eltern lebten in dieser absurden Zeit mit dem Ziel, „Normalität" so gut es ging aufrecht zu erhalten. Der junge Thomas wurde in den Jahren 1943 bis 1945 regelmäßig allein nach Hamburg geschickt (man muss sich das vorstellen, als Acht- oder Neunjähriger allein in vollen Vorortszügen zum Geigenunterricht ins bombardierte Hamburg). Manchmal hatte er den Auftrag, Konzertkarten für das Philharmonische Orchester zu besorgen: Seine Erzählung (siehe das Kapitel „Kindheit im Krieg") ist im Nachhinein erschütternd, aber auch bezeichnend für die veränderte Einstellung zur Sicherheit.

Wie schlimm muss das Denken und Fühlen in dieser Zeit für meine Mutter gewesen sein, die ihre eigenen Eltern unter den unvorstellbaren Verhältnissen des KZs Theresienstadt wusste und keine Möglichkeit hatte, ihnen zu helfen, außer von Zeit zu Zeit Pakete zu schicken (was nur alle zwei Monate erlaubt war) und Postkarten zu schreiben, die in Druckschrift verfasst werden mussten. Diese Postkarten habe ich in einer Brieftasche im Hausstand meiner Mutter nach ihrem Tod 1990 gefunden. Sie hat uns diese nie vorher gezeigt. Die Wiedergabe dieser Postkarten ist ein Dokument unbeschreiblicher Zustände für die Insassen des KZs Theresienstadt. Beim Lesen wird einem immer wieder die Drangsalierung der geliebten Menschen bewusst. Der Inhalt dieser Karten gibt wenig Auskunft über die wirklichen Gefühle, ist aber Zeugnis der Angst, Sorge und Hoffnung. Erschütternd zu lesen ist die Karte von Margarete an ihre Mutter vom 3. April 1943 auf die Nachricht des Todes ihres Vaters Heinrich, der schon am 31. Januar 1943 verstorben war.

Im Folgenden werden einige Postkarten von Heinrich und Hedwig Wohlwill an ihre Tochter Margarete sowie von Sophie Wohlwill wiedergegeben. Auch einige Antwortkarten meiner Mutter sind dargestellt.

Meine liebe Margarete!

Heute sollst Du endlich einmal wieder einen herzlichen Gruss von uns beiden haben. Ich hoffe, er erreicht Euch noch zu Weihnachten. Wir werden in den Tagen dieses schönen Festes natürlich ganz besondre Sehnsucht nach Euch beiden und den geliebten Kindern haben. Wir sind sehr betrübt, gar keine Nachricht von Euch zu haben. Der Postverkehr von dort hierher ist unbeschränkt, jedenfalls für Briefe und Päckchen. Im Übrigen geht es uns gut. Ich bin den ganzen Tag beschäftigt als Arbeiterbetreuer, habe die Wünsche u. Beschwerden von 25 Arbeitern vor amtlichen Stellen zu vertreten. Mutter ist im Hause tätig. Es geht ihr gut. Aus Stockholm hörten wir, dass es Sophie gut geht. Wie geht es Euch beiden und den Kindern, Paul, Tomi, Greta, Johanna? Tausend Grüsse u. herzlichste Wünsche zum Fest. Euer Vater

Postkarte von Heinrich Wohlwill, 8. Dezember 1942

Meine Liebe Margarete!
Heute sollst Du endlich einmal wieder einen herzlichen Gruß von uns beiden haben. Ich hoffe, er erreicht Euch noch zu Weihnachten. Wir werden in den Tagen dieses schönen Festes natürlich ganz besonders Sehnsucht nach Euch beiden und den geliebten Kindern haben. Wir sind sehr betrübt, gar keine Nachricht von Euch zu haben. Der Postverkehr von dort hierher ist unbeschränkt, jedenfalls für Briefe und Päckchen. Im Übrigen geht es uns gut. Ich bin den ganzen Tag beschäftigt als Arbeiterbetreuer, habe die Wünsche und Beschwerden von 2500 Arbeitern vor amtlichen Stellen zu vertreten. Mutter ist im Hause tätig. Es geht ihr gut. Aus Stockholm hörten wir, dass es Sophie gut geht. Wie geht es Euch beiden und den Kindern. Paul, Tommy, Greta, Johanna?
1000 Grüße und herzliche Wünsche zum Fest. Euer Vater

d. 13.I.43

Liebe Eltern,
Gestern bekam ich die erste Nachricht von Euch u. bin glücklich Euch endlich Nachricht geben zu können. Es herrschte Freude bei Gross u. Klein. Wir wohnen seit d. 26.8.42 in der Hindenburgstrasse u. haben schöne Sommertage u. einen milden Herbst hier draussen genossen u. reichlich Früchte geerntet. Der Abschluss war das Weihnachtsfest, das wir mit Sophie u. den Kindern in Erinnerung an andere Jahre u. in Gedanken mit Euch verlebt haben. Am 22. ziehen wir zurück in die neu zurecht gemachte Wohnung. Johanna u. Lotte sind meine treuen Gehilfen. Hermann u. Thomas spielten zu Weihnachten Menuette von Mozart. Hermann hat seinen Unterricht bei der neuen Lehrerin. Er macht ihm viel Freude. Tomie erholt sich von einer Mandelentzündung. Paul u. Sohn waren am 2. Feiertag bei uns. Grete sehe ich manchmal bei Brendels. Johanna meist einmal die Woche. Gerda verlor im Sommer ihre Küche wie an einer Infektion. Sonst geht es allen gut. Wie geht es Marie u. Käthes Mutter? Vaters Arbeit macht gewiss Freude. Besonders .... herzlich grüssen. Besonders .... Kinder. Albrecht hat ....

Postkarte von Margarete Brandis, 13. Januar 1943 (Auszug)

Liebe Eltern,
Gestern bekam ich die erste Nachricht von Euch und bin glücklich Euch endlich Nachricht geben zu können. Es herrschte Freude bei Groß und Klein. Wir wohnen seit dem 20.8.1942 in der Hindenburgstraße und haben schönste Sommertage und einen milden Herbst hier draußen genossen und reichlich Früchte geerntet. Der Abschluss war das Weihnachtsfest, das wir mit Sophie und den Kindern in Erinnerung an andere Jahre und in Gedanken mit Euch verbracht haben. Am 22. ziehen wir zurück in die neu zurechtgemachte Wohnung. Johanna und Lotte sind meine treuen Gehilfen. Hermann und Thomas spielten zu Weihnachten Menuette von Mozart. Hermann hat seinen Unterricht bei der neuen Lehrerin. Er macht ihm sehr viel Freude. Tommy erholt sich von einer Mandelentzündung. Paul und Sohn waren am 2. Feiertag bei uns. […]

LIEBTE. MAXXXXXX,
ICH. DENKE. EUER. P. SECHS. IN. HERZ-
LICHER. LIEBE. AM. 31. JANUAR.
IST. VATER. NOCH. IMMER. UN-
TER. GEFÄSSTÖRUNGEN. LEI-
DEND. SANFT. HINÜBER. GE=
SCHLUMMERT. AUCH. ER. HAT.
AN. EUCH. GEDACHT.
SONST. IST. DER. WINTER. BIS
JETZT. VORLÄUFIG. MILDE. VER-
LAUFEN. UND. MIR. GEHT. ES. NICHT
SCHLECHT. LIEBE. FREUNDE. UM
GEBEN. MICH. BESONDERS. FRAU
JOEL. SCHWIEGERMUTTER. VON
DR. GRAMBERG. COLON. ADEMS
SCHICKT. JEDENFALLS. BALD.
POST. AUCH. IN. JEDER. FORM
WENN. AUCH. KEINE. BESTÄTIGUNG
ERFOLGT. SIE. FUNCTIONIERT. WIE
BISHER. NACH. HIER. HERTADELLOS
SO. DENKT. IN. LIEBE. UND. OHNE
SORGE. AN.
EURE. MUTTER. *Hedwig Xxxxxxx*

**Postkarte von Hedwig Wohlwill aus Theresienstadt,
21. Februar und 10. März 1943**

Liebe Margarete: ich denke Eurer sechs in herzlicher Liebe. Am 31. Januar ist Vater noch immer unter Gefäßstörungen leidend sanft hinübergeschlummert. Auch er hat an Euch gedacht. Sonst ist der Winter bis jetzt vorläufig milde verlaufen und mir geht es nicht schlecht. Liebe Freunde umgeben mich, besonders Frau Yoel, Schwiegermutter von Doktor Gramberg, Colonaden. Schickt jedenfalls bald Post auch in jeder Form, wenn auch keine Bestätigung erfolgt. Sie funktioniert wie bisher nach hierher tadellos. So denkt in Liebe und ohne Sorge an
Eure Mutter Hedwig Wohlwill

Kamenz d. 29.III.43

Liebster Vater,

Nun wird es hier mit Macht Frühling. Wir haben so lange nichts von Euch gehört. Bei uns geht alles gut. Der Abschied von Sophie ist mir sehr schwer gefallen. Ich war heut auf Sohanna's Geburtstag. Es war wie immer gemütlich. Albrecht hörte mit den Kindern die Johannispassion. Es war wunderschön. Musik spielt eine grosse Rolle im Tagesprogram. Das Musizieren mit Thomas macht schon richtig Spass. Matthias anzusehen ist eine Freude. Gesund und strahlend. Albrecht beginnt diese Woche mit Cello-Unterricht. Hermann macht Fortschritte und ist gut in der Schule. Vater Albrecht hat Göttingen gut getan.

Postkarte von Margarete Brandis, 29. März 1943

Liebster Vater, nun wird es hier mit Macht Frühling. Wir haben so lange nichts von Euch gehört. Bei uns geht alles gut. Der Abschied von Sophie ist mir sehr schwer gefallen. Ich war heut bei Johannas Geburtstag. Es war wie immer gemütlich. Albrecht hörte mit den Kindern die Johannes Passion. Es war wunderschön. Musik spielt eine große Rolle im Tagesprogramm. Das Musizieren mit Thomas macht schon richtig Spaß. Matthias anzusehen ist eine Freude. Gesund und strahlend. Albrecht beginnt diese Woche mit Cellounterricht. Hermann macht Fortschritte und ist gut in der Schule. Vater Albrecht hat Göttingen gut getan. Ich selbst sehne mich nach frischer Luft. Auf dem Balkon in der Sonne ist es schon schön. Innige Grüße Dir und Mutter, Eure Margarete.

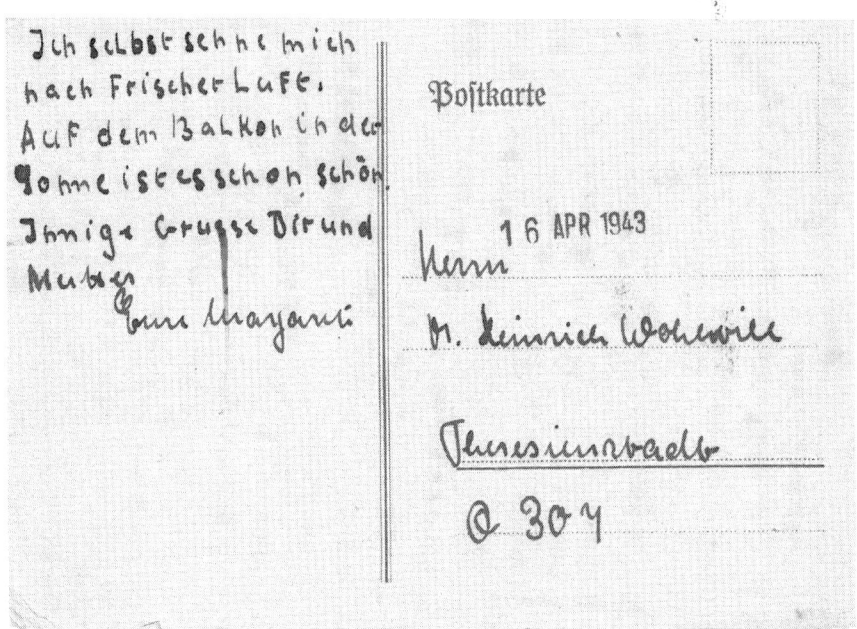

Hamburg, 3.IV.43

Geliebte Mutter,
Heut kam Deine traurige Nachricht. Du Arme! Nun können wir beiden uns nicht Liebhaben u. trösten. Der einzige Trost ist, dass Vater Ruhe hat. Wir müssen nun auf Frieden hoffen u. dass wir uns dann wiedersehen. Ich habe so oft in letzter Zeit Sehnsucht nach Dir gehabt. Wie gut dass Du Freunde gefunden hast u. so hat Dein Leben auch noch Sinn. Die Kinder äussern sich sehr verschieden. Albrecht hat bitterlich geweint. Thomas: „ich hatte Grossvater so lieb, ich hab ihn immer gekonnscht." Ich wüsste so gern etwas über die Länge der Krankheit. Ich hoffe, dass der Geliebte nicht zu leiden brauchte. Ich war heut bei Johanna, die auch so traurig ist. Vielleicht gehen wir morgen nach Ohlsdorf. Bei Elisabeth war ich schon zweimal. Ein Päckchen an Dich geht in den nächsten Tagen ab. Liebe, süsse was

Drei Tage nach dem Brief an den Vater vom 29. März 1943 schreibt Margarete Brandis die Antwortkarte auf die Mitteilung des Todes ihres Vaters Heinrich am 31. Januar 1943.

Geliebte Mutter
heute kam Deine traurige Nachricht. Du Arme! Nun können wir beiden uns nicht lieb haben und trösten. Der einzige Trost ist, dass Vater Ruhe hat. Wir müssen nun auf Frieden hoffen und dass wir uns dann wieder sehen. Ich habe so oft in letzter Zeit Sehnsucht nach Dir gehabt. Wie gut, dass Du Freunde gefunden hast und somit Dein Leben noch Sinn macht. Die Kinder äußerten sich sehr verschieden. Albrecht hat bitterlich geweint. Thomas: ich hatte Großvater so lieb, ich habe ihn immer geknutscht. Ich wüsste so gern etwas über die Länge der Krankheit. Ich hoffe, dass der Geliebte nicht zu leiden brauchte. Ich war heute bei Johanna, die auch so traurig ist. Vielleicht gehen wir morgen nach Ohlsdorf. Bei Elisabeth war ich schon zweimal. Ein Päckchen an Dich geht in den nächsten Tagen ab. Liebe, Süsse, was kann ich noch für Dich tun? Grüße auch Sophie. Ich bin nun immer ganz bei Dir mit meinen Gedanken. Auch Albrecht ist sehr traurig. Er verehrte Vater so. Ich umarme Dich in Liebe. Margarete

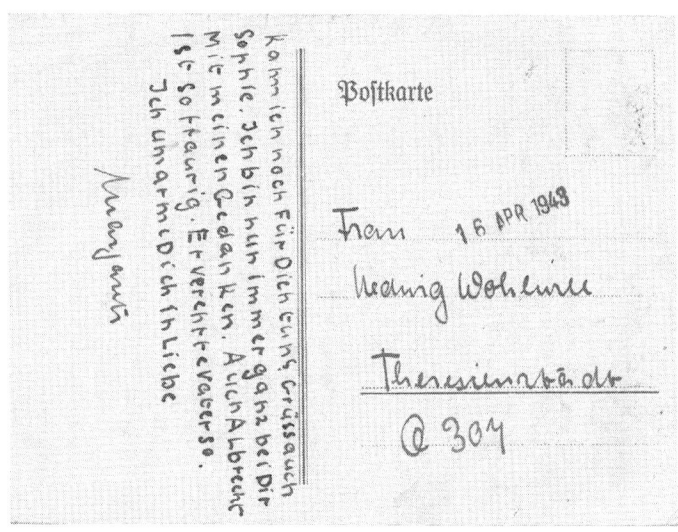

Hamburg d. 11. Mai
43

Liebe Mutter,
Von Dir hörte ich noch nichts wieder.
Ich denke so viel an Dich u. habe
Sehnsucht. Sonst geht es alles gut.
Matthias ist bei Frau Becker, so
daß ich ein wenig Ruhe habe. Aber
doch nicht Konzentration genug
um viel zu leisten. Ich habe sehr
liebe Post von Gretchen u. Fritz, die
sehr traurig sind. Nun kam ein
lieber Brief von Gisela, die viel an
Dich denkt. Alle Kinder sind sehr
fidel. Thomas geht morgen mit
Hoben zusammen ins Gemeinde-
heim. Hermann kommt ins Flegelalter u. ist sehr eitel. Alle bekommen
zum 1. Juny einen schönen Anzug.
Er spielt gern Cello. Ich sehe ganz
viel Menschen, aber niemand

Postkarte von Margarete Brandis an ihre Mutter, 11. Mai 1943

Liebe Mutter, von Dir hörte ich noch nichts wieder. Ich denke so viel an Dich und habe Sehnsucht. Sonst geht es allen gut. Matthias ist bei Frau Becker [Kupfermühle], so daß ich ein wenig Ruhe habe. Aber doch nicht Konzentration genug, um viel zu leisten. Ich hatte sehr liebe Grüße von Gretchen und Fritz, aus Portugal, die sehr traurig sind. Heute kam ein lieber Brief von Erika, die viel an Euch denkt. Hermann kommt ins Flegelalter, Albrecht bekommt demnächst einen schönen Anzug. Und weiter: wie gut haben wir es doch gehabt. Ich höre so oft in Gedanken die zehnte Mozartsonate. Hörst Du schon mal Musik? Bewahre mir Vaters Geige für Thomas auf. Halte Dich gesund und denke viel an uns. Grüße Sophie, wenn ich Ihre Adresse habe kann ich schicken. Margarete

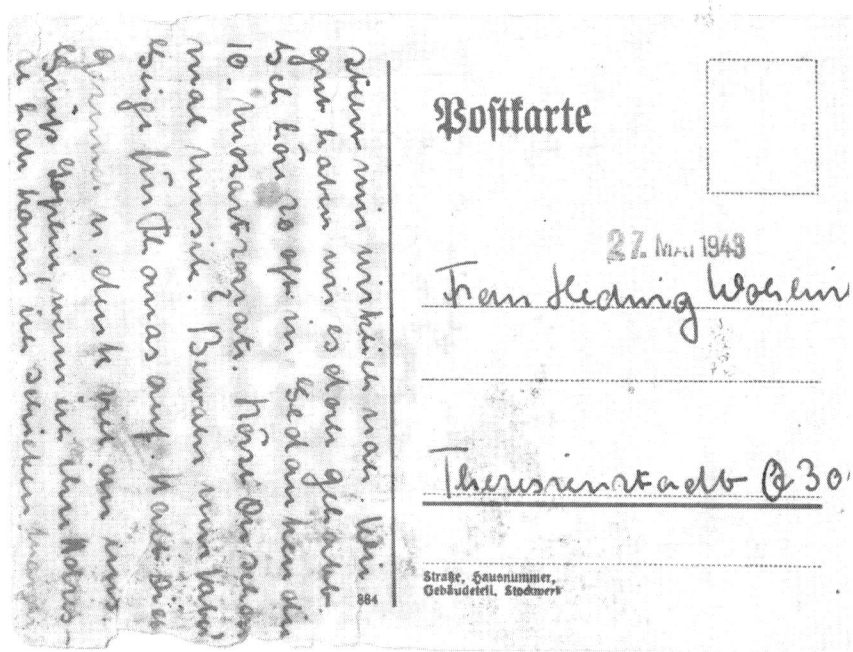

Hamburg d. 18.6.45

Meine Lieben,

Wir warten nun täglich auf Nachricht, daß Du lebst u. daß es Dir einigermaßen gut geht. Uns geht es auch ganz gut, wir müssen uns retten, das kommt langsam, aber sonst ist alles in Ordnung. Feri Sander sehen wohl aus, die waren mit Freude an ihnen haben.

Hoffentlich auch bald. —
Innige Grüße
Margaret

Postkarte von Margarete Brandis an ihre Mutter, 18. Juni 1943

Liebe Mutter, wir warten nun täglich auf Nachricht, dass Du lebst und es Dir einigermaßen gut geht. Uns geht es auch ganz gut. Wir wünschen uns Frieden, das bringt Unruhe, aber sonst ist alles in Ordnung. Alle Kinder sehen wohl aus, Du wirst noch Freude an ihnen haben. Hoffentlich sehr bald – innige Grüße Margarete

Theresienstadt
Badhausgasse 7, d. 10. Okt. 1944

Geliebte Margarete! Es ist mir eine Freude,
Dir zu schreiben. Ich habe Gutes über Euch
erfahren. Bitte, schreibe bald wieder!
Am 19. Juli erhielt ich Dein liebevolles
Päckchen und hörte dann nichts weiter.
Ich gratuliere unserm Onkel Hermann
herzlich zu seinem 75jährigen Geburtstag.
Den guten Freunden und Euch Lieben
innigste Grüsse! Mutter
Ich bin gesund.

Postkarte von Hedwig Wohlwill aus Thereseinstadt, 10. Oktober 1943

Geliebte Margarete, es ist mir eine Freude, Dir zu schreiben. Ich habe gutes über Euch erfahren. Bitte, schreibt bald wieder! Am 19. Juni erhielt ich Dein liebevolles Päckchen und hörte dann nichts wieder. Ich gratuliere unserem Enkel Hermann herzlich zu seinem 13-jährigen Geburtstag. Den guten Freunden und Euch Lieben innigste Grüße!
Ich bin gesund   Mutter

Theresienstadt d. 6. Dez.
1943.

Geliebte Margarete!
Es geht uns Dreien gut. Sophie kommt
jedentag zu mir, zu meiner Freude.
Wir haben jetzt Winterwetter, heute
mit herrlichem Sonnenschein.
Innigen Dank für Deine 3 Karten
im Oktober. Am 30. November habe
ich mit guten Wünschen an Euch
gedacht. Ihr verlebt Weihnachten
hoffentlich draussen.
Schickt bitte Bildchen von Euch
Allen!
Ein gutes Neues Jahr, und liebe-
volle Grüsse.
Eure Mutter
Hedwig Wohlwill.

Brief von Hedwig Wohlwill aus Theresienstadt, 6. Dezember 1943

Geliebte Margarete!
Es geht uns dreien gut. Sophie kommt jeden Tag zu mir zu meiner Freude, wir haben jetzt Winterwetter, heute mit herrlichem Sonnenschein. Innigen Dank für Deine drei Karten im Oktober. Am 30. November habe ich mit guten Wünschen an Euch gedacht. Ihr verlebt Weihnachten hoffentlich draußen. Schickt bitte Bildchen von Euch allen! Ein gutes neues Jahr und liebevolle Grüße
Eure Mutter
Hedwig Wohlwill

Theresienstadt, d. 9/2.44.

Geliebte Margarete!
Im Oktober beglückten mich Deine lieben drei Karten. Schreibe bitte bald Eure Adresse. Ich warte sehr auf Eure Bilder. Am 1. Januar erhielt ich 2 Pakete, für die Euch sehr danke. Alles, was Ihr schickt, ist für mich wertvoll. Der Winter ist im ganzen milde, und wir sind gesund. Am 7. Februar wäre Vater 70 Jahre alt geworden. Unsere Gedanken sind sich sicher begegnet. Meine beste Stunde am Tag ist die am Nachmittag mit Sophie. Gretchen hatte Besuch von Max u. Erika, denen es mit 3 lieben Kindern sehr gut geht. Hoffentlich erhälst Du darüber Nachricht. Marianne sah ich lange nicht.
Behaltet mich lieb und bleibt gesund, das ist die Hauptsache.
Euch und allen Lieben innige Grüße
Eure Mutter, Großmutter Hedwig.

Brief vom Hedwig Wohlwill aus Theresienstadt, 9. Februar 1944

Geliebte Margarete!
Im Oktober beglückten mich Deine lieben drei Karten, schreibe bitte bald Eure Adresse. Ich warte sehr auf Eure Bilder. Am 1. Januar erhielt ich zwei Pakete, für die ich Euch sehr danke. Alles, was ihr schickt, ist für mich wertvoll. Der Winter ist im Ganzen milde, und wir sind gesund. Am 7. Februar wäre Vater 70 Jahre alt geworden. Unsere Gedanken sind sich sicher begegnet. Meine beste Stunde am Tag ist die am Nachmittag mit Sophie. Gretchen hatte Brief von Max und Erika, denen es mit 3 lieben Kindern sehr gut geht. Hoffentlich erhältst Du darüber Nachricht. Marianne sah ich lange nicht. Behaltet mich lieb und bleibt gesund, das ist die Hauptsache.
Euch und allen liebe innige Grüße
Eure Mutter, Großmutter Hedwig

Kamenya 25.III.44

Geliebte Mutter,

Endlich sollst Du wieder hören, dass
es uns allen gut geht. Ich schicke
mit der gleichen Post ein Päckchen,
das Du hoffentlich bekommen hast.
Die Kinder sind uns viel draussen
u. wühlen im Gemüse, auch
vom Opa fort an. Wir bekommen
aber auch hier jetzt eine Lebens-
möglichkeit für uns. Die 3 Grossen
sprechen viel deutsch u. Theiser
[...] Kanaus, Ich hab in den
letzten Tagen viel [...]
mit den alten [...]
denn wir immer von [...]
[...] sind. Alle machen
sich [...]
[...]
[...]

Brief von Margarete Brandis an ihre Mutter, 25. März 1944

Geliebte Mutter, endlich sollst Du wieder hören daß es uns allen gut geht. Ich schicke mit der gleichen Post ein Päckchen, das Du hoffentlich zu Ostern hast. Die Kinder sind nach wie vor draußen [Kupfermühle] und werden im Ganzen wohl oft fort sein. Wir bekommen aber auch hier jetzt eine Wohnmöglichkeit für sie. Die drei großen machen viel Musik und Thomas singt Kanons. Ich habe in den letzten Tagen viel Musik gehört mit den alten Freunden, mit denen wir immer noch gern zusammen sind. Alle machen wieder freundliche Gesichter, seitdem die Praxis anfängt zu wachsen. […]

Friedenshain, d. 30.4.49

Meine liebe Margarete!
Vielen Dank, daß Du mehrmals so liebevoll an mich gedacht hast. Schreibe bitte bald, wie es Euch Allen geht. In den Festtagen sind meine Gedanken viel bei Euch, besonders an den Geburtstagen Eurer Söhne. Hört Ihr von Marianne?

Am 11. April ist unsere liebe Tante Sophie zu meinem grossen Kummer gestorben; sie ist ruhig eingeschlafen, ähnlich wie Vater. Sie hatte mich jeden Tag besucht. Tante Marie geht es, so wie mir, gut. Sie kommt oft zu mir. Es ist noch nicht sehr warm, wird aber grün. Wir haben oft schönen Sonnenschein. Ich sende Verwandten und Freunden herzliche Grüße.

Euch Beiden liebevolles Gedenken und gute Wünsche
Mutter, Großmutter Hedwig Wilhelm

Brief von Hedwig Wohlwill aus Theresienstadt, 30. April 1944

Meine Liebe Margarete!
Vielen Dank, daß Du mehrmals so liebevoll an mich gedacht hast. Schreibe bitte bald, wie es Euch allen geht. An den Festtagen sind meine Gedanken viel bei Euch; besonders an den Geburtstagen Eurer Söhne. Hört Ihr von Marianne?
Am 11. April ist unsere Liebe Tante Sophie zu meinem großen Kummer gestorben. Sie ist ruhig eingeschlafen, ähnlich wie Vater. Sie hatte mich jeden Tag besucht. Tante Marie geht es so wie mir gut. Sie kommt oft zu mir. Es ist noch nicht sehr warm, wird aber grün. Wir haben oft schönen Sonnenschein. Ich sende Verwandten und Freunden herzliche Grüße. Euch allen liebevolles Gedenken und gute Wünsche
Mutter, Großmutter Hedwig Wohlwill.

Pommern d. 21.V.44
Bergstrasse 3

Geliebte Mutter,
Hermann hat eine Karte an Dich
zu geschrieben, dass er sie nicht
abschicken musste. Er wird es
nun einmal tun. Meine Gedanken sind so viel bei Dir. Mit den
Kindern führe ich oft sehr ernste Gespräche. Sie reifen all mäh-
lich zu Menschen heran. Durch
den Umgang mit vielen anderen Kindern sind sie hellhörig auf-
geweckt über Dinge, die wir viel
später erfahren haben. Ich hoffe,
dass sie in ihrem Leben Vertrauen
haben [und?] behalten. Hermann beschäftigt sich ausser seinem fest-
verletzten Pflichten zu [...] manches
[...]. Er ist ein billigem, [...]
ihm aber das Tuch zu passen
haben". Es ist auch nicht so

Postkarte von Margarete Brandis an ihre Mutter, 21. Mai 1944

Geliebte Mutter,
Hermann hat eine Karte an Dich so geschmiert, dass er sie nicht abschicken durfte. Er wird es noch einmal tun. Meine Gedanken sind so viel bei Dir. Mit den Kindern führe ich oft sehr ernste Gespräche. Die reifen allmählich zu Menschen heran. Durch den Umgang mit anderen Kindern sind sie früher aufgeklärt über Dinge, die wir viel später erfahren haben. Ich hoffe, daß sie zu ihren Eltern Vertrauen haben und behalten. Hermann beschäftigt sich außer seinen festgesetzten Pflichten ja leider nicht viel. Er ist intelligent, es fehlt ihm aber der Trieb zu großen Taten. Es ist auch nicht so einfach, die Jungen dauernd unter Kontrolle zu haben. Wir müssen alle zufrieden sein, dass alles noch so gut ist. Ob es Dir gut geht? Schreibe bald, meine süße Liebe. Deine Margarete.

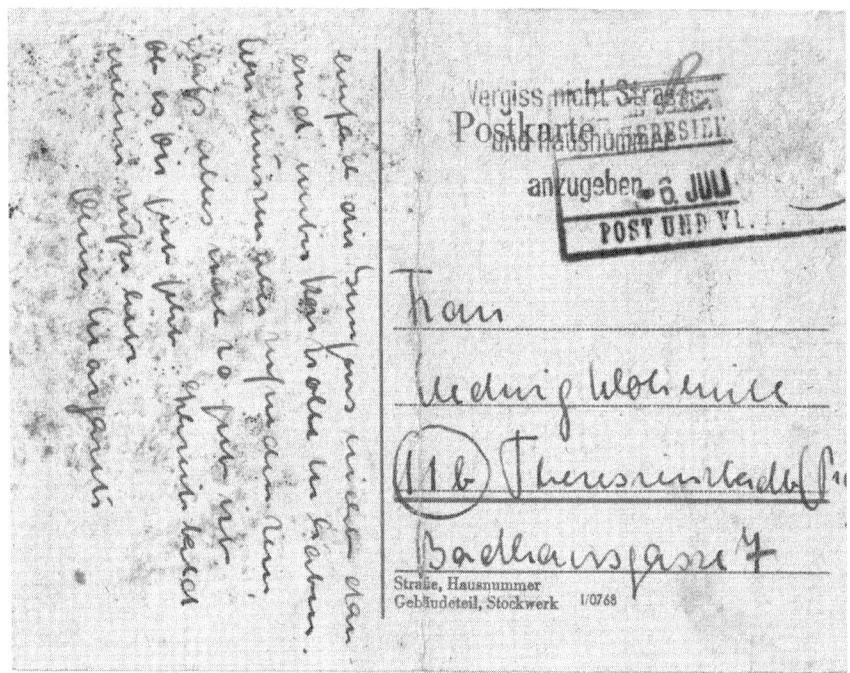

Immer legen wir in im Augenblick "an un karren tirin". Am 9.11. werden wir alle in Stille an Dich denken. Wir sehn sehnen uns nach Deinem Thun u. nach Vatis. Wir hoffen daß wir uns noch wiedersehen. Es grüßen alle an ... Tante Marie. Deine Margarete

Postkarte von Margarete an ihre Mutter, 24. Juni 1944

Geliebte Mutter,
ich freu mich, daß Du unser Päckchen erhalten hast. Es geht allen gut. Albrecht erholt sich in Kupfermühle. Ich bin auch viel mit ihm und den Kindern zusammen. Wir hatten erst ein paar warme Tage. Hoffentlich genießt ihr etwas die Sonne. Thomas Geburtstag feiern wir morgen. Die Kinder freuen sich, auch wenn sie wenig geschenkt bekommen. Die Praxis leidet natürlich unter Albrechts Krankheit. Am 27. werden wir alle in Liebe an Dich denken. Wie oft sehne ich mich nach Deiner Liebe und nach Vaters. Wir hoffen, daß wir uns noch wieder sehen. Es grüßen alle auch Tante Marie
Deine Margarete

Theresienstadt, d. 18. Juli 1944.

Meine geliebte Margarete!

Ich erhielt 2 liebe Karten vom Mai von Dir, und liebevolle Päckchen. Ich danke Dir sehr für die Eßsachen und die Seife, alles ist gut verwendet. Ich freue mich auf Nachricht von Deinem Ältesten. Da sein Körper in seinem Alter viel zu leisten hat, kam mir der Geist bedenklich kurz. Wie mag es meinen Geschwistern gehen? Den Deinen geht es gut. Ich freue mich auf Eure angekündigten Pakete, aber bitte nicht aufziehen lassen. — Möge es Euch gut gehen, Ihr alle, die Ihr mir recht gern seid! Schau, daß Euren Jungs über den... hast! Ich genieße den Sommer. Es geht mir gut. Ich sende in Dankbarkeit allen guten Freunden...

Brief von Hedwig Wohlwill aus Theresienstadt, 15. Juli 1944

Meine Geliebte Margarete!
Ich erhielt zwei liebe Karten vom Mai von Dir und liebevolle Päckchen. Ich danke Dir sehr für dieses Sachen und die Seife. Alles ist gut verwendet. Ich freue mich auf die Nachricht von Eurem Ältesten. Da sein Körper in seinem Alter viel zu leisten hat, kommt mal der Geist leider zu kurz. Wie mag es meinen Geschwistern gehen? Den Deinen geht es gut. Ich freue mich auf Eure angefertigten Fotos, aber bitte nicht aufziehen lassen. Möge es Euch gut gehen, ihr alle den Sommer recht genießen. Schön, dass Du Euren Jüngsten bei Dir hast. Ich genieße den Sommer. Es geht mir gut. Ich sende Dankbarkeit allen guten Freunden und Euch ihr Lieben. Die Adresse immer deutlich.

Die Trauer um die Tatsache, dass sie sich nicht gemeinsam trösten konnten, wird verbunden mit der Hoffnung auf Frieden und ein Wiedersehen. Der Kontakt zur weiteren Familie blieb bis 1944 durch Briefpost zum Teil erhalten, nach 1944 brach dieser völlig ab. Die Geschwister von Margarete, Marianne in England sowie Max und seine Familie, machten sich größte Sorgen ohne Informationen.

Kindheit im Krieg
Mein Bruder Albrecht erzählte mir auch von einem Besuch von Frau Leipelt im Hause meiner Großeltern.

Der Vater Leipelt war Hüttendirektor der Zinnwerke Hamburg-Wilhelmsburg. Leipelts waren gut befreundet mit meinen Großeltern. Der Sohn Hans war später involviert in Aktivitäten der „Weisen Rose" und wurde Anfang 1945 hingerichtet. Der Vater Leipelt war verstorben, sodass die Mutter Leipelt als Jüdin sehr besorgt war.

Mein Bruder erinnert sich an das Gespräch, in dem Frau Leipelt erwähnte, falls ihr etwas passieren würde, würde sie den Freitod wählen. Nach der Inhaftierung des Sohnes Hans wurde die Mutter im Gefängnis in Fuhlsbüttel inhaftiert und hat sich dort das Leben genommen. Die 17-jährige Schwester Maria wurde ebenfalls inhaftiert und mit großem Glück noch vor ihrem Prozess vor dem Volksgerichtshof kurz vor Kriegsende von den Amerikanern in Bayreuth befreit. Sie ist später in die USA ausgewandert und hat meines Wissens Deutschland nur einmal wieder besucht, um in ihrer alten Schule in Hamburg-Wilhelmsburg mit Schülern zu sprechen.

Mein Bruder Thomas erzählte mir eines Tages, dass in dem Heim in Kupfermühle die Angst eskalierte, die Gestapo könnte die jüdischen Mitglieder abholen. Dieses gipfelte wohl in einer Situation, dass mehrere Mütter, wie auch unsere Mutter, sich für einige Tage im Wald versteckt gehalten haben. Gestapo-Beamte müssen wohl nachgefragt haben, ob Juden in dem Haus wohnten. Diese Geschichte kann ich nicht verifizieren, da es keine Zeugen mehr gibt, die sie belegen könnten. Die Ereignisse würden aber in den Rahmen passen, dass alle jungen Familien mit ihren „Mischlingskindern" nie sicher sein konnten, dass ihnen nichts passierte.

Ich kann vermuten, dass unser Vater in seiner Position als Arzt alle möglichen Verbindungen zur Ärztekammer und öffentlichen Einrichtungen hergestellt hat, um die Sicherheit seiner Familie zu garantieren. Es gab wohl auch den Plan, uns vier Kinder in ein bayrisches Heim zu transferieren. Das hätte bedeutet, dass unsere Mutter zur Versorgung ihrer Kinder nicht mehr nötig gewesen wäre. Die Konsequenzen einer solchen Entscheidung wären unvorstellbar gewesen.

So lebte unsere Familie auf dem Land in dem Heim mit vielen anderen Kindern und deren Eltern gut versorgt. Man mag es sich kaum vorstellen, dass mein Bruder Thomas in den Jahren 1943 bis 1945 wöchentlich zum Geigenunterricht allein nach Hamburg geschickt wurde. Er fuhr mit dem Vorortszug von Kupfermühle über Ahrensburg nach Hamburg. Dort ist er einmal in einen heftigen Fliegerangriff geraten. Thomas' Schilderung:

„Als ich vom Geigenunterricht kam, kam ein Bombenangriff. Am Dammtorbahnhof versuchte ich mit meiner Geige in den Bunker zu kommen, der aber völlig überfüllt war. Ich lief dann über die Wiese in das Haus der Freimaurer, wo sich die dort Anwesenden liebevoll meiner annahmen."

Unsere Eltern haben versucht, so interpretiere ich es, ihre Kinder so normal wie möglich aufwachsen zu lassen, und dazu gehörte auch der Geigenunterricht des hochbegabten jungen Thomas.

Wir Kinder waren in größeren Abständen auch in der Wohnung in Wilhelmsburg, in der mein Vater die ärztliche Praxis führte. Dort wurden wir wiederholt von den realen Ereignissen des Krieges eingeholt. Wir erlebten nächtliche Bombenangriffe, die unsere gesamte Familie zwangen, in den dortigen Bunker zu gehen. Ich erinnere mich, wie ich meinen Vater bei der Versorgung eines Schwerverwundeten sah. Als wir nach der Entwarnung aus dem Bunker kamen, mussten wir feststellen, dass unsere Wohnung erheblich beschädigt war und insbesondere die Speisekammer verschwunden war. Da lagerten unsere gesammelten Schätze für das kommende Osterfest. Wie wir dennoch zu Ostereiern kamen, kann ich nicht mehr klären.

Wir Kinder wurden dann schnell nach Kupfermühle bei Bad Oldesloe zurückgebracht. Ich erinnere mich sehr genau, wie wir im kalten Winter Holz sammeln mussten. Ich erinnere mich auch an einen Tag Anfang Mai 1945. Das Kriegsende war wohl schon ausgerufen, wir saßen alle an einem langen Tisch und es gab ein traumhaftes Essen: Milchreis mit Zimt und Zucker. Das hatte ich noch nie gegessen. Beeindruckt war ich aber vor allem von der unglaublichen Fröhlichkeit der ganzen Runde. Draußen vor dem Haus fuhren die englischen Militärautos vorbei, vollgepackt mit englischen Soldaten. Da ich schon sechs Jahre alt war, glaube ich sehr wohl, dass mich diese Erinnerung nicht trügt.

Der Krieg war also zu Ende und damit die Bedrohung an Leib und Seele für unsere Mutter und uns. Bevor unsere Familie überhaupt ein einigermaßen normales Familienleben wieder planen konnte, musste eine Wohnung gefunden werden und mein Vater musste wieder in seiner alten Gegend in Hamburg eine Praxiszulassung erhalten.

Dies geschah dann 1946, zu einem Zeitpunkt, als ich selbst dann auch nach Hamburg zurückkehrte. In der kleinen Dreizimmerwohnung waren wir frei und glücklich. Es fanden danach wiederholt Musikabende statt, es kamen viele Gäste, Verwandte, die sich bei uns einfanden, um uns wiederzusehen. In dieser Zeit wurden keine Fragen gestellt. Ich weiß nur, dass meine älteren Brüder, 1945 13 und 15 Jahre alt, intensiv das freie Leben genossen. Am bald angeschafften Radio und Plattenspieler wurde zeitgenössische Musik gehört, nicht zum Vergnügen meines Vaters. Strawinsky wurde in der Musikhalle gespielt und im Theater wurden Stücke von Sartre aufgeführt. Dies war eine bewegende und intensive Zeit, in der ich als gerade Siebenjähriger die älteren Geschwister beobachten konnte, wie sie wie ein trockener Schwamm alle neuen Informationen der Kunst und Kultur in sich aufnahmen.

Ich erwähne diese Erinnerungen, um verständlich zu machen, wie ausgehungert junge Menschen waren und wie schnell sie sich nach den zwölf Jahren Kulturunterdrückung mit allen neuen Eindrücken konfrontiert sehen wollten.

Joachim Friedrich (Fritz) Wohlwill

Friedrich Wohlwill (genannt Fritz) war ein Wissenschaftler. Er studierte Medizin und wurde später Pathologe und Nervenarzt am Hamburger Krankenhaus St. Georg. An sein Wirken erinnert heute das Pathologische Institut der Asklepios Klinik St. Georg, das nach ihm benannt wurde.

Er publizierte während seiner Zeit am Krankenhaus St. Georg wesentliche wissenschaftliche Beiträge. So ist die Erstbeschreibung der Arteriitis nodosa, einer gefährlichen Erkrankung der kleinen Gefäße, auf ihn zurückzuführen.

Friedrich Wohlwill schreibt in seinen Erinnerungen 1953:

„Sophie verlor einen Teil ihrer Klavierschüler, Heinrich, der Chemiker wurde aus dem Vorstand der Norddeutschen Affinerie entlassen, durfte aber noch als freier Mitarbeiter weiter tätig sein für einige Jahre.

Ich verlor meine Stellung als Pathologe in Hamburg St. Georg, wie auch andere jüdische Ärzte. Zeitweilig durfte ich danach meine Neurologische Privat-Praxis führen."

Friedrich emigrierte mit seiner gesamten Familie, seiner Ehefrau Emma und den Kindern Joachim, Ernst, Heinz und Ruth zunächst nach Portugal. Dort gelang es ihm, als Pathologe zu arbeiten und er wurde auf eine

Abb. 22: Friedrich Wohlwill   Abb. 23: Friedrich Wohlwill im Arztkittel

Prosektur eines großen Krankenhauses berufen. Später erhielt er auch einen Lehrstuhl für Pathologie dort.

1946 führte auch der Weg von Friedrich und seiner Frau Emma in die USA, da alle Kinder dorthin emigriert waren. Er starb dort 1957, kurz bevor er eine Reise nach Hamburg antreten konnte.

Im Folgenden zitiere ich einen Text über Friedrich Wohlwill, den Felix Jarck für die *Portugiesisch-Hanseatische Gesellschaft* verfasst hat:

„Friedrich Wohlwill war deutscher Professor und ein großer Anatomie-Pathologe aus Hamburg, wo er bis 1933 eine angesehene Stellung innehatte. Er wurde am 28. August 1881 geboren als Sohn einer der wichtigsten und bekanntesten jüdischen Familien neben den Warburgs und den Wolffsons. Sein Vater, Emil Wohlwill, war Chemiker, Doktor der Philosophie und der spätere Direktor der Norddeutschen Affinerie. Er besuchte das renommierte Wilhelmgymnasium. Nach dem Abschluss des Medizinstudiums trat er 1906 in den Dienst der Pathologie am UK Eppendorf ein. 1926 habilitierte er sich und wurde Chefarzt und Prosektor in der Anatomie-Pathologie am Krankenhaus St. Georg. 1933 sah er sich jedoch gezwungen, Deutschland zu verlassen, da er als „nicht arisch" keine Perspektive für sich und seine Familie sah. Obwohl er ein wichtiger Vertreter der deutschen morphologischen Schule – praktizierend und universitär – war, genügte dieses, wie es bei vielen jüdischen Intellektuellen der Fall war, nicht, ihn zu beschützen.

Er sah sich gezwungen, ein neues Land zu suchen. Durch günstige Kontakte öffnete Portugal ihm die Türen und gab ihm innerhalb einer relativ kurzen Zeit den Platz als Prosektor der anatomischen Pathologie an der Universitätsklinik Santa Maria (Lissabon). Wohlwill gab der anatomischen Pathologie einen neuen Stellenwert, sowohl durch seine Konzeption und Ausführung als auch durch seine Lehre.

Neben seiner Wissenschaft war er außerdem ein großes moralisches Vorbild, da er offensichtlich der portugiesischen Medizin das Beste seines Wissens und seiner Kraft widmete, trotz aller Widrigkeiten, die er erfahren hatte. Aus diesem Grund ist Jaime Celestino da Costa, selbst Mediziner und Autor des Buches Professor Friedrich Wohlwill (2003 von der medizinischen Fakultät der Universität Lissabon veröffentlicht), voller Bewunderung für den deutschen Kollegen. Da Costa beschreibt die schlechte Situation am Anfang der anatomischen Pathologie an der medizinischen Fakultät in Lissabon 1911 und die positiven Veränderungen, die mit Wohlwill kamen, wie z. B. die notwendige Verbindung mit der Histologie (mikroskopische Anatomie). Wohlwill war seit 1918 verheiratet und hatte vier Kinder". (Jarck, 2006)

Die Familie lebte sich gut in Portugal ein. Während des Krieges lebte auch seine Schwester, Gretchen Wohlwill, mit der Familie in Lissabon. Emma, Friedrichs Ehefrau, war aktiv für den Zionismus und für die Rechte der Frauen; Gretchen war eine bedeutende Künstlerin. Nach dem Krieg konnte Friedrich Wohlwill nicht der Einladung seiner Kinder widerstehen, die sich inzwischen in den Vereinten Staaten niedergelassen hatten. Er folgte ihnen im Jahre 1946 und nahm im Alter von 65 Jahren seine berufliche Tätigkeit wieder auf. Er war kein Freund des American way of life, aber eine Rückkehr in das Vaterland kam für ihn nach den Nazigräueln nicht infrage. Friedrich Wohlwill starb im Alter von 77 Jahren in den USA und hat bis kurz vor seinem Tod als Pathologe gearbeitet.

Zum 70. Geburtstag von Friedrich Wohlwill schreibt der ehemalige Lehrer und renommierte Neurologe Max Nonne in einer Portugiesischen Medizin-Zeitschrift eine Würdigung mit dem Titel: „Mein Verehrter und Lieber Herr Wohlwill" (Nonne, 1951). Darin würdigt Nonne die Lebensleistung von Friedrich Wohlwill, der zunächst bei ihm in der Neurologie, später bei Fraenkel in der Pathologie seine Ausbildung erhielt. In einem weitschweifenden Text zeigt Nonne den wissenschaftlichen Erfolg von Wohlwill in verschiedenen Gebieten der Neuropathologie und klinischen Neurologie auf. Hierbei würdigt er insbesondere seine didaktischen Fähigkeiten in wöchentlichen Seminaren im renommierten St. Georg-Krankenhaus in Hamburg. Als Nachfolger des Pathologen Simmons habe sich Wohlwill einen hervorragenden Namen im Kreise der Hamburger klinischen Struktur erworben.

Gretchen Wohlwill

Gretchen Wohlwills Leben war ein Leben der Freundschaften. Sie bildete sich an der Röver-Schule bei Valesca Röver, Ernst Eitner und Arthur Illies als Malerin aus. Die folgenden Ausführungen stützen sich auf ihre Lebenserinnerungen (G. Wohlwill, 1984).

In den 1930er Jahren zog sie mit ihrer Schwester Sophie zusammen, zunächst in die Frickestraße, später in die beengte Wohnung der Flemmingstraße 3. Zeitweilig lebte sie bei Freunden in Blankenese. 1940 entschloss sie sich auch, nach langem Zögern und wiederholten Anläufen, zu ihrem Bruder nach Portugal auszureisen. Sie hat dort mühsam überlebt, mit Nachhilfestunden und Malunterricht. In den späteren 40er Jahren gewann sie einige Anerkennung auch als Künstlerin. Von ihren vier Geschwistern, Friedrich, Heinrich, Sophie und Marie, ist das Leben von Gretchen vielfach in der Öffentlichkeit beschrieben worden. Ihr künstlerisches Leben ist vor allem in der Biographie von Maike Bruhns (Bruhns, 2007) ausführlich dargestellt worden und soll daher hier nur in Auszügen wiedergegeben werden. Ihre beeindruckende Lebensgeschichte begann mit der Ausbildung als Malerin in der Hamburger Kunstschule bei A. Meitner. Sie wurde durch zwei Studienaufenthalte zum Studium in Paris bei Henry Matisse grundlegend geprägt.

Abb. 24: Gretchen Wohlwill, 1956

Sie war Mitglied der 1919 gegründeten Hamburger Künstlervereinigung *Sezession*. Zusammen mit Anita Ree und Alma del Banco zählte sie zu den Gründungsmitgliedern. Später führte sie dann Eduard Bargheer ein, ein Maler, mit dem sie Zeit ihres Lebens eng befreundet blieb. Vor dem Ersten Weltkrieg verlobte sie sich, ihr Verlobter ist jedoch im Krieg gefallen. Eine zweite Verlobung ging auseinander. Mit 33 Jahren wurde sie als Kunsterzieherin in der Emilie-Wüstenfeldschule eingestellt, eine feste Stellung, die sie 1933 verlassen musste. Ihre finanziellen Probleme sind u. a. daran erkennbar, dass sie ihre

Bilder, die dann entstanden, häufig beidseitig bemalte. Eduard Bargheer und sie unternahmen gemeinsame Reisen nach Dänemark, Holland und vor allem Italien.

Ihre künstlerische Aktivität ist u. a. dokumentiert durch die Wandgemälde der Emilie-Wüstenfeldschule, die nach 1933 unter der antijüdischen Kulturpolitik der Hansestadt Hamburg übermalt wurden. Es ist immerhin das Verdienst der Stadt Hamburg, diese Wandbilder durch eine aufwändige Restaurationsarbeit Anfang der 1990er Jahre wiederhergestellt zu haben.

Gretchen Wohlwill gehörte zu den bedeutenden Malerinnen in den 20er Jahren des 20. Jahrhunderts, war eng befreundet mit Willem Grimm, Karl Kluth und Eduard Bargheer und reihte sich ein in die Künstlernamen wie Ahlers-Hestermann, Anita Ree, Alma del Banco und andere.

Nach 1933 erhielt sie Berufsverbot, hatte aber Gelegenheit, sich nach Finkenwerder in eine kleine Kate zurückzuziehen und dort privat zu malen. Ihren Lebensunterhalt verdiente sie zum Teil durch Zeichenunterricht. Die Einschränkungen nahmen immer weiter zu. Die kleine Kate in Finkenwerder lag in der Nähe des Häuschens von Eduard Bargheer. Als ihre Schwester Sophie aus ihrer Wohnung zwangsweise vertrieben wurde, zog sie mit ihr zusammen. Dies beengte ihre Verhältnisse zunehmend. Als sie erkannte, dass ihr Leben gefährdet war, betrieb sie alle Anstrengungen, das Land zu verlassen, und hatte durch ihren Bruder Fritz Wohlwill und ihre Schwägerin Emma Wohlwill die Möglichkeit, nach Portugal zu emigrieren. Die Bedingungen ihrer noch legalen Ausreise waren wie für alle, die es schafften, mehr als demütigend. Nach Vorlage aller Besitztümer, die bis in das kleinste Detail aufgelistet werden mussten, wurden diese durch die Finanzbehörde (Devisenstelle) bewertet und mit einer „Reichsfluchtsteuer" belegt (Abb. 25).

Nicht nur, dass man den Juden eine „Judensteuer" abverlangte, man vertrieb sie systematisch aus dem Land

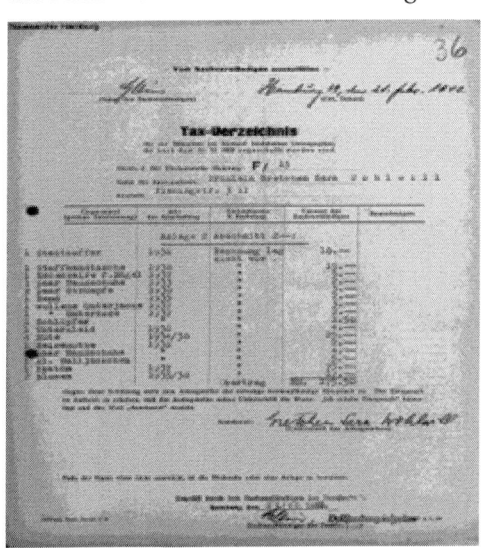

Abb. 25: Tax-Verzeichnis von Gretchen Wohlwills Besitztümern

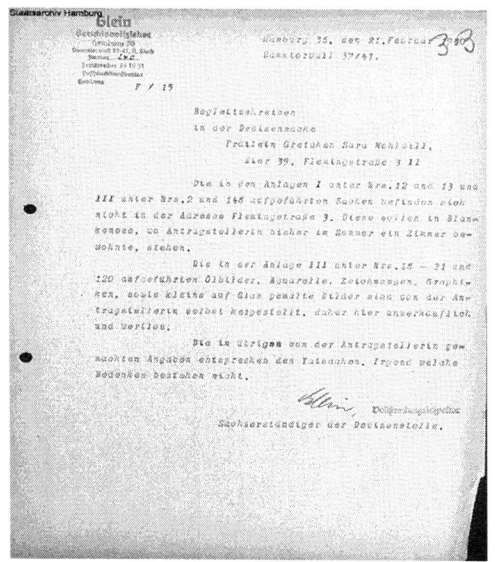

Abb. 26: Stellungnahme der Finanzbehörde

und knöpfte ihnen für diesen Zwang auch noch Geld ab.

Eine Besonderheit ist bei Gretchen Wohlwill zu erwähnen: Bei der „Bewertung" ihrer Bilder, die sie in mehrere Kisten verpackt hatte, beurteilte die Finanzbehörde diese als „unverkäuflich und wertlos", da von ihr „selbst hergestellt"! (Abb. 26)

Gretchen Wohlwill kehrte 1953 nach Hamburg zurück und konnte in der Brahmsallee in den Grindel-Hochhäusern ein Atelier eröffnen. Hier hatte sie bis 1962 ihre vielen Freunde und die Familie sehr häufig zu Besuch. Der Hamburger Kultursenat ermöglichte ihr den Bezug einer Atelierwohnung im 13. Stock der Grindelhochäuser. So konnte sie ihre Malerei wieder aufnehmen und hat noch zahlreiche Ausstellungen gehabt.

Marie Wohlwill

Marie war Zeit ihres Lebens krank und litt wohl unter Depressionen. Friedrich schreibt in seinen Erinnerungen, dass die Fürsorge für Marie eine große Belastung auch für die Geschwister dargestellt hat. Sophie, die spätere Pianistin und Klavierpädagogin, fühlte sich zusammen mit ihrer Mutter über viele Jahre mit verantwortlich für die Sorge um die Schwester Marie und hat nach Meinung ihres Bruders einen wesentlichen Teil ihres eigenständigen Lebens dafür geopfert. Marie starb 1927.

Sophie Wohlwill

Über Sophie Wohlwill zu schreiben fällt deswegen so besonders schwer, weil nahezu keine Dokumente zu ihrem Leben mehr vorhanden sind.

Sie musste ihre Wohnung verlassen, wohnte in der Frickestraße und schließlich in der Flemmingstraße mit Gretchen sehr beengt zusammen, bevor sie dann auch dort raus musste und in das sogenannte Judenhaus an der Schäferkampsallee (heute abgerissen) zog, wo sie zu viert oder sechst in einem Zimmer wohnten. Es gab dort aber ein Klavier; und das hat sie sofort wieder zur Freude aller Mitbewohner genutzt.

Es gibt eine schriftliche Äußerung ihrer Schwester Gretchen, die ihr in liebevoller Weise eine paar Worte widmete, die, wie sie schreibt, an Sophies Grab nicht gesprochen wurden:

„Der Kreis ihrer Freunde war nicht groß, aber es war keine taube Nuss unter Euch, niemand hätte einen banalen Zugang zu ihrem Wesen gefunden, niemals hätte sie ihr Herz einem unwürdigen geöffnet. Sie glaubte an das Gute im Menschen, und daraus erklärt sich der unendlich wohltuende Einfluss, den sie auf die Menschen ihrer Umgebung ausübte. Ich selbst, habe das wohl von uns Allen am höchsten erlebt. Jeder Rat, den ich bei ihr gesucht und gefunden, war, wenn nicht immer weltklug, so doch stets gut und darum richtig.

Abb. 27: Sophie Wohlwill

Das Maß ihrer Hingebung und Opferbereitschaft zu schildern, ist fast nicht möglich.

Aus ihrem von Liebe erfüllt sein erklärt sich auch die Wirkung, die sie mit ihrer Musik ausübte. Eine große Künstlerin war sie nicht, hat sich auch nie Illusionen darüber gemacht, aber die Vertiefung, die Innigkeit, gaben ihrem Spiel den Gehalt, und darum empfanden alle, die zu der Gesamtheit ihres Wesens Zugang hatten, ihre Musik dennoch als Kunst. Die Intensität, mit der sie die Verbesserung ihrer Technik anstrebte, denselben Ernst, dieselbe Vertiefung, die ihre Art Musik zu studieren auszeichnete, wandte sie auch auf jedem Gebiet des Lebens an."

Des Weiteren schreibt Gretchen:

„Ihre Entscheidung, nicht auszuwandern, die wir alle beklagen, haben Rücksichten auf geliebte Menschen bestimmt. Da war zuerst die Treue gegen ihre älteste Freundin, die es ihr unmöglich machte, dieser in den letzten Lebensjahren den Schmerz einer Trennung zuzufügen.

Auch dort, wo ihre Qualen geendet haben, hat sie, wie uns mehrfach geschrieben wurde, vielen mit Rat und Tat zur Seite gestanden, ist ihnen Stütze und Vorbild gewesen.

Ihr tragisches Ende, das langsame Hinabgleiten in immer schwärzere Tiefen, verdunkelt zunächst die Erinnerung an alles was vorher der Inhalt ihres Lebens war. Heute sind wir alle, Geschwister und Freunde, nur erfüllt von dem Schmerz, dass dieses liebevollste aller Herzen zu schlagen aufgehört hat, dass wir unser Erleben ihr nicht mehr mitteilen können, dass ihre Gedanken, die uns immer unsichtbar nahe waren, schweigen. Niemand von uns, der auch nur einen Teil von ihr besessen hat, wird sie vergessen können, denn wenn ein guter Mensch von uns geht, so lässt er immer einen Teil von sich zurück, der in uns weiter lebt als ein Bestandteil unsres Seins, ohne den wir nicht wären, was wir sind." (G. Wohlwill, o.D.)

Angele Mumssen, die Theresienstadt überlebt hat, schrieb 1958 in ihren sehr persönlichen Erinnerungen „Wie ich Theresienstadt erlebte" über das Ende von Sophie:

„Die erste Bekannte, die uns begegnete, war die Pianistin Sophie W. Eine Cousine meiner Mellingstedter Freunde (Paul und Tommy Wohlwill). Wir konnten beide unsere Bestürzung kaum verbergen. Gespenstisch, blutlos, zum Skelett abgemagert, war Sophie kaum wieder zu erkennen. Wir erwarteten von ihr einen in den düstersten Farben gemalten Bericht über die Behandlung, die sie in diesen erbärmlichen Zustand versetzt hatte. Wir erwarteten Verzweiflung und Anklage. So trauten wir kaum unseren Ohren, als sie stattdessen anfängt, von den Vorzügen ihres dortigen Lebens zu erzählen!

Ihr war durch besondere Fürsprache der Zutritt zu einer Bibliothek gestattet worden, in der sonst nur geistig schaffenden die Möglichkeit gegeben war, ihrer Arbeit nachzugehen. Sie hatte dort ein wundervolles Werk über Napoleon entdeckt, in dem sie nun seit Monaten lebte. Nebenbei schrieb sie zu Hause auf ihrem Lager an einer Biografie ihres Bruders, eines Wissenschaftlers, der in Theresienstadt gestorben war. Als Sie uns dies erzählte leuchteten ihre Augen in überirdischer Glückseligkeit. In diesem ausgemergelten Körper, der keine physischen Bedürfnisse mehr kannte, brannte nur noch geistiges Feuer, das die erzwungene Askese mit Ergebenheit hinnahm. Man fragte sich, wie es nur möglich sei, zu dieser Erhabenheit in ‚Ur-Geistigkeit' zu gelangen, da wir noch zu schmerzvoll an unseren Gewohnheiten von Komfort, Hygiene, Behaglichkeit und Sättigung klebten, und als Sophie uns verließ mit der Bitte, sie recht bald zu besuchen, wusste ich, dass ich das alleine tun würde, denn so unangenehm berührt fühlte sich Helene über dieses Erhabensein über unsere gemeinsame Not." (Mumssen, 1958, S. 21f.)

Und weiter zu Sophies Tod schreibt sie:

„Auch Sophie W., die in ihrer asketischen Geistigkeit kaum noch den Mangel empfunden hatte, erlag diesem Zustand. Leider war diese letzte Erkrankung der besseren Betreuung des Krankenhauses nicht würdig befunden worden. Als ich sie besuchte, lag sie in einem Pflegeheim mit ganz unzureichendem Pflegepersonal, für alle Bedürfnisse sich selbst überlassen. Selbst, als sie schon so schwach geworden war, dass sie sich im Bett nicht mehr aufrichten konnte. Ich half ihr so gut ich konnte. Sie klagte nie, sie war kaum noch von dieser Welt. Ich versprach am folgenden Tag wieder zu kommen. Als ich dann hinkam, lebte sie nicht mehr. Das war die erste Trauerfeier, die ich in Theresienstadt erlebte. Viele meiner Freunde waren dort gestorben, aber das war vor meiner Ankunft. Manche fehlten, waren aber durch Deportationen in andere Lager verschollen. Ich verabredete mich mit einer Freundin von Sophie zur Trauerfeier zu gehen. In einer Halle – am äußersten Ende des Gettos – sahen wir fünf gleiche Särge nebeneinanderstehen, kalt und schmucklos, die sich nur durch ein Schild mit dem Namen des Verstorbenen voneinander unterschieden. Die Feier war aber nicht gemeinsam, sie sollte sich für jeden einzelnen wiederholen. Da wir zu früh erschienen waren, wohnten wir der ersten bei; Sophie sollte die nächste sein. Die Feier wurde eingeleitet durch sehr schönen einzigen Gesang mit hebräischem Text. Nach bewegenden deutschen Worten schloss sie wiederum mit Gesang. Dann wurde der Sarg hinausgetragen, keiner der Angehörigen durfte folgen. Es berührt einen merkwürdig, dass bei Sophie die exakte Wiederholung dieser Feier stattfand. Ich erfuhr später, dass es immer so unterschiedslos vor sich ging. Das schablonenhafte dieser religiösen Handlung löste viel bittere Kritik aus. Ich hatte einen anderen Eindruck: Diese Worte – so indifferent sie auch klangen, und so wenig sie der Eigenart der Persönlichkeit gerecht wurden – waren doch nicht das Ergebnis von Oberflächlichkeit und Gleichgültigkeit. Ich erinnere die Worte nicht mehr, aber sie enthielten in wenigen Sätzen das, was jeden der nach Theresienstadt Deportierten im tiefsten Grunde seiner Seele bewegte ... die Sehnsucht nach der verlorenen Heimat, den Schmerz der Trennung von den Seinen, die Ungewissheit des eigenen Schicksals und das Gottvertrauen in der Inbrunst des Gebetes. Und diese Worte wurden durch Musik ergänzt, einer wundervollen Komposition in der Ausführung eines tiefergreifenden Gesanges des Kantors. Alle fünf Särge wurden auf einen Karren gepackt und gingen der Verbrennung an einem unbekannten Ort entgegen, wo die Asche in einfachen Kartons mit Namensschildern untergebracht wurde." (Mumssen, 1958, S. 64)

Vor einigen Jahren fand ich in Australien bei meiner Cousine Renate überraschenderweise ein Tagebuch von Sophie (Abb. 28), ohne dass ich nachvollziehen könnte, wie es dort hingekommen ist. Das Tagebuch enthält Eintragungen aus der Zeit von 1921 bis Ende Oktober 1941, mit dem letzten Eintrag, dass Bertha Dehn, ihre Schwägerin, nach Quito, Ecuador, abgefahren sei. Sonst spiegelt das Tagebuch sehr typisch die Schilderungen Gretchen Wohlwills wider, indem sie kurz musikalische Erlebnisse einträgt oder Literatur, die sie gerade liest. Dazwischen gibt es Hinweise auf familiäre Ereignisse, wie meine Geburt am 18. Mai 1939 oder dass der kleine Albrecht (mein Bruder) zum Üben mit dem Cello kommt.

Erwähnenswert sind auch kleine Zeitungsausschnitte aus dem *Hamburger Fremdenblatt* mit Ankündigungen philharmonischer Konzerte, zu denen sie am Mittelweg 10 in ihrer Wohnung Einführungsvorträge hielt. Darunter findet sich ein Zeitungsausschnitt über ein Konzert des Philharmonischen Orchesters in der Hamburger Musikhalle Oktober 1932, als Beispiel hier abgebildet (Abb. 28).

Abb. 28: Tagebuch von Sophie Wohlwill

Aus Theresienstadt wissen wir wenig, außer dass sie sich auch hier sofort mit ihrer Eigenschaft, sich helfend einzubringen, z. B. als Hilfe in der Küche engagierte. Die einzige Nachricht (Abb. 29), handschriftlich von ihr an alle ihre Freunde und Verwandten, so sie noch in Hamburg waren, zeugt von ihrer ständigen aufrichtigen Fähigkeit, sich immer zu beschäftigen. So hörte sie philosophische Vorträge und berichtete über den Schriftsteller Hans Günther Adler, den Philosophen Emil Utitz und andere.

Es gibt nur ein einziges Foto von ihr, aus den 30er Jahren, keine Briefe, keine Dokumente. Obwohl sie mit so vielen Menschen Kontakt hatte, wie aus dem kleinen Tagebuch hervorgeht, bleibt uns ihr Leben weitgehend verschlossen. Möge dieser Bericht auch dazu dienen, Sophie Wohlwill wenigstens auf diese Weise liebevoll zu erinnern.

Das einzige Foto, das erhalten ist, beeindruckt durch die Güte in ihrem Gesicht. Welchen Verzicht hat sie ihr ganzes Leben erduldet, zunächst durch die Fürsorge für ihre depressive Schwester Marie, und später durch die zunehmende Erniedrigung. Ihren Lebensunterhalt konnte sie nur

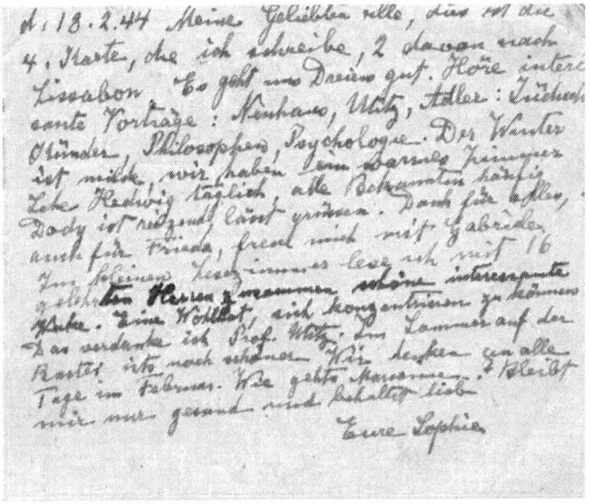
d. 18.2.44 Meine Geliebten alle, dies ist die
4. Karte, die ich schreibe, 2 davon nach
Lissabon. Es geht uns Dreien gut. Höre intere
sante Vorträge: Neuhaus, Utitz, Adler: Jüdisch
Stunden, Philosophen, Psychologie. Der Winter
ist milde, wir haben ein warmes Zimmer
Sehe Hedwig täglich, alte Bekannte häufig
Dody ist reizend lässt grüssen. Dank für alles,
auch für Frieda, freue mich mit Gabriele
Im kleinen Lesezimmer lese ich mit 16
gelehrten Herren zusammen schöne interessante
Werke. Eine Wohltat, sich konzentrieren zu können
Das verdanke ich Prof. Utitz. Im Sommer auf der
Terrasse ists noch schöner. Wir denken an alle
Tage im Februar. Wie gehts Marianne? Bleibt
mir nur gesund und behaltet mich lieb
Eure Sophie

Abb. 29: Postkarte von Sophie Wohlwill an die Familie in Hamburg

mühsam durch Privatstunden bestreiten, den sie später ausschließlich jüdischen Kindern erteilte, und dem Verbrauch ihres geringen Erbes.

Auch dieses wurde ihr nach der Einführung der Judensteuer Ende 1938 sukzessive genommen. Gretchen hat mühsam versucht, sie noch zur Flucht nach Portugal zu bewegen, was ihr aus verschiedenen Gründen dann nicht geglückt ist. Einerseits wollte Sophie ihren Bruder nicht allein lassen, und als dieser mit seiner Frau nach Theresienstadt deportiert war (19. Juli 1942), war es für sie zu spät. Sie selbst wurde dann im März 1943 auch nach Theresienstadt deportiert, um mit großem Entsetzen zu erfahren, dass ihr geliebter Bruder schon am 31. Januar 1943 gestorben war. Welch eine Durchhaltekraft spricht aus den wenigen Zeilen, die wir aus ihrer Karte vom 18. Januar 1944 lesen:

„Den 18.2.1944. Meine geliebten alle. Dies ist die 4. Karte, die ich schreibe, 2 davon nach Lissabon. Es geht uns Dreien [Hedwig, Marie und Sophie] gut. Höre interessante Vorträge: Neuhaus, Utitz, Adler: Jüdische Stunden, Philosophen, Psychologie. Der Winter ist milde. Wir haben ein warmes Zimmer. Sehe Hedwig täglich, alte Bekannte häufig. Dodi ist reizend, lässt grüßen, Dank für alles, auch für Frieda, freue mich mit Gabriele. Im kleinen Lesezimmer lese ich mit 16 gelehrten Herrn zusammen schöne interessante Werke.

Eine Wohltat, sich konzentrieren zu können. Das verdanke ich Professor Utitz. Im Sommer auf der Terrasse ist's noch schöner. Wir denken an alle Tage im Februar. Wie geht's Marianne? Bleibt mir nur gesund und behaltet mich lieb

Eure Sophie“

Sie hört Vorträge über Psychologie und Philosophie und spricht von einer Wohltat, sich konzentrieren zu können. Die meiste Zeit wird sie, wie wir wissen, in der Küche mit Kartoffelschälen verbracht haben. Mehr wissen wir nicht, außer dass sie dann kläglich eingegangen ist, an Infektion und Hunger sowie chronischer Auszehrung. Man muss es sich immer wieder vor Augen führen, dass Theresienstadt kein Vernichtungslager wie z. B. Auschwitz war, dass aber die dort untergebrachten Menschen in erbärmlichen Unterkünften leben mussten, des nachts die Insassen häufig zu Appellen auf den Platz gezwungen wurden und dort Stunden im Freien stehen mussten, wie aus den Erinnerungen von Agnele Mussen, Alice Kruse und Elsa Bernstein eindrucksvoll hervorgeht. Die Essensrationen waren so kärglich, dass viele Insassen an Schwäche und Infektionen elend zu Grunde gingen. Die Zahl der auf diese Weise in Theresienstadt umgekommenen Menschen geht in die Zehntausende (siehe das Kapitel „Terezín (Theresienstadt)").

Weitere Schilderungen von Theresienstadt sind im zweiten Teil des Buches enthalten, der die Familie meiner Großmutter (Dehn) behandelt.

Paul Wohlwill
Paul Wohlwill, dem Vetter unseres Großvaters und ebenfalls Enkel von Immanuel Wohlwill, war es möglich, mit seiner Familie in Hamburg zu bleiben.

Er war schon altersgemäß 1934 als Regierungsrat vorzeitig in den Ruhestand versetzt worden. Mit seiner Frau Emmy Auguste, geb. Thomae, genannt Tommi, zog er nach Hamburg-Mellingstedt.

An der Gartentür stand der Name Thomae, der Geburtsname der Ehefrau, um der Nachbarschaft zu verheimlichen, dass dort ein Wohlwill lebte. Dort hat das Ehepaar mehr oder weniger unbehelligt überlebt. Paul Wohlwill war zeit seines Lebens stark engagiert in die verschiedenen von Ruben Warburg gegründeten Stiftungen, die aus jüdischer Tradition in Hamburg schon existierten, und hat damit die Tradition seines Vaters Daniel Theodor fortgesetzt. Darunter war er lange Stellvertretender Vorsitzender der Vaterstädtischen

Abb. 30: Paul Wohlwill

Stiftung, ein Altersheim trägt in Anerkennung seiner Aktivitäten heute seine Namen. Die Stadt hat ihn in verschiedener Weise mit Medaillen geehrt.

Die Kinder von Paul und Thommi Wohlwill waren Barbara Auerbach, die rechtzeitig nach England emigrierte, und Andreas, dem es gelang, als Elektroingenieur in verschiedenen Firmen zu überleben (nach Aussagen von Thomas Wohlwill, dessen Sohn).

Die Familie Dehn

Die jüdischen Familien Dehn sind im 19. Jahrhundert in Burg-Steinfurth in Westfalen angesiedelt. Ein Zweig wanderte später nach Holland aus. Dabei variierte der Name teilweise als „von Deen" oder nur „Deen". Es waren im Wesentlichen Kaufleute und Rabbiner in dieser Familie zu finden.

Die Familie geht zurück auf den Rabbi Abraham Isaak Dehn, der von 1760 bis 1821 lebte. Er war ein wohlhabender Kaufmann und importierte Waren aus China und Ostindien. Das große Feuer in Kopenhagen 1795 zerstörte seine Geschäftsgrundlage. Auch waren die Spannungen zwischen England und Frankreich Grund für seine Entscheidung, Kopenhagen zu verlassen. Er schrieb einen zehn Seiten langen Brief an den Grafen von Burgsteinfurt im Münsterland, mit der Bitte, dorthin emigrieren zu dürfen. Aus seiner zweiten Ehe mit Charlotte David stammten sechs Kinder.

Das jüngste dieser Kinder war Bernhard Abraham Adolf Dehn. Dieser verlegte für einige Jahre seinen Wohnsitz nach Kopenhagen in Dänemark, um von dort nach Hamburg umzuziehen. Seine Söhne waren Arnold Dehn (1839–1889) und Maximilian Dehn (1841–1897). Arnold war Kaufmann in Hamburg und lebte später in Manchester.

Abb. 31: Die acht Geschwister Dehn, ca. 1900. Von links nach rechts: Bertha, Max, Rudolph, Elisabeth, Georg, Hedwig, Karl Arnold, Marie

Maximilian Dehn

Maximilian Dehn wurde Arzt im israelitischen Krankenhaus in Hamburg und war mit Bertha Raf verheiratet. Nach acht kinderlosen Jahren wurden acht Kinder geboren, deren Lebenswege sich bis 1933 eindrucksvoll entwickelten. Die Mutter schaffte es, ihnen allen eine differenzierte Ausbildung zu ermöglichen.

Die Kinder waren zwischen zehn und 25 Jahren alt, als der Vater starb. Das hieß, dass die älteren Kinder sehr bald zum Erhalt des Haushaltes beitragen mussten. Die vier Söhne gingen alle aufs Wilhelm-Gymnasium, wo sie das Abitur ablegten. Die Familie war nicht mehr jüdisch religiös, sondern lebte in einer aufgeklärten Atmosphäre ohne starke Bindungen zu einer Religion. Bertha Dehn trat 1924 offiziell aus dem jüdischen Religionsverband aus.

Die liberale Grundhaltung innerhalb dieser Familie erlaubte es jedem einzelnen der Geschwister, sich frei zu entfalten und eine berufliche Perspektive zu entwickeln.

Abb. 32: Der 80. Geburtstag von Bertha Dehn, geb. Raf, in Hamburg 1925
Oberste Reihe (v.l.n.r.): Toni Landau, verh. mit Max Dehn; Rudolph Dehn; Hedwig Dehn; Max Dehn; Ruth Omega, verheiratet mit Karl Dehn; Eduard Goldschmidt, verh. mit Elisabeth Dehn; Georg Dehn; Heinrich Meyer, verh. mit Marie Dehn; Karl Dehn; Heinrich Wohlwill, verh. mit Hedwig Dehn | **Mittlere Reihe** (v.l.n.r.): Marie Dehn; Alice Sussmann, verh. mit Rudolf Dehn; Elisabeth Dehn. | **Untere Reihe** (v.l.n.r.): Bertha Dehn, geb. Raf; Gret Schenkel, verh. mit Georg Dehn

Abb. 33: Bertha Dehn im Kreis ihrer Enkelkinder, 1925
Linker Bildabschnitt: *Oberste Reihe: Hanna Goldschmidt, später verh. mit Hans Meyer; Mary Vollmer, später verh. mit Martin Goldschmidt; Hanne Dehn, starb früh an Kinderlähmung. | Untere Reihe: Franziska Meyer; Helmuth Dehn*
Mittlerer Bildabschnitt: *Oberste Reihe: Martin Goldschmidt; Marie Goldschmidt; Franz-Wilhelm Goldschmidt; Max Wohlwill; Rudolph Dehn |* **Zweite Reihe von oben:** *Reinhard Mayer; Frede Dehn, Tochter von Georg Dehn, starb früh; Bernhard Dehn, Sohn von Georg Dehn |* **Zweite Reihe von unten:** *Hertha Goldschmidt, später verh. mit Robert Solmitz; Anita, adoptiert von Otto Goldschmidt; Elisabeth Wohlwill; Marianne Wohlwill |* **Untere Reihe:** *Elisabeth Goldschmidt, später verh. mit Werner Hebebestreit; Bertha Dehn; Alan Dehn, Sohn von Karl Dehn; Eva Dehn, Tochter von Max Dehn*
Rechter Bildabschnitt: *Wilhelm Mayer; Getrud „Gego" Goldschmidt; Margarete Wohlwill, später verh. mit Albrecht Brandis; Marie Dehn*

Von den acht Geschwistern sind vier mit ihren Familien geflohen, Karl Arnold lebte schon vor 1933 in den USA, Rudolph starb 1938. Heinrich Meyer und seine Frau Marie, geb. Dehn, blieben in Hamburg und wurden zusammen mit Heinrich und Hedwig Wohlwill am 19. Juli 1942 nach Theresienstadt deportiert. Heinrich Meyer verstarb dort, Marie wurde in Auschwitz ermordet.

Anlässlich des 80. Geburtstags von Bertha Dehn, geborene Raf, gelang es 1925 die gesamte Familie in Hamburg einmal zusammenzuführen (siehe Abb. 32 und 33).

Exemplarisch soll über das Leben der Familie Dehn nach 1933 berichtet werden.

Es ist unmöglich, das Schicksal jedes Einzelnen in diesem Bericht zu verfolgen. Daher soll versucht werden, die Fluchtwege all derjenigen kurz zu beschreiben, denen es gelungen ist, sich den Verfolgungen des Naziregimes zu entziehen. Die einzelnen Wege, aus Deutschland heraus zu kommen, waren sehr unterschiedlich und erheblich abhängig davon, ob Verbindungen und Möglichkeiten für die einzelnen Menschen im Ausland vorhanden waren. Alle Familien dieser acht Geschwister, die auch Kinder hatten, haben rechtzeitig dafür gesorgt, dass die Kinder in einem anderen Land eine Perspektive gefunden haben. Hier sind an erster Stelle England und die Schule Bunce Court zu nennen (siehe das Kapitel „Die Schule Bunce Court"), andererseits die USA und Lateinamerika. Darauf wird weiter unten im Einzelnen eingegangen.

Nach 1933 wurde das Leben für die Bürger jüdischer Abstammung immer schwieriger. Die Jugend konnte nicht mehr aufs Gymnasium. Die Studenten durften nicht mehr studieren. Die Musiker konnten ihren Beruf nicht mehr wie gewohnt ausüben, da sie ihre Anstellung im Orchester verloren. Von jüdischen Lehrerinnen und Lehrern durften nur noch jüdische Kinder unterrichtet werden. Dies wird später am Beispiel von Bertha Dehn ausführlich geschildert.

Robert Solmitz

In den späten dreißiger Jahren wurde Robert Solmitz, der mit Hertha Goldschmidt, der Tochter von Eduard und Elisabeth Goldschmidt, geb. Dehn, verheiratet war, von Fritz Warburg, der 1938 kurz verhaftet wurde und dann nach Stockholm floh, beauftragt, sich um den Transfer jüdischer Besitztümer und des Vermögens zu kümmern.

Robert Solmitz eröffnete ein Büro in dem ehemaligen Wohnhaus der Warburg-Familie am Mittelweg 17. Er nannte dieses Büro die „Oase", da die Einrichtung ein Zufluchtsort in der Wüste Nazideutschlands war und den verbliebenen Juden und ihren Familien Unterstützung für ihre Fluchtpläne und die finanziellen Probleme ermöglichte. Jüdische Künstler trafen sich dort. Es gab auch immer wieder kleine Konzerte, an denen allerdings nur Musiker jüdischer Abstammung teilnehmen konnten. Robert Solmitz soll selbst zu Wort kommen mit seinem 1975 verfassten Bericht über seine Erfahrungen mit der „Oase":

Abb. 34: Robert Solmitz

Robert Solmitz: Das Sekretariat Warburg: Eine Oase für die Juden in Hamburg. Oktober 1938 bis Juni 1941

„Max M. Israel Warburg, Sekretariat" lautete der Briefkopf des Büros, mit dessen Leitung ich 1938 betraut wurde.

Das Sekretariat Warburg war von vornherein mehr als nur eine Abwicklungsstelle für die Vermögenswerte, die anlässlich der Arisierung der 1798 gegründeten Bankfirma Warburg & Co. nicht von der arisierten Firma übernommen wurden. Auswandererberatung und finanzielle Unterstützung für auswandernde Juden waren ein wesentlicher Teil der Aufgaben des Sekretariats. Um die caritativen Aufgaben des Sekretariats besser ausführen zu können, wurde ich in den Vorstand der hamburgischen Jüdischen Gemeinde, in den Vorstand des Jüdischen Krankenhauses und in die Reichsvereinigung der Juden in Berlin delegiert.

Nachdem Dr. Fritz Warburg, nach seiner Entlassung aus dem Konzentrationslager Fuhlsbüttel, im Frühjahr 1939 als letztes Mitglied der Familie auswanderte, siedelte das Sekretariat Warburg in das alte Haus der Familie am Mittelweg 17, Ecke Johnsallee über.

Erst nach der Übersiedlung in dieses Haus wurde es möglich, die caritative und kulturelle Tätigkeit des Sekretariats voll zu entwickeln. Diese Tätigkeit war es, die allmählich dazu führte, dass die Juden in Hamburg das Haus Mittelweg 17 „Die Oase" nannten.

Das, was sich in den geschilderten Jahren in Hamburg abspielte, war nur in Hamburg, höchstens noch in den beiden anderen Hansestädten Bremen und Lübeck möglich, nicht im übrigen Deutschland während der Nazizeit.

Das zeigen die Schlagworte, welche in der Zeit von den Nazis selber für verschiedene Städte Deutschlands geprägt wurden, um sie zu charakterisieren: „München, Hauptstadt der Bewegung", „Nürnberg, Stadt der Parteitage", „Stuttgart, Stadt der Auslandsdeutschen" und „Hamburg, der Schandfleck der Bewegung".

Das Haus Mittelweg 17 hatte ursprünglich den Eltern von Max und Fritz Warburg gehört: Moritz M. Warburg und seiner Frau Charlotte. Das Haus bestand aus einem großen ungewöhnlich geräumigen Kellergeschoss. Hier hatte der Hauswart Bär mit seiner Frau und drei kleinen Kindern eine Wohnung. Außerdem war im Keller ein größerer Raum, der während der häufigen Luftangriffe auf Hamburg als Luftschutzkeller diente. Dort versammelten sich alle Bewohner des Hauses während der Angriffe.

In Erdgeschoss wurde eine von einer ausgezeichneten Bibliothekarin, Fräulein Menken, betreute Bibliothek eingerichtet, mit vielen Sitzplätzen und Tischen. Im Laufe der Zeit wurde die Bibliothek immer mehr zu einem Treffpunkt für Mitglieder der Jüdischen Gemeinde. Hier waren sie willkommen, was in den öffentlichen Bibliotheken nicht mehr der Fall war. Besonderer Beliebtheit erfreute sich die Bibliothek im Winter, als es nicht mehr leicht war, ausreichend Kohlen zu bekommen, während die Bibliothek noch immer geheizt war.

Wenn man in das Haus Mittelweg 17 kam, wurde das so empfunden, als wäre man in einer Oase.

Anschließend an die Bibliothek befanden sich die Büroräume des Sekretariats. In einem großen Zimmer, früher Wohnzimmer der Familie Warburg, waren mein Schreibtisch, Arbeitsplätze für zwei Buchalter, Heilbut und Tebrich, zwei Sekretärinnen, Alice Ascher und Fräulein Baruch und der Platz des Kassenboten Josephi. Ein weiteres Zimmer, früher der „Salon", wurde von mir als Sprechzimmer für Auswanderer-Beratung benutzt.

In der ersten Etage waren zwei Zimmer als Ärzte-Sprechzimmer eingerichtet. Dort praktizierte einer der wenigen noch in Hamburg lebenden jüdischen Ärzte, Dr. Hannes. Außerdem waren dort zwei Wohnungen eingerichtet: eine 2-Zimmer-Wohnung für den Vorsitzenden der jüdischen Gemeinde, Dr. Max Plaut, und eine 1-Zimmer-Wohnung für Fräulein Edith Singer, die sich als Diätschwester für die jüdische Gemeinde sehr verdient gemacht hat.

In der zweiten Etage wohnte ich mit meiner Frau. Die kulturelle Tätigkeit des Sekretariats beschränkte sich nicht darauf, dass die Bibliothek als Lesezimmer und gelegentlich als Versammlungsraum für den Vorstand der Jüdischen Gemeinde benutzt wurde. Konzerte und Vorträge, die in dem Bibliotheksraum veranstaltet wurden, fanden großen Anklang. Die Veranstaltungen fanden nachmittags, meist sonntags statt, weil Juden abends nach 8 Uhr nicht ausgehen durften.

Von den Solisten, die in den Konzerten spielten, waren der hervorragende Pianist Richard Goldschmied und die Geigerin Bertha Dehn, die bis 1933 einziges weibliches Mitglied des Hamburgischen Stadttheater-Orchesters gewesen war, besonders beliebt.

HAUSMUSIK

Hamburg, Mittelweg 17.

am

Sonntag den 15. Oktober 1939,
Vormittags 11 Uhr.

-.-.-.-

MITWIRKENDE:

Bertha D E H N , Violine und Bratsche,

Manfred Noel F Ü R S T , Violine und Flöte.

Max W O L F S O H N , Klavier.

-.-.-.-

Abb. 35a: Programmzettel eines Hauskonzerts in der „Oase"

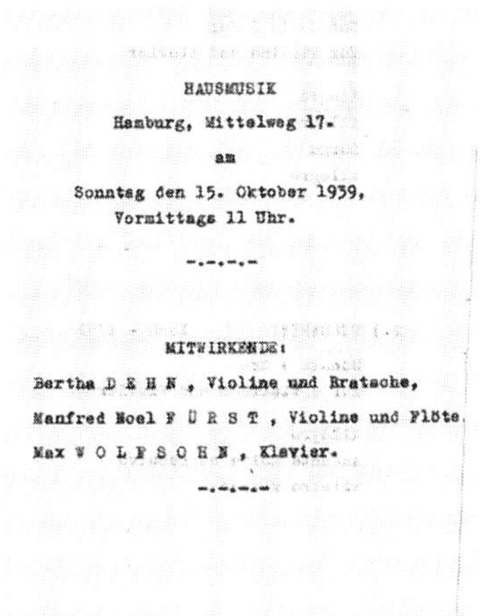

Etwas ganz Besonderes waren die Lesungen des bekannten Schauspielers der Hamburger Kammerspiele, Wolf Beneckendorf. Er bewies ungewöhnlichen Mut, indem er eine Art Generalprobe seiner öffentlichen Vorlesungsabende von Rilke- und Goethe-Gedichten im Haus Mittelweg 17 abhielt. Auf diese Weise wollte er den in Hamburg zurückgebliebenen Juden Gelegenheit geben, sich an seiner Kunst zu erfreuen. Beneckendorf war eine Ausnahmeerscheinung. In der Regel war es für Nichtjuden gar nicht möglich, ihren Sympathien für Juden nicht nur mit Worten sondern auch mit Taten Ausdruck zu verleihen.

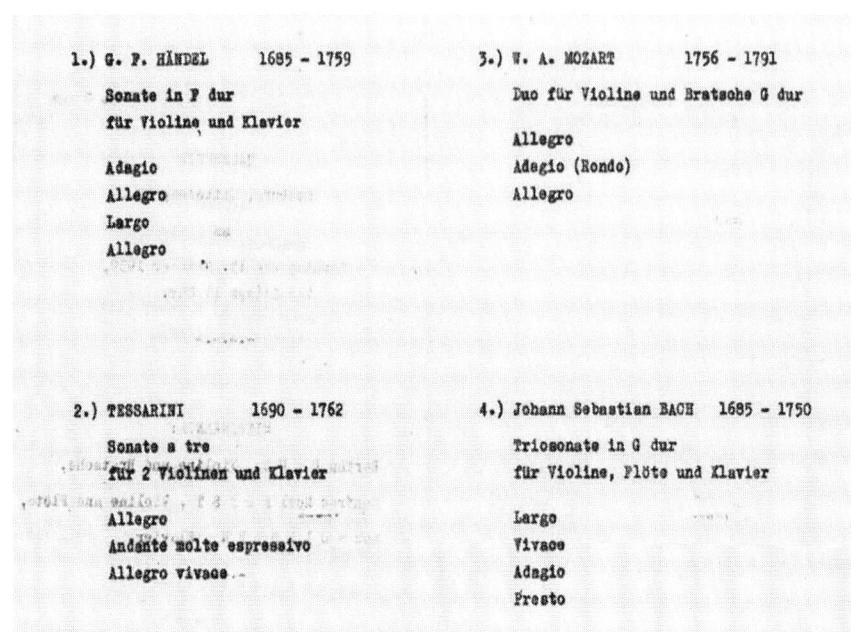

Abb. 35b: Programmzettel eines Hauskonzerts in der „Oase"

In diesem Zusammenhang möchte ich Christian Niemeyer erwähnen, Syndikus von Brinckmann, Wirtz & Co., der arischen Nachfolgefirma von M.M. Warburg & Co. Er hat der Familie Warburg in der Nazizeit seine Freundschaft und Treue bewahrt. Er hat bei der Befreiung von Fritz Warburg aus der Konzentrationslagerhaft geholfen.

Ihm war es zu verdanken, dass das Haus Mittelweg 17 noch ausreichend mit Kohlen versorgt war. Niemeyer hat wesentlich dazu beigetragen, das Haus Mittelweg zu einer Oase für die Juden zu machen.

Unter den in Hamburg verbliebenen Juden war der Oberrabiner Dr. Joseph Carlebach eine überragende Erscheinung. Wiederholt wurden Carlebach Auswandermöglichkeiten geboten, die er mit Bestimmtheit ablehnte, weil er seine Gemeinde nicht im Stich lassen wollte. Ich habe mich mit ihm mehrfach über diese schwerwiegende Frage unterhalten. Mir und meiner Frau riet er zur Auswanderung.

Bei den im Haus Mittelweg 17 stattfindenden Sitzungen des Vorstandes der Jüdischen Gemeinde war ich Dr. Carlebach dadurch näher gekommen, dass ich ihn bei der Durchführung seiner orthodoxen Gedanken stärker unterstützte als andere Mitglieder des Gemeindevorstandes. Das kam besonders zum Ausdruck, als Carlebach den Antrag stellte, Mittel zu bewilligen, um eine Mikwa zu bauen, weil diese bei dem Angriff der Nazis auf die Synagoge vernichtet war. Carlebach, durchdrungen von seiner Gläubigkeit, war ein überzeugender Redner. Auch die Rede, die er anlässlich der Presmile [Beschneidung] des Sohnes des Hauswarts Bär hielt, wird mir unvergesslich bleiben. Dr. Carlebach wurde ein Opfer der Naziverfolgung. Auch die meisten meiner Mitarbeiter im Sekretariat Warburg, denen es nicht gelang auszuwandern, sind infolge der Naziverfolgung umgekommen. So auch die Frau und die drei kleinen Kinder des Hauswarts Bär.

Der Vorsitzende der Jüdischen Gemeinde, Dr. Max Plaut, ein Mitbewohner des Hauses Mittelweg 17, hat sich große Verdienste um die jüdische Gemeinde erworben. Viele Juden haben ihm ihr Leben zu verdanken. Dr. Plaut hat es sehr geschickt verstanden, Verhandlungen mit der Gestapo überhaupt möglich zu machen. In seinen fast täglichen Verhandlungen mit der Gestapo gelang es Dr. Plaut, vieles für die Jüdische Gemeinde zu erreichen und die Entlassung von inhaftierten Juden in zahlreichen Fällen durchzusetzen. Allmählich entwickelte Dr. Plaut eine besondere Technik, um die Befreiung in Haft befindlicher Juden zu ermöglichen. Meist handelte es sich um Juden, die wegen „Rassenschande", „Devisenvergehen" oder dergleichen zu Gefängnisstrafen verurteilt waren. Sobald der Zeitpunkt feststand, wann die Strafhaft verbüßt sein würde, wurde die Auswanderung des Betreffenden mit Hochdruck betrieben. Dabei konnte ich finanziell mit den hierfür dem Sekretariat Warburg zur Verfügung stehenden Mitteln helfen. Vorausgesetzt, dass die Inhaftierten unverzüglich nach Verbüßung der Strafhaft auswanderten, wurden sie entlassen. In allen anderen Fällen kamen Juden nach Beendigung ihre Strafhaft unweigerlich ins Konzentrationslager, und damit war ihr Ende besiegelt.

Bei der Gestapo hatte Dr. Plaut mit dem Leiter des Judendezernats, Kommissar Göttsche zu tun. Göttsche war ein Nazi eigener Art, während die ihm untergeordneten Gestapobeamten Nazis der üblichen Sorte waren: antisemitisch, grausam, oft sadistisch. Göttsche war anders, vielleicht war er einer der wenigen Gestapobeamten, die ein Gewissen hatten. Am Schluss der Nazizeit hat er Selbstmord begangen. Die Erlebnisse, die ich mit diesem für die Juden in Hamburg bedeutsamen Mann hatte, sind charakteristisch für die tragikomische Atmosphäre der damaligen Zeit.

Nun zu diesen Erlebnissen:

Eines Tages hatte der Vorstand der jüdischen Gemeinde eine Audienz bei Kommissar Göttsche. Staatsrat a.D. Dr. Leo Lippmann, Dr. Max Plaut und ich. Wir wollten die Lebensmittelversorgung der Juden mit ihm besprechen. Für die Juden war eine Reihe von Lebensmitteln verboten, wie z. B. Geflügel und Fisch. Die Juden durften Lebensmittel nur in einem hierfür zugelassen „Judenladen" kaufen. Wir wollten versuchen, zu erreichen, dass dem Jüdischen Krankenhaus erlaubt würde, Fisch zu kaufen, weil die den Juden auf ihre mit „J" abgestempelten Karten zustehenden Lebensmittel für kranke Menschen unzureichend waren. Göttsche antwortete uns: „erstens sei ihm bekannt, dass das Jüdische Krankenhaus vor zwei Wochen illegal zweihundert Pfund Fisch gekauft hätte, und dass die Juden sich Lebensmitteln kauften, gleichgültig, ob sie ihnen auf mit ‚J' abgestempelten Lebensmittelkarten zuständen oder nicht. Die Juden werden auch nicht verhungern, wenn man ihnen gar keine Lebensmittelkarten gäbe. Die fänden immer einen Weg".

Darauf antwortete Dr. Lippmann ganz empört: „Herr Göttsche, ich habe noch nie etwas gegessen, was mir nicht auf meine Lebensmittelkarten zustünde".

Darauf Göttsche: „Herr Dr. Lippmann, Sie waren Beamter, Ihnen will ich das glauben, aber auf den Solmitz und Plaut trifft das nicht zu". Göttsche hatte recht.

Da die mit einem „J" abgestempelten Lebensmittelkarten von Restaurants nicht angenommen werden durften, veranlasste Göttsche, dass die Hälfte meiner Lebensmittelkarten in nicht mit einem „J" versehenen „arische" Karten umgetauscht wurden. Das ermöglichte mir auf Reisen in anderen Städten in Restaurants zu essen, denn ich hatte sehr häufig nach Berlin zu fahren zu Sitzungen der Reichsvereinigung der Juden. Auch Auslandsreisen hatte ich für das Sekretariat Warburg in der Zeit von 1938 bis 1941 zu machen, bis zum Ausbruch des Krieges 1939 nach Holland, später zu Besprechungen mit Dr. Fritz Warburg nach Stockholm. Auslandsreisen waren für Juden etwas ganz ungewöhnliches. Sie durften ausreisen, aber nicht wieder nach Deutschland zurückkommen. Als ich bei einer Rückreise aus dem Ausland Schwierigkeiten hatte, ließ Göttsche mir einen Ausweis ausstellen: „Robert Israel Solmitz reist im Interesse des Deutschen Reiches" – ein groteskes Dokument, das mir aber beim Wiedereinreisen an der Grenze gute Dienste geleistet hat. Die Reisen hatten etwas Abenteuerliches, denn an Bedrohungen fehlte es nicht, besonders seitens der unteren Gestapo-Beamten.

Als mir auf Veranlassung von Göttsche mal wieder ein Pass ausgestellt werden sollte, sagte der Gestapo-Beamte zu meiner Frau: „Wenn Ihr Mann nicht zurückkommt, werden Sie erschossen."

Eines Tages ließ Göttsche Dr. Plaut und mich kommen und eröffnete uns einen Plan, der streng geheim gehalten werden müsse. Im Büro Himmler wäre unter dem Namen „der Hamburger Plan" ein Projekt ausgearbeitet, das vorsähe, dass in Polen ein Reservatstaat für Juden gegründet werden sollte.

Dorthin sollten alle Juden aus Deutschland und eventuell auch aus anderen Teilen Europas verbracht werde und sich selbst regieren. Göttsche versuchte uns die Sache reizvoll zu machen, indem er uns in Aussicht stellte, es wäre ja möglich, dass Dr. Plaut Präsident des Reservatstaates würde und ich Finanzminister. Den Leiter der hamburgischen Talmud-Schule, Arthur Spier, hielt er für einen geeigneten Kultusminister. Dieser Plan würde eine Lösung der Judenfrage bedeuten, die Juden würden nicht länger verfolgt werden und könnten sich selbst regieren. Natürlich müsste die Durchführung des Projektes von den Juden selbst finanziert werden.

Dafür hielte man die Warburgs für sehr geeignet. Wenn sie nur wollten, können die Warburgs in Amerika das nötige Geld aufbringen, um einen solchen Reservatstaat zu gründen. Als ich Göttsche daraufhin fragte, ob er möchte, dass ich für diesen Zweck nach Amerika führe, meinte er, das sei nicht nötig, ich brauchte nur nach Stockholm zu Dr. Fritz Warburg zu fahren, und der müsste die Idee der Gründung eines Reservatstaates in Polen, finanziert durch die amerikanischen Juden, an seinen Bruder Max nach Amerika weiterleiten. Ich bekam wieder einen Pass und fuhr nach Stockholm. Nach einigen Tagen im Stockholm sagte ich Dr. Warburg, ich muss wieder nach Hamburg zurück und müsse der Gestapo einen Brief vorlegen können mit der Stellungnahme der Warburgs zu dem Plan eines jüdischen Reservatstaates und dessen Finanzierung. Dr. Fritz Warburg diktierte einen Brief, den ich mit nach Hamburg nahm, um ihn Göttsche vorzulegen. Der Brief lautete ungefähr wie folgt: er fände den Plan, eine jüdischen Reservatstaat in Polen zu gründen, außerordentlich interessant und würde ihn auch vertraulich behandeln. Augenblicklich sei der Zeitpunkt sehr ungeeignet. Eine Aufbringung erheblicher Geldmittel von den Juden in Amerika sei nur möglich unter Mitwirkung des American Joint Distribution Committees.

An die Leitung des „American Joint" könne man mit einem solchen Anliegen der Deutschen Regierung nicht gerade jetzt herantreten, da unter den Juden in Amerika große Erregung bestünde, weil dieser Tage ein Vertreter des „American Joint", der auf der Rückfahrt von Riga per Schiff nach Stockholm war, verschwunden sei. Als ich Göttsche diesen Brief vorlegte, setzte er sich gleich an seinen Tickertapo [Fernschreiber] und veranlasste die Einleitung einer Suchaktion in Berlin. Einige Tage darauf rief mich Göttsche telefonisch an, um mir mitzuteilen, der Mann sei im Lager für Ausländer (Strahlig II) festgestellt. Seine Freilassung wäre in die Wege geleitet, so dass er nach Amerika zurückreisen könne. Also hat meine Reise nach Stockholm wenigstens ein gutes Ergebnis gehabt.

Im Frühjahr 1941 neigten sich die Abwicklungsarbeiten des Sekretariats Warburg dem Ende zu, und auch die kulturelle Tätigkeit kam zu einem Stillstand. Der Aufenthalt in Deutschland wurde für Juden immer gefährlicher. Die Verschickung der Juden, die 1940 damit anfing, dass man geisteskranke Juden aus Irrenanstalten entfernte, wurde beschleunigt und auch auf gesunde Juden ausgedehnt.

Das Haus Mittelweg 17 – die Oase – wurde von den Nazis für einen Betrieb der Nationalsozialistischen Partei beschlagnahmt. Das restliche Sekretariat musste in ein kleines Privathaus in der Nähe umziehen. Dort fand auch Dr. Max Plaut sein Unterkommen. Die Arbeit wurde geringer, auch waren die Räume für das Sekretariat so beschränkt, dass die beiden Sekretärinnen nur umschichtig arbeiteten: die eine montags und mittwochs, die andere dienstags und donnerstags. Es war ein trauriges Ende des Sekretariats Warburg.

Meiner Frau und mir gelang es noch im Juni 1941 über das besetzte Frankreich via Spanien von Portugal aus auszuwandern. Wolf Beneckendorf gab uns das Geleit zum Bahnhof. Sein mutiger Einsatz für Juden ist ihm schlecht bekommen.

Er hat die Nazizeit nicht überlebt. Nach Erpressungen wurde er erschlagen. Die nach dem Juni 1942 in Hamburg verbleibenden Juden wurden bald danach verschickt und sind fast alle umgekommen, darunter auch die Sekretärinnen des Sekretariats, Alice Ascher und Baruch, die Bibliothekarin Fräulein Menken, die Diät-

Abb. 36: Fritz Warburg

Abb. 37: Bibliothek im Warburg'schen Haus

schwester Edith Singer und die hervorragende Jugendleiterin der jüdischen Gemeinde, Fanny David, die auch zum Kreis der „Oase" gehört hatte.

Die Jahre von Oktober 1938 bis Juni 1941 waren sehr schwere Zeiten, und dennoch erfüllt mich der Rückblick auf diese Zeitspanne mit einer gewissen Genugtuung. Für mich ist sie eine für mein Leben ungewöhnlich bedeutungsvolle Zeit gewesen.

Das habe ich Max Warburg und Dr. Fritz Warburg zu verdanken, die mich mit der Leitung des Sekretariats betraut haben.

Nicht nur für die caritativen und kulturellen Aufgaben des Sekretariats sondern auch für die Abwicklungsarbeiten, die ich in dieser Erinnerungsschrift nicht näher behandelt habe, wurden mir wesentliche Entscheidungen überlassen. So kam es, dass die letzte Bilanz im Hauptbuch der Firma M. M. Warburg & Co, vor der Arisierung der Firma im Namen sämtlicher Inhaber: Robert Israel Solmitz unterschrieben ist.

Weder vorher noch nachher ist es mir in meinem Leben vergönnte gewesen, so bedeutungsvolle Arbeit zu leisten wie in der Zeit Oktober 1938 bis Juni 1941 als Mitglied der Reichsvereinigung der Juden, als Vorstandsmitglied des Jüdischen Krankenhauses und der Jüdischen Gemeinde und als Leiter des Sekretariats Warburg.

Los Angeles, im Juni 1975

Nach dem vom Oktober 1938 bis Juni 1941 Erlebten niedergeschrieben.

Robert Solmitz

Christian Niemeyer, Vorstand der Bank Brinckmann und Wirtz, der Nachfolge-Bank der Warburg-Bank, verfasste als Anhang zum Bericht von Robert Solmitz über die „Oase" die folgenden Verse:

Denn es ist wahr: Hier blüht, wächst und gedeiht,
Was anderwärts verdorrt in dieser Zeit.
Hier pflegt man noch Musik, mal ernst, mal heiter,
Der Freundeskreis wird immer weiter.
Denn jeder fühlt sich hier geborgen
Und löst sich von des Alltags Sorgen.
Der eine liest ein Buch, der andere holt sich Rat
Lebendig ist es hier von früh bis spat.
So wurd' dieses Haus – uns ist es keine Phrase
Ein Glück für viele, wahrhaft die „Oase"

Unter diesen politischen Bedingungen, mit denen die Mitglieder der Familie Dehn konfrontiert waren, wurde es den Einzelnen immer klarer, dass eine Zukunft für sie in Deutschland nicht mehr möglich war. Anfangs war der Glaube dominierend, dass dieses verbrecherische Regime sich nicht lange werde halten könnten, und man wähnte sich noch in Sicherheit, dass es so schlimm nicht werden könne. Aber die kriminellen Entwicklungen 1933/34 ließen für die meisten keinen Zweifel daran aufkommen, dass es für Juden, seien sie auch getauft oder

Abb. 38: Das Haus Mittelweg 17 in Hamburg heute

Agnostiker, lebensgefährlich wurde. Alle Familien dachten zunächst an ihre Kinder. Diese wurden fast ausnahmslos sehr bald, so es eine Möglichkeit gab, ins europäische oder außereuropäische Ausland geschickt.

Man mag sich kaum vorstellen, wie die Trauer um die verschickten Kinder das Leben der zurückgebliebenen Eltern geprägt hat. Einige Mitglieder der Familie Dehn sind nach dem Krieg nie wieder nach Deutschland zurückgekehrt, andere sehr häufig. Wir haben als Kinder und Jugendliche diese Verwandten im Ausland getroffen und auch bei uns zu Hause erlebt. Wir haben aber nicht gefragt, was ihre Empfindungen, auch versuchsweise wieder in Deutschland zu sein, waren. Erst nach vielen Jahren ist es uns möglich geworden, nachzufragen und aus Dokumenten diesen Bericht zusammenzustellen. In den folgenden Abschnitten werde ich das Leben der acht Geschwister der Familie Dehn darstellen.

Rudolph Dehn
Rudolf Dehn, der älteste Sohn von Maximilian und Bertha Dehn, heiratete Alice Sussmann und war erfolgreicher Rechtsanwalt in Hamburg, bis 1933 war er Mitglied des Vorstands der Anwaltskammer. Von dieser Funktion musste er dann 1933 zurücktreten, arbeitete weiter für eine gewisse Zeit als Anwalt und starb schon 1938. Seine Frau Alice

floh 1939 mit ihren beiden Kindern Alida und Rudolf nach England. Alice starb einige Jahre später in England, während die beiden Kinder ihr eigenes Leben gestalten, später eine Ehe eingehen und Kinder in die Welt setzen konnten. Die Gedächtnisrede von Heinrich Wohlwill zu Rudolph Dehns Trauerfeier beschreibt dessen Persönlichkeit als verantwortlichem ältesten Sohn, der nicht nur seine Mutter zu deren Lebzeiten auch materiell unterstützt hat, sondern auch für seine Geschwister und deren Familien ein verlässlicher Ratgeber war. Sein sehr erfolgreiches Berufsleben als Anwalt krönte er mit dem Neubau seines Wohnhauses, das von allen sehr bewundert wurde. Die weitere Familie hat sich Ende der 20er Jahren gern und häufig dort aufgehalten.

Eduard und Elisabeth Goldschmidt
Eduard und Elisabeth, geborene Dehn, flohen zunächst 1939 nach England, dann nach Los Angeles, USA. Eduard Goldschmidt war der Besitzer der Privatbank Goldschmidt und Söhne. Die Familie lebte in der Heilwigstraße 40 in Hamburg. Sieben Kinder entstammen dieser Ehe.

Unter den zunehmenden Repressalien, denen die Familie Goldschmidt nach 1933 ausgesetzt war, wurde ihr sehr schnell klar, dass ein Weiterleben in Deutschland nicht möglich war. Eduard Goldschmidt musste seine Bank an seinen Prokuristen zu einem viel zu niedrigen Preis verkaufen, und im Verkaufserlös waren erhebliche Abgaben („Judensteuern") abzuführen. Seine Besitztümer als Hausrat und seine Bankguthaben mussten detailliert der Finanzbehörde offengelegt werden. Nach Addition sämtlicher Vermögenswerte wurde eine beträchtliche Judensteuer erhoben.

Der Wert seiner Geige wurde bereits vor der Emigration geschätzt (Abb. 39); das Instrument befand sich nach schriftlicher Aussage des Konzertmeisters des Philharmonischen Orchesters in Hamburg schon seit 25 Jahren im Besitz von Eduard Goldschmid (Abb. 40).

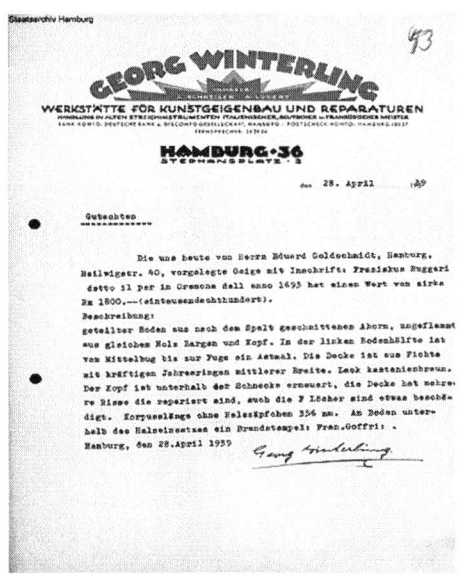

Abb. 39: Schätzung der Violine durch Georg Winterling

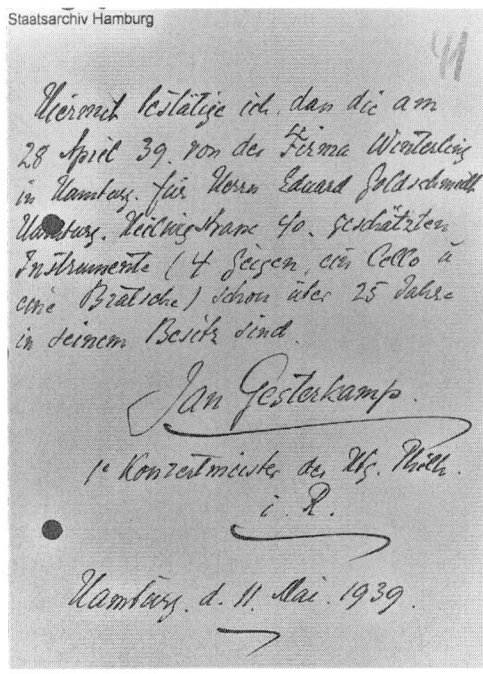

Abb. 40: Bestätigung des Besitzes durch Jan Geesterkamp

Ich habe diese Geige 1993 in der Hand gehabt. Ein Londoner Instrumenten-Händler wollte dem Besitzer, Hans Meyer, dafür eine italienische Geige im Wert von 18.000 Engl. Pfund anbieten. Es handelte sich um eine echte Gofriller-Geige, die sicher einen viel höheren Wert hatte. Ich habe die Geige dann von dem Händler wieder mitgenommen und meinem Onkel Hans empfohlen, sie zunächst zu behalten.

Auf die gesamte Summe der sogenannten Wertsachen wurde dann zusätzlich zu der Judensteuer noch eine Reichsfluchtsteuer von 25 % erhoben.

Eduard Goldschmidt wurde es in 1930er Jahren immer mehr bewusst, dass seine Bank verlorenging. Als Besitzer einer Privatbank war die Goldschmidt-Familie auch nach damaligen Gesichtspunkten relativ wohlhabend. Da auch für ihn sein Konto gesperrt wurde, konnte er sein Vermögen jedoch nicht nutzen.

Martin Goldschmidt, Sohn von Eduard und Elisabeth Goldschmidt, 1938 emigriert in die USA, schildert 1935 die Atmosphäre der jungen Generation in einem Gedicht sehr eindrucksvoll:

14.10.1935:
Neulich in einer schlaflosen Nacht,
hab ich mal die Rechnung aufgemacht
Über die Vettern und Basen des Stammes Dehn,
wo in aller Welt sie sich jetzt ergehn:
Von 20 Köpfen sind es im Lande noch 8,
auf die Wanderschaft haben sich 10 gemacht,
und weitere 2, die heute hier im Kreise,
die machen sich nächstens auch auf die Reise.
Was soll man sagen? Man wünscht jedem Glück;

Man verschluckt die Worte: „Komm recht bald zurück"
Und denkt vielmehr: „Wann folge ich nach
Und wohin und wozu und wie schaff' ich die Sach'?"
Die Sorgen sind hier und draußen schwer,
die Gedanken laufen über Land und Meer.
Jedoch – mag einer selbst nach Äthiopien fahren –
Die Nähe der Herzen, die woll'n wir bewahren.
Die Bindung bleibt unverändert stark
Von Peru und England nach Dänemark,
von Ägypten und Schweden,
von Deutschland nach Südafrika
Ein Jeder bleibe dem anderen gut Freund!
Wer weiß, wen das Schicksal auch draußen vereint
Mag, was es wolle, jedem geschehen:
Ein Hoch auf Alle vom Stamme D e h n.

Martin Goldschmidt

Diese schlichten Zeilen von Martin Goldschmidt, 1935 aufgeschrieben, zeigen die bedrückende Vereinsamung der Familienmitglieder. Bis 1933 war ein sehr enger Zusammenhalt der Familie untereinander vorhanden, man traf sich sehr häufig zu Familienfesten und anderen Anlässen. Dieses soll besonders erwähnt werden, da dieses bewusste Gefühl der Zusammengehörigkeit nicht untypisch war für Familien mit jüdischer Herkunft.

Die sieben Kinder Goldschmidt konnten in den 30er Jahren alle aus Deutschland fliehen (Emigration ist ein euphemistischer Begriff). Schließlich schafften es auch die Eltern Eduard und Elisabeth Goldschmidt, nach England zu ihrer Tochter Hanna und deren Mann Hans Meyer zu flüchten und nach dem Krieg weiter nach Los Angeles auszuwandern, wo sie bis zu ihrem Tode bei einer ihrer Töchter und deren Mann, Hertha und Robert Solmitz, leben konnten.

Die Tochter Gertrud Goldschmidt, genannt Gego, war die Letzte der Familie, die das elterliche Haus in der Heilwigstraße verließ, die Tür abschloss und den Hausschlüssel in die Alster warf. Sie selbst emigrierte über England nach Venezuela.

Hedwig Dehn
Hedwig Dehn heiratete Dr. Heinrich Wohlwill. Ihre gemeinsame Lebensgeschichte ist im Kapitel über Heinrich Wohlwill ausführlich beschrieben.

Max Dehn

Max Dehn wurde 1878 in Hamburg als eines von acht Geschwistern geboren. Nach Aussagen seines Sohnes Helmuth war die Familie nicht religiös gebunden und verstand sich auch nicht als jüdisch, sondern sah sich in der deutschen Kultur zuhause.

Max ging zum Wilhelm-Gymnasium und begann nach seinem Abitur erst in Freiburg und später in Göttingen Mathematik zu studieren. In seiner Dissertation etablierte er den Beweis, dass das Archimedische Postulat essentiell ist, um zu beweisen, dass die Summe der Winkel in einem Dreieck niemals 180 Grad übersteigt (Legrande's Theorem). Nach der Veröffentlichung von Hilberts Vorstellung von 23 ungelösten Problemen in der Mathematik war es Max Dehn, der das dritte Problem als Erster gelöst hatte.

Abb. 41: Max Dehn

Mit dieser Arbeit wurde Max Dehn an der Universität Münster habilitiert, wo er als Privatdozent von 1901 bis 1911 arbeitete. Von 1911 bis 1913 war er Extraordinarius an der Universität Kiel, von 1913 bis 1921 Ordinarius in Breslau. 1912 heiratete er Toni Landau. Drei Kinder wurden in Breslau geboren. 1915 bis 1918 wurde seine Arbeit unterbrochen durch den Militärdienst. 1921 wurde er Nachfolger von Ludwig Bieberbach als Ordinarius in Frankfurt.

Dort etablierte er ein Seminar zur Geschichte der Mathematik. Dieses Seminar wurde von Dehn bis 1935 geleitet, als er durch die Nazis gezwungen wurde, seine Professur aufzugeben. Nach seiner Entlassung lebte er noch drei Jahre in Frankfurt. Zunächst erhielt er noch seine Pension und hielt Vorträge in verschiedenen europäischen Ländern. Er setzte auch seine Publikationsaktivität fort, die bis 1938 noch zu wichtigen Veröffentlichungen führte. Das Ehepaar Dehn reagierte auf die politischen Verhältnisse, indem sie ihre Kinder 1934 außer Landes schickten. Helmut wurde zur Fortsetzung seines Medizinstudiums nach Amerika geschickt, die Töchter Maria und Eva in das Internat in Kent in England (siehe „Die Schule Bunce Court"). Daselbst unterrichtete auch Max Dehn für kurze Zeit vom Januar bis April 1938. Max Dehn wurde ab 1936 untersagt, Vorlesungen vor seinen Studenten in Frankfurt zu halten. Zu dieser Zeit hatte Dehn auch Angebote, in die USA zu gehen. Er lehnte diese ab, unter anderem mit dem Argument, er könne ja keine Pension aus Deutschland beziehen, wenn er im Ausland tätig war. So kehrte er nach Frankfurt zurück und wurde am 11. November 1938, am Morgen nach der sogenannten Kristallnacht, inhaftiert. Da er noch 59 Jahre alt war (es hieß, dass über 60-Jährige nicht inhaftiert würden), verbrachte er lediglich einen Abend in Gewahrsam der Gestapo. Da die Polizeistelle aber überfüllt war, schickte man ihn bald wieder nach Hause. Toni Dehn, seine Frau, schilderte 1972 in einem Interview in Berea, Ohio, USA (siehe Seite 137ff.), wie sie dieses Ereignis erinnerte. Zitat: „Zu dieser Zeit war die Polizei sehr gegen die Nazis!"

Daraufhin organisierten Freunde von Dehns, u. a. Willi Hartner, sie in die Nähe von Frankfurt nach Bad Homburg einzuladen. Dort feierte Max Dehn seinen 60. Geburtstag zusammen mit Hartner und Siegel, seinen Kollegen am mathematischen Institut.

Besondere Fluchtwege

Nachdem die brutale Anfangssituation in Frankfurt zu Ende war, gelang es Max und Toni Dehn aus Frankfurt zu fliehen. Sie fuhren mit der Bahn nach Hamburg, wo sie zunächst bei seiner Schwester Hedwig Wohlwill unterkommen konnten. Kurze Zeit danach gelang es Max Dehn, eine Gastprofessur in Kopenhagen, Dänemark, zu erlangen. Nach drei weiteren Monaten konnte er eine Gastprofessur an der technischen

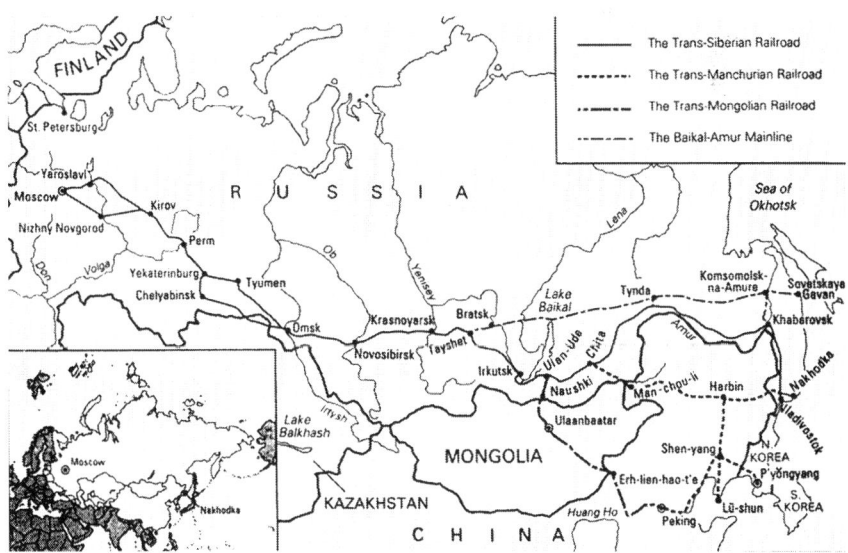

Abb. 42: Der Fluchtweg von Max und Toni Dehn

Hochschule der Universität Trondheim in Norwegen antreten. Bis zum 1. März 1940 konnten die Dehns sich relativ sicher fühlen, obgleich die finanzielle Situation für sie nicht einfach wurde. Bevor er Deutschland verlassen hatte, musste Max Dehn seine gesamte Bibliothek und seine Möbel mit großem Verlust verkaufen, hatte es allerdings erreicht, dass die Universität Frankfurt ihm den Status eines „leave of absence" (Freistellung vom Dienst) gestattete, der ihm vom April 1939 bis Juni 1940 die Fortsetzung seiner Pensionsbezüge garantierte. Das Geld wurde auf ein Konto in Hamburg überwiesen, bei dem es ihm nicht erlaubt war, Finanzmittel für sich in Norwegen abzuziehen. So konnte er dieses Geld auch nicht erhalten

Es war die Überzeugung der Eltern, dass sie ihren Kindern eine Zukunft ermöglichen mussten, und diese sahen sie nur außerhalb Deutschlands. Es wurde sehr früh klar, dass die Jugend keine Chance haben würde, ihre Zukunftspläne einer Berufsentwicklung im Deutschland der 1930er Jahre je verwirklichen zu können. Diese Überzeugung wurde den Familien sehr schnell bewusst und ließ sie die schmerzliche Entscheidung treffen, ihre Kinder frühzeitig aus Deutschland wegzuschicken. Voraussetzung war, die nötigen Verbindungen zu haben.

Nach dem Einmarsch der Deutschen in Norwegen waren Toni und Max Dehn dort nicht mehr sicher. In dem Interview, das Toni Dehn 1972 gab, schilderte sie die Erlebnisse in Trondheim. Nach dem Einmarsch der Deutschen brachten Freunde von ihnen sie auf einem entfernten Bauernhof unter, wo sie drei Wochen verblieben. Max drängte es danach, zu seinen Studenten nach Trondheim zurückzukehren; er konnte sich immer noch nicht recht vorstellen, dass man ihm nicht erlaubte, dieser Verpflichtung nachzukommen. Nach der Rückkehr nach Trondheim wurde ihnen aber sehr schnell klar, dass sie so schnell wie möglich Norwegen verlassen mussten. Sie reisten mit ihrem Gepäck mit der Bahn nach Schweden. Der Mathematiker John Dawson berichtete ausführlich über den Fluchtweg von Max Dehn zusammen mit dem Mathematiker Kurt Gödel über Norwegen, Schweden und Russland, von wo es mit der Transsibirischen Eisenbahn bis nach Japan ging, und dann weiter in die USA (Dawson, 2002). Max Dehn erregte sich später, dass er entsetzt war, wie unfreundlich die Grenzsoldaten mit ihnen waren und ihr Gepäck komplett durchsuchten und so bösartig sein konnten. Von Schweden hatten sie entsprechende Visa für die Durchfahrt nach Russland bis Wladiwostok, Japan und schließlich USA schon besorgt. In Stockholm gab man ihnen aber zunächst nicht die Reiseerlaubnis, da angeblich die Pest im Kaukasus grassierte. So blieben sie drei Wochen in Stockholm, eine Zeit, die sie beide sehr genossen haben. Schließlich gelang ihnen der Flug von Stockholm nach Moskau, und danach folgte wieder eine Wartezeit von mehreren Tagen bis zur Abfahrt. Es gelang dem Ehepaar mit der Transsibirischen Eisenbahn, nach Wladiwostok, schließlich bis nach Kobe in Japan zu fliehen, um dann später in die USA auswandern zu können, wo sie schließlich am 1. Januar 1941 ankamen. Nach anfänglichen ehrenvollen Gastdozenturen als Mathematiker gelang es ihm nach 1945 nicht, eine für seine Berühmtheit angemessene Position zu erhalten. Er erhielt schließlich am Blue Mountains College in Colorado eine Position als Dozent. Das angebotene Gehalt war 25 $ pro Monat, das er dann auf 40 $ erhöhen konnte. Mathematik konnte er dort nicht unterrichten, sondern er unterrichtete Studenten in Philosophie und Geschichte. Er starb schon 1952 an einer Lungenembolie, seine Frau (1893–1996) wurde 103 Jahre alt und lebte bis zum Schluss in Berea, Ohio, in der Nähe ihres Sohnes Helmuth. Die Töchter Eva und Maria lebten zeitweilig in der Schule Bunce Court in England. Nach Ende des Krieges konnten beide in die USA weiterreisen. Ihr Bruder Helmut beendete sein Medizinstudium und konnte schon bald nach seiner Einreise in die USA eine Ausbildung als Kinderarzt beginnen. Über 40 Jahre hat er als niedergelassener Kinderarzt in Berea gewirkt.

Toni Dehn kam später häufig nach Deutschland (Abb. 43 und 44). Wir haben von ihr viel über die gesamte Familie erfahren können.

Im Folgenden werden Ausschnitte aus einem Interview wiedergegeben, das Toni Dehn, Max Dehns Frau, 1972 Mary Emma Harris gab. Die Auszüge aus dem Mitschnitt des Interviews sind von mir aus dem Englischen übersetzt:

„Toni Dehn: Max Dehn wurde erst 1935 als Professor für Mathematik an der Frankfurter Universität entlassen. Wegen seiner Teilnahme am Ersten Weltkrieg erhielt er noch bis 1935 die Möglichkeit, seine Professur wahrzunehmen. Nach seiner Zwangspensionierung erhielt er noch für einige Zeit eine Pension, ebenso wie sein Freund Ernst Hellinger.

Eines Morgens 1935 erhielt Max Dehn einen Brief von der Universität, in dem ohne Begründung seine Entlassung mitgeteilt wurde, da man kein Geld mehr habe. In dem Brief wurden seine Verdienste für die Wissenschaft und den Studenten-Unterricht mit keinem Wort gewürdigt.

Das war zur selben Zeit, 1935, als im Herbst dieses Jahres auch alle jungen Menschen, sowohl sogenannte Volljuden als auch Dreivierteljuden nicht mehr zur Schule gehen oder studieren konnten.

Frage: War das eine Konsequenz der Nürnberger Gesetze?

T.D.: Ja

Abb. 43: Toni Dehn und Margarete Brandis, 1956 in Hamburg

Abb. 44: Toni Dehn zu Besuch in Hamburg, mit Matthias und Albrecht Brandis, ca. 1958–1960

Frage: Das war die Zeit, als Herrlinger [auch Jude] und Siegel in Frankfurt arbeiteten?

T.D.: Es war so, dass Siegel 1934 bis 1935 eine Gastprofessur in Princeton, USA hatte und gerade auf der Rückreise nach Deutschland war. Siegel, der nicht Jude war, hatte ein Angebot, in Amerika zu bleiben, da man in Deutschland nicht mehr arbeiten könne. Siegel argumentierte, dass er lieber nach Frankfurt zurückkehrte, um mit seinen Kollegen Herrlinger und Dehn zu arbeiten.

Frage: Also blieben Sie zunächst in Frankfurt?

T.D.: Ja, obwohl mein Mann Anfragen aus USA hatte, doch zu kommen. Man würde versuchen, eine Position für ihn zu finden. Er argumentierte, er könne nicht das Land verlassen und gleichzeitig die Pension der Universität erhalten."

Diese Einstellung erscheint bemerkenswert: Max Dehn konnte sich nicht vorstellen, ein Gehalt zu beziehen, für das er nicht eine Leistung erbrachte.

In dieser Zeit wurde Max Dehn in vielen Ländern Europas zu Vorträgen eingeladen. Unter anderem unterrichtete er an einer Schule für Kinder in Kent in England. Es handelt sich um die Schule Bunce Court, die aus Süddeutschland nach England verlegt worden war. Diese Schule besuchten viele Kinder jüdischer Eltern, die meist durch den Kindertransport nach England kamen, um ihr Leben zu retten, während deren Eltern ihr eigenes Schicksal in die Hand nahmen. Aus unserer Familie waren dabei die Kinder von Max und Toni Dehn, Robert und Hertha Solmitz, Hans und Hanna Meyer.

„T.D.: Zu dieser Zeit ging es einer unserer Töchter, Maria, sehr schlecht. Sie hörte auf zu essen, verlor 40 Pfund in fünf Monaten. Sie hatte das Gefühl, zu dick zu sein. Wir haben uns daher entschlossen, sie von Zuhause weg zu schicken.

Ein Student meines Mannes, der über Mathematikgeschichte publiziert hat, war zu dieser Zeit in dieser privaten Internatsschule in Süddeutschland als Mathematiklehrer tätig.

Nach der Reichskristallnacht am 9./10. November 1938 wurde laut an die Haustür geklopft. Mein Mann wurde auch verhaftet, aber am selben Tag wieder entlassen. Es war drei Tage vor seinem 60. Geburtstag. Es war behauptet worden, dass keine Leute über 60 Jahre verhaftet würden.

Ich sammelte alle Unterlagen mit dem Nachweis, dass er schon Professor vor 1914 und im Ersten Weltkrieg Soldat war. Unser Hausbesitzer zeigte der Polizei den Weg, aber als Dr. Rothschild [wohnte im selben Haus] und Max Dehn dort gefangen werden sollten, war kein Platz vorhanden.

Zu dieser Zeit war die Polizei sehr gegen die Nazis!

Als sie in der Polizeiwache ankamen, sagte ein Polizist, so gegen 18.40 Uhr: Wir waren gehalten, keinen mehr nach 18.30 aufzunehmen, und deuteten Dr. Rothschild und Prof. Dehn an, ‚Sie können nach Hause gehen'.

Als er nach Hause kam, riefen Freunde an, ein ehemaliger Schüler von ihm aus Bad Homburg (Hartner). Diese nahmen uns zunächst für drei Wochen bei sich auf. Haffner schilderte dieses Ereignis später in einem Zeitungsartikel: ‚Es ist unvergesslich für die, die dabei waren und Max Dehns Ruhe und seine philosophische Einstellung bewunderten. Die Unterhaltung konzentrierte sich im Wesentlichen auf das Verhältnis von Mathematik und Kunst, Probleme der Archäologie und auf das Konzept der Humanität von Konfuzius. Kein Wort über die Erlebnisse des vergangenen Tages.'

Es ist alles unglaublich, am 1. Januar 1941 kamen wir nach San Francisco. Wir haben noch nie jemandem von unserer Flucht erzählt. Keiner hat uns gefragt."

An anderer Stelle im Interview erzählt Toni von ihrer Zeit in Trondheim, Norwegen:

„Im April 1940 um 4:00 Uhr klingelte nachts unser Telefon. Wir lebten in einem Stadtteil von Trondheim auf einem Hügel. Die Straße, in der wir lebten, lief parallel zum Hafen. Wir konnten daher auf die Befestigungsanlagen von Trondheim gucken. Im Hafenbecken von Trondheim und wohl auch anderen Häfen von Norwegen lagen deutsche Frachter über mehrere Wochen. In einer Zeit mit heftigen Stürmen auf dem Meer waren einige deutsche Schiffe beschädigt und konnten ihre Fahrt nicht fortsetzen. Zahlreiche norwegische Rettungsschiffe fuhren weit heraus ins Meer und versuchten die deutschen Frachtschiffe in den Hafen zu geleiten. Das geschah zwischen Weihnachten 1939 und Neujahr. Die Schiffe lagen noch bis Ende Januar dort und wir waren gewohnt, einen Spaziergang zu machen. Ein paar Tage später ging das Gerücht um, dass die Deutschen verlangt hätten, Trondheim zu evakuieren. Norwegische Frachtschiffe dürften den Hafen nicht verlassen, es sei denn, sie wurden von Pilotschiffen begleitet, da die Engländer Minen gelegt hätten. Diese Information hatten die Deutschen bewusst verbreitet. Die Engländer hatten in der Tat gar keine Chance, solche Minen zu legen. Unser norwegischer Freund hatte uns angerufen und wollte sehen, was los war. Mein Mann sagte zu ihm, du spinnst, woraufich sagte, sieh mal aus dem Fenster: Da sind zahlreiche deutsche Kriegsschiffe. Auf der Festung wehte schon die Hakenkreuzfahne. Als wir gegen 9:00 Uhr morgens in den Hafen kamen, waren dort deutsche Kriegsschiffe gefüllt mit vielen Soldaten. Als wir die Straße herunter zum Hafen gingen, sahen wir zahlreiche Soldaten mit Gewehren, die auf uns gerichtet waren. Norwegische Mädchen fingen schon an mit den Soldaten zu flirten. Es waren keine Studenten mehr im Institut, denn es war alles vorbereitet worden, dass die Studenten ihre Skier nehmen und sich über die Berge in Richtung Oslo zu bestimmten Einrichtungen zurückziehen sollten, die darauf vorbereitet waren. Daher gab es auch keinen Unterricht. Unser Freund empfahl uns dringend, Trondheim zu verlassen, und ein Professorenkollege wusste, wohin sie gehen sollten, vermutlich an einen stillen Ort auf dem Land. Wir packten zwei große Koffer.

Wir wussten, dass wir in Trondheim nicht bleiben konnten, sondern dass wir die in der Nähe gelegene schwedische Grenze überschreiten mussten. Wir wussten, dass es durchaus möglich war, dass man alle jüdischen Emigranten aus Deutschland oder der Tschechoslowakei einsammeln würde. Wir sind nicht zur deutschen Gestapo gegangen. In unseren Koffern waren alle Manuskripte meines Mannes und alle unsere wenigen Besitztümer einschließlich der Familienfotos. Kleidung und sonstige Sachen kann man immer ersetzen, aber die wissenschaftlichen Arbeiten und Fotos waren wichtiger. Es kam jemand, um uns in dem tiefen Schnee zu transportieren, sagte aber gleich, dass er uns nicht direkt dorthin bringen könnte, weil das ein nicht passierbarer Seitenweg war. Wir hatten große Angst, dass der Fahrer mit dem Auto angehalten würde und wir dann verhaftet werden könnten. Aber Gott sei Dank passierte das nicht.

An der Abzweigung des Weges, der zu dem Farmhaus führte, hielt der Fahrer an und telefonierte mit dem Farmer, um zu sagen, dass wir hier auf ihn warteten.

Zunächst bat der Fahrer uns in sein Haus und bot uns Kaffee und Gebäck an und erzählte uns, dass der Farmer gerade beim Mittagessen sei und danach würde er uns abholen. Nach einer Weile kam der groß gewachsene Mann mit weißem Haar und buschigen Augenbrauen und einem Schnurrbart. Er hatte sehr blaue Augen und sah aus wie Bismarck. Er hatte einen Schlitten mit einem Sitz. Der Schlitten wurde von einem Pferd gezogen, wir saßen auf dem Schlitten und der Mann lief daneben. Wir gingen dann eine ganze Weile durch tiefen Schnee bis zu seinem Farmhaus. Wir kamen auf dem Hof an, es war ein sehr großes, lang gestrecktes Farmhaus. Eine große schlanke Frau öffnete die Tür und machte einen sehr freundlichen Eindruck auf uns und hieß uns herzlich willkommen. Sie sprach ein Norwegisch, dass von der Landbevölkerung gesprochen wurde. Ich konnte erst nur sehr wenig verstehen, nach einer Zeit gewöhnte ich mich aber daran. Sie nahmen uns in ihr Haus auf und gaben uns zunächst ihren besten Raum. Sie hatte schon den Kaffeetisch gedeckt und führten uns in ihr Schlafzimmer, während sie selbst in den oberen Stock zogen. Max fragte daraufhin, ob wir nicht alle zusammen in der Küche essen könnten, aber die Gastfamilie sagte, das sei nicht möglich, die Küche sei viel zu klein. Es gab noch ein junges Mädchen im Hause und einen Sohn. Sie boten uns aber an, in die Küche zu kommen, um heimlich Radio mit abzuhören, einschließlich des britischen Rundfunks. Wir blieben dort drei Wochen und als wir das Haus verließen, hat das Gastpaar geweint. Sie wollten, dass wir länger bleiben oder dass wir immer wieder kommen, wenn es möglich sei. Mein Mann wurde ganz nervös, weil er meinte, er müsste nach Trondheim zurückkehren um die Studenten zu unterrichten, ‚das Semester hätte doch wieder begonnen'."

Marie Dehn

Marie Dehn hatte Heinrich Mayer geheiratet. Heinrich Mayer führte eine große Kaffeerösterei (Thompkins, Hildesheim & Co.), die er nach zunehmenden Repressalien an seinen Prokuristen verkaufen musste. Auch seine Besitztümer wurden von der Gestapo und der Finanzbehörde genau überprüft und er musste eine entsprechende Steuer auf diesen Besitz entrichten. Ähnlich wie Hedwig und Heinrich Wohlwill gelang es dem Ehepaar Mayer nicht, die Voraussetzung für eine Flucht zu realisieren. Ihre Kinder hatten die Eltern Mayer frühzeitig aus Deutschland weggeschickt. Der Sohn Wilhelm konnte mit einer Empfehlung nach Peru auswandern, der Sohn Reinhard zunächst nach Dänemark zur Landwirtschaftsausbildung und dann nach vielen Mühen nach Schottland, wo er als Schweizer auf einer Farm arbeitete. Die Tochter Franziska hatte in Schweden noch Weben gelernt und konnte nach Neufundland auswandern, wo sie unter schwierigsten Bedingungen über sechs Jahre überlebte. Auch sie ging später nach Peru zu ihren Brüdern. Das Ehepaar Mayer blieb in Hamburg, wurde schließlich aus ihrer Wohnung in der Sierichstraße vertrieben und wohnte dann bei Hedwig und Heinrich Wohlwill in der Hindenburgstraße. Die drohende Deportation war allen bewusst. Vielleicht hatten sie noch Hoffnungen, in dem Lager Theresienstadt einigermaßen überleben zu können. Sie mussten vor ihrer Deportation für ihre Versorgung und den Unterhalt eine Pauschalsumme von 65.000 Mark bezahlen. Am 19. Juli 1942 wurden das Ehepaar

Abb. 45: Marie, geb. Dehn, und Heinrich Mayer, Ende der 1930er Jahre in Hamburg

Mayer und das Ehepaar Wohlwill zusammen mit über 750 anderen Menschen vom Hannoverschen Bahnhof in Hamburg nach Theresienstadt deportiert. Dort haben sie beide extrem gehungert und mussten unter erbärmlichen Bedingungen hausen. Heinrich Mayer hat diese Zeit nur bis zum Dezember 1942 überlebt, Marie Mayer wurde 1944 nach Auschwitz deportiert und dort ermordet.

Nach dem Krieg holte Wilhelm seinen Bruder Reinhard und seine Schwester Franziska auch nach Huancayo in Peru.

Reinhard Mayer
Reinhard Mayer wurde schon früh psychisch auffällig, war hoch intelligent und technisch sehr begabt. 1929 bestand er sein Abitur im Hamburger Johanneum und begann Medizin in Freiburg zu studieren. Die erste Prüfung bestand er mit besten Zensuren, erlebte dann aber einen psychischen Zusammenbruch, von dem er sich nie ganz erholte. Als er 1934 eine Famulatur im Hamburger Hafenkrankenhaus antreten wollte, wies ihn die Verwaltung mit nur drei Worten in seine Grenzen: „Was? Jüdisch? Raus." Damit war ihm schlagartig klar, dass er in Deutschland keine Zukunft hatte. Seine Eltern vermittelten ihm dann eine landwirtschaftliche Tätigkeit in Dänemark. Nach zwei Jahren kam er in eine Ausbildungsstätte für jüdische Auswanderer. Dort erlebte er, wie immer wieder Busse kamen und viele Ausbildungsteilnehmer abtransportierten. So wurde auch er sechs Wochen lang in ein KZ in Oranienburg deportiert. Die „Notgemeinschaft der deutschen Wissenschaftler im Ausland" verschaffte ihm eine Stelle als „cattleman" auf Kintyre in Schottland. So konnte er im März 1939 mit einem Schiff nach Edinburgh fliehen. Zeitweilig wurde er, wie viele andere Migranten mit deutschem Pass, von den Engländern als „enemy alien" interniert. Nach seiner Entlassung gelang es ihm, in der Nähe der Schule Bunce Court (siehe „Die Schule Bunce Court") von einem Landwirt angestellt zu werden, wo er dann Rosenkohl anbaute.

Nach dem Krieg konnte sein Bruder Wilhelm, der seit 1935 in Peru lebte, ihn wie auch seine Schwester Franziska aus Neufundland nach Peru holen. 42 Jahre lebte er in dort in Huancayo, 3000 m hoch. Wie er selbst sagte, waren es die glücklichsten Jahre seines Lebens. Sein Bruder hatte ihm dabei geholfen, eine kleine Landwirtschaft mit zehn Milchkühen und einigen Pferden zu gründen. Diese war zwar wirtschaftlich nicht effektiv, aber sie führte dazu, dass er voll beschäftigt war. Durch seine demütigenden Erfahrungen als junger Mann hatte er sich sehr früh dem orthodoxen Judentum zugewandt und verfolgte alle Gesetze sehr strikt. Das hat die Familie, so auch die Kinder von Wilhelm und Liesel Mayer, intensiv miterlebt. Aufgrund der schwierigen politischen Verhältnisse in Peru wurde das Leben für Reinhard und seine Schwester Franziska so schwierig, dass der Bruder Wilhelm alles organisierte, um die Geschwister in ein Altenheim nach Hamburg zu senden.

Wilhelm Mayer (Guillermo Mayer) schrieb 1945/46 seine Lebenserinnerungen für seinen Sohn Enrique Meyer nieder. Der folgende Auszug aus dem Manuskript ist von Enrique Mayer für seine Kinder aus dem Spanischen übersetzt.

Wilhelm Mayers persönliche Erinnerungen ab 1945, aufgeschrieben für seinen Sohn Enrique, der gerade ein Jahr alt war

1933, als Hitler zur Macht kam, war ich in Breslau, woher ich Eure Mutter kenne, die dort lebte, denn ihr Vater war „Stadtbaurat" dieser alten und damals schönen Stadt, die aber vollständig zerstört wurde, als die Deutschen sie hartnäckig gegen die Russen verteidigten. Inzwischen heißt die Stadt Wroclaw und ist polnisch. Dort arbeitete ich in einer „Kolonialwaren"-Großhandlung, die Lebensmittel wie Kaffee, Tee und dergleichen importierte, man benannte sie mit diesem Namen, der ihre Übersee-Herkunft kennzeichnete, wenn auch andere Handelswaren wie Hering aus Schottland, Pflaumen aus Bosnien und Zucker aus Schlesien selber kamen, wo es viele Zuckerrüben gab, aus denen genauso guter Zucker gewonnen wird wie an der Küste von Peru aus dem Rohr. Es gibt einen altmodischen deutschen Roman, „Soll und Haben", in dem sowohl Breslau als auch eine solche Lebensmittelgroßhandlung beschrieben ist. Hoffentlich wirst Du einmal im Stande sein, dieses Buch zu lesen, wenn es auch bestimmt bessere gibt, so mag grade dieses Dir eine Idee Deiner Herkunft geben. Damals im Februar 1933 war vielen, darunter auch mir, nicht klar, was für ein grenzenloses Unglück über Deutschland und die ganze Welt durch die „Machtergreifung" oder besser „Machterschleichung" Hitlers hereingebrochen war. Doch erinnere ich, wie Peter Behrendt (Euer Onkel, Bruder Eurer Mutter) und ein Freund ganz bleich und erschreckt da saßen und, als ich ins Zimmer trat, mir sagten, dass das Reichstagsgebäude in Berlin brenne. Es ist mir bis heute nicht recht klar, was damals die Nationalsozialisten (NAZIS) wollten, was all das Gerede sollte, dass dieser

Abb. 46: Wilhelm (Guillermo) Mayer am Schreibtisch in Lima, Peru

Brand ein „Fanal" der Kommunisten sein sollte, ein großes Fackelzeichen zur Revolution. Es ist ja wohl kaum ein Zweifel daran, dass die Kommunisten keineswegs dieses Gebäude anzündeten, sondern die Herren Nazis selber, aber warum sie sich dann im Prozess so lächerlich machen ließen von einem Bulgaren namens Dimitroff, ich wiederhole, dass mir all dies heute so unverständlich ist, wie damals. Damals waren jeden Tag Aufmärsche, Kundgebungen, wobei aber nur der Herdensinn der Masse sich kundtat, die geduldig, ja leider meist begeistert sich belehren ließ, wie sie den Untergang des Vaterlandes bewerkstelligen sollten, die sich freiwillig dazu gebrauchen ließen, unendlich viele Mitmenschen unglücklich zu machen und dann das Gesäte mit Zins und Zinseszins wieder einzuheimsen, denn wie ich oft denken und sagen muss, wenn sich Deutsche nun selber über das Schicksal ihres (oder unseres) Vaterlandes beklagen: Wer den Wind säet, wird den Sturm ernten!

Abb. 47: Enrique Mayer und Marie Scurrah, geb. Mayer, bei der Stolperstein-Verlegung für ihre Großeltern Heinrich und Marie Meyer, Hamburg 2009

Wie ich dies so schreibe, sehe ich mich am Fenster des Kontors in Breslau (in der Imkerstrasse ... was für ein Name!) stehen, und draußen marschiert es und marschiert es vorbei, neben mir stand ein Fräulein aus Beuthen, eine der tüchtigsten Angestellten, die einen guten Posten in dieser Firma hatte. Wie ich all diese Männer vorbei gehen sah, sagte ich zu ihr: Und wo waren alle diese Leute 1918? Warum sind sie denn damals nicht aufgestanden ...? Da fuhr mich diese sonst freundliche und hilfsbereite Dame in einem Ton an, aus dem man sehen musste, dass sie mit Kopf und Leib dem Rattenfänger von Hameln verfallen war und man nicht mehr offen mit ihr reden konnte. Ja, dass es nach dem Stand der Dinge schon gefährlich war, mit ihr offen zu reden. Da wusste ich, dass, wenn Hitler an der Macht blieb, man wusste ja damals noch nicht, ob er nicht bald wieder stürzen würde, ich meine Heimat verloren hatte, dass ich nicht da bleiben konnte, wo meine Vorfahren gelebt und gearbeitet hatten.

Wenige Tage später begleitete ich einen Lehrling in der Firma, Ulrich Neisser, mit dem ich befreundet war, ein Stück auf seinen Heimweg nach der Arbeit. Wir waren grade an der Stelle, wo die Hauptstraße (Schweidnitzerstraße) aus der mittelalterlichen Innenstadt heraustritt, und die zu Parkanlagen verwandelten alten Festungswälle und Gräben durchschneidet, als wir nicht mehr weiter gehen konnten, denn eine große Menschenansammlung sperrte uns den Weg. Wir wussten zuerst nicht, worum es sich handelte, aber bald stellte sich heraus, dass der lokale Nazileiter hier öffentlich eine persönliche Rache nehmen wollte an einem alten Mann, der vor einiger Zeit Regierungspräsident von Schlesien gewesen war und unter der Sozialdemokratischen Regierung in Preußen das ihm angeordnete (leider zu wenig) getan hatte, um die Naziborden in Bann zu halten. Dieser alte Mann, er hieß Lüdermann, war schon seit einiger Zeit nicht mehr im Amt, und lebte in Berlin. Er war ein großer stattlicher Mann, mit einem schön gepflegten grauen Vollbart. Der Nazi hieß Edmund Heines und war ein blonder Hüne, sicherlich zwei Meter groß. In den Fememord-Prozessen war er des Mordes überführt, aber da diese politischen Morde in einer bewegten Zeit gewesen waren, und da die an diesen Morde interessierten die Macht besaßen, auch in der Republik, war ihm weiter nichts geschehen. Dieser Berufsverbrecher und Mörder also hatte sich Herrn Lüderman aus Berlin holen lassen und ließ ihn nun in der Mitte einer Gruppe Halbwüchsiger in braunen Hemden durch die Straßen abschleppen. Lüderman überragte die ihn umgebenen Hitlerbuben um Kopf und Schultern und hielt sich gerade und würdig und sein Gesicht war völlig gesammelt und kühl. Das Volk war begeistert, betaumelt, berauscht von dem Anblick des gefallenen Großen. Schadenfreude, von der man ja sagt, dass sie die reinste sei, spielte dabei wohl mit, aber auch Sadismus, die reine Freude am fremden Leid, dann wohl auch die Freude der Masse an jenem Schauspiel, sei es denn nur ein armer Affe, der auf einer Drehorgel umher hüpfen muss. Plötzlich tauchte auch Heines in der Masse auf. Er war so groß, dass man seinen Kopf, der mit einer blutroten SA-Mütze bedeckt war, über den Köpfen der begeisterten Menge sah. Er brüllte: „Wo steht das Schwein?", und zuerst die Jungen, die Lüderman umgaben, und dann die Menge zeigte mit dem Finger auf diesen. „Wo steht das Schwein?" „Da – da – da". Man hat den alten würdigen Herren, der keine Miene verzog – man sang dazu das Horst-Wessel-Lied, in dem es heißt: „Der Tag für Freiheit und für Brot bricht an", und zwang den alten Sozialdemokraten dazu, seine Hand zum „deutschen" Gruß zu erheben.

Heute, mehr als 13 Jahre, später erregt mich dieses entsetzliche Geschehen. Entsetzlich, nicht so sehr was Lüderman geschah, er hatte Hitler überlebt, war lange im KZ, wurde im Febr. 1945 vom Volksgerichtshof freigesprochen, war nach dem Krieg politisch aktiv in der SPD, von 1945 bis 1947 Ministerpräsident des Landes Schleswig-Holstein, entsetzlich auch nicht, dass es solche großen und öffentlich auftretenden Verbrecher gab wie Heines, viel schlimmer war die Reaktion der Masse, die diese Szene nicht stumm über sich ergehen ließ, sondern mitmachte, ganz begeistert und fürchterlich mitmachte. Ob nur die Deutschen so sind, oder ob jedes Volk, wenn es einmal den Boden unter den Füßen verliert, zu solchem fähig ist, weiß ich nicht. Ich war, soweit es möglich war, zurückgewichen, hinter mir ging es steil in den alten Festungsgraben hinab. Dies eine Mal hat es in mir gebebt und ich flehte in meiner völligen Machtlosigkeit um Gerechtigkeit. Hitler selber hat Heines schon 1934 ermorden lassen und sich dieses Mordes öffentlich grauenhafter Weise gerühmt. Hitler selber hat ein entsetzliches Ende gefunden und von denen, die dieses damals mit Ulrich Neisser und mir auf dem Platz vor dem Kaiser-Wilhelm-Denkmal in Breslau miterlebt haben, mögen wenige wie ich im Stande sein, darüber in irgendeiner Form zu berichten. Sie mögen, soweit sie jung waren, gefallen sein, oder irgendwo Kriegsgefangene, sie mögen von Fliegerbomben zerrissen sein, landflüchtig wie ich, verdorben, verdorben …

Wohin sollte man aber gehen? Nach Peru, sagte Ulrich Neisser. Sein Vater habe dort einen entfernten Verwandten, Walter Neisser, den er nur durch Zufall kennen gelernt habe, als dieser an einer Verletzung aus dem Krieg 1914–1918 leidend zu ihnen zur Behandlung gekommen sei, woraus sich eine Korrespondenz einmal im Jahre entwickelt habe, nachdem besagter Verwandte zuerst nach Argentinien, dann über Chile nach Peru ausgewandert sei. Es wurde also ein Brief an Don Walter Neisser verfasst und unter meinen Papieren bewahre ich noch die Antwort auf, in der es heißt, dass wir nur kommen sollten. Für zwei arbeitslustige junge Leute gebe es immer Platz im Lande der Incas. Feste Kontrakte & Zusagen könnte er nicht machen, aber es sei kein Zweifel, dass wir nicht verhungern würden, wenn wir kämen. Aber so leicht gibt man seine Heimat nicht auf. Vielleicht, so tröstete man sich, würden die Nazis sich ja bald beruhigen und einsehen, dass es ja gute patriotische Juden gab; vielleicht würde dies und jenes eintreten, „hoping against hope", wie man sagt, weil man doch nicht zugeben will, dass das Spiel schon längst verloren ist.

Ich kehrte aus Breslau erst einmal nach Hamburg zurück und ging dann nach kurzem Aufenthalt nach England, wo ich ein Jahr lang bei der Firma Hilton Wallace & Co Ltd. Eastcheap 59 arbeitete und Englisch lernte und so eifrig wie nie zuvor und nachher Bücher las. Schon begann die Welle der Emigration. Mein Vetter Bernhard Dehn [Sohn von Georg Dehn] hatte feststellen müssen, dass er nicht weiter Jura studieren konnte, dass man ihn auf eine Landwirtschaftliche Schule nicht aufnehmen wollte, und so entschloss er sich, nach Südafrika zu gehen. Ich fuhr von London nach Southampton, wo sein Schiff einen Vormittag blieb, den wir zusammen verbrachten. Ob wir uns je wiedersehen? Im Juli 1934 kehrte ich nach einer Reise nach Dänemark, wohin mein Bruder Reinhard gegangen war, um Landwirtschaft zu lernen, und Schweden, wo meine Schwester Franziska Weben lernte, nach Hamburg zurück.

Im Mai waren Vater und Mutter zu Besuch in England gewesen und zu dritt feierten wir bei herrlichem Frühlingswetter Vaters und Mutters Silberne Hochzeit auf der Isle of White. Wie unendlich weit, wie unwahrscheinlich kommt es mir vor, dass wir damals dort so friedlich beisammen sein konnten! Mutter war rüstig und munter und schwamm noch vergnügt im Meer, als ob das Schwimmen immer ihre Leidenschaft gewesen war. Vater hatte nur mit großer Mühe die Erlaubnis, englisches Geld für diese Reise [mitzunehmen,] die er als Geschäftsreise ausgegeben hatte, erhalten, aber als sie zurück fuhren, nahm er das übriggebliebene Geld wieder mit nach

Deutschland, denn er hatte doch, wie man sagte, „eidesstattlich" erklärt, dass das Geld nur Reisezwecken dienen sollte, und so war es ihm ganz ausgeschlossen, man könnte es gar nicht in Erwägung ziehen, dass er mir etwa dieses Geld gegeben hätte.

Wenn die Opfer der Nazis nicht solche Toren gewesen wären, die sich freiwillig ans Messer lieferten, wie hätte die Mordbande es so weit bringen können? Als ich Schweden verließ, gab ich alles Geld, was ich noch hatte, es war leider nur wenig, an Franziska und löste mir eine Fahrkarte nur bis Stralsund ein, einer schönen alten Stadt in Mecklenburg.

Ihr lernt in der Schule vom Morro de Arica, von Atahualpa und seinen Ñustas, aber keiner, der in Deutschland zur Schule gegangen ist, kann an Stralsund denken, ohne an Wallenstein, Gustav Adolf von Schweden, an Carl XII. von Schweden zu denken, der in wenigen Tagen aus der Türkei bis nach Stralsund ritt, und dessen Beine so sehr durch die große Anstrengung geschwollen waren, dass man ihm, als er endlich in dieser Stadt, wo er vor seinen Feinden sicher war, ankam, die Rohrstiefel von den Beinen schneiden musste. Und so wie Du Dir nach diesen Assoziationen Stralsund vorstellen magst, so sah es damals noch aus, oder vielmehr muss man noch „Hansa" & „Backsteingotik" sagen, um das Bild zu vervollständigen. Die alte Stadt liegt auf einer Insel in einem Sund zwischen Pommern und der Insel Rügen, und da kein Haus in der inneren Stadt mehr als zwei oder höchstens drei Stockwerke hat, ragen die alten Kirchen mit ihren ungeheuren schiefen und großen Dächern über die Häuser heraus und beherrschen das Stadtbild. Deutlich erinnere ich mich an die Kirche des Heiligen Nicolaus, oder wie man immer in der alten Lateinischen Genitivform sagte Nikolai-Kirche. Nikolaus war der Heilige der Schiffer und in all den alten Städten findet man immer seine Kirche.

Ich hatte nur wenige Pfennige in der Tasche, aber trotzdem bezahlte ich dem Küster von St. Nikolai eine Mark, damit er mich auf den Turm steigen ließ. Die Aussicht von dort oben über die alte, fast unverändert mittelalterliche Stadt, der Meeresarm auf die grünen, leicht hügeligen Felder Rügens und Pommerns steht mir so lebendig vor den Augen, dass ich darum diese langweilige Abschweifung hierher schreibe, denn wenn man zurückdenkt, so sind manche Jahre verwischte Eindrücke, als hätten sie nicht 365 Tage gehabt, und manch ein Tag, manche Stunde, oder gar Minute, wie diese auf dem Turm, bleiben wie Denkmäler stehen. Wie mag der Blick von dort oben jetzt sein? Ob der Turm und die Kirche noch stehen?

Die Nacht verbrachte ich in einer billigen Kneipe und am nächsten Morgen radelte ich in der ersten Dämmerung um 3 oder 4 Uhr morgens fort. Ich hatte mir ein Laib Brot und einen weißen Magermilchkäse gekauft und hatte nur noch 40 Pfennige in der Tasche. Gegen 9 Uhr oder so kam ich in ein kleines Städtchen, Dammgarten, an der Preußisch-Mecklenburgischen Grenze, schön bemalt, und durch die schwarz-weißen und blaugelbroten Pfosten bewiesen, dass Deutschland ein föderaler oder Bundesstaat wenigstens gewesen war, wenn auch die Mecklenburgischen Großherzoge mit ihren Wendischen Familiennamen abgedankt hatten, genau wie der deutsche Kaiser und König von Preußen. Ich hatte Hunger und ging in einen Bäckerladen, in dem die guten Strudeln, Hörnchen, Möllner Zwiebacke, Schweinsohren, Kopenhagener, Rosinen oder Korinthenbrote oder wie immer man diese Erzeugnisse wirklich gewissenhafter Handwerkerkunst sonst noch nannte, auslagen. Ich nahm 20 Pfennige aus der Tasche und sagte zu der freundlichen, dicken Bäckersfrau, ob sie mir das geben könne, wo ich für das Geld am sattesten würde, denn ich hätte nicht mehr bei mir. Sie gab mir eine wunderbare Schnecke mit Zuckerguss und Rosinen und ich setzte mich auf eine Bank und aß gemütlich den spiralformierten Kuchen von außen nach innen, die Spirale abwickelnd, auf. Als ich fertig war und fortgehen wollte, kam die Frau herbei und etwas verlegen gab sie mir eine andere Schnecke und erklärte mir, ihr Sohn sei auch auf seinem Rad auf einer Wanderfahrt unterwegs und wie sie hoffe, dass man ihren Sohn helfe, so sollte ich auch dieses kleine Geschenk annehmen, was ich denn auch gern tat. Ich fing auch an, dieses Gebäck abzurollen, als sie in ihrer Erzählung fortfahrend mir sagte, ihr Sohn sei nämlich in der Hitlerjugend und mit seiner Schar sei er auf Fahrt. – Da war es also wieder – eben konnte ich mich noch zuhause fühlen, und da tat sich wieder der entsetzliche Abgrund auf. So Korn für Korn wich uns der Boden unter den Füßen fort. Was gestern noch gegolten hatte, war heute schon nichts mehr wert.

Mein Freund Simon Windmüller hat mir oft erzählt, wie es ihm in jener Zeit vorgekommen sei, als ob die Natur selbst, die Bäume, die Wiesen, der Himmel sich verändert hätten, als ob sie nun drohend und unfreundlich wären, wo er früher nur Heimat und Vertrautheit gesehen hätte. Mir selbst ging es damals anders. Ich wusste, dass ich fortgehen musste und sah alles so an, als sei es das letzte Mal (was es ja auch meist war), dass ich es sähe; die vertrautesten Dinge, die Einfahrt in Dwarsloch oder nach Bunshausen, die alten Kirchtürme Hamburgs, alles füllte mich mit einer großen Wehmut, aber auch Freude, denn ich hatte all dies nie so bewusst gesehen. Du kennst den Herbst in Deutschland nicht, wenn der Himmel ganz tief blau ist und alle Farben etwas Unerfülltes haben und man wohl versteht, dass nun die Jungvögel fortwandern müssen, denn man selber fühlt sich wie ein Zeitverschwender, wenn man von seiner Arbeit aufsieht und den Herbst fühlt.

So – aber noch viel seinesgleichen – vergingen mir diese letzten Monate in Deutschland. Mutter empfand es ebenso und wenn wir zusammen irgendwo hingingen, eine Besorgung zu machen, eine Tasse Tee bei Prediger am Neuen Wall tranken oder auf dem Süllberg saßen und die Elbe heruntersahen, so lebte man sehr intensiv, man wusste, es waren geschenkte Stunden, mit denen man sehr haushälterisch umgehen musste. Der Zerfall unserer Welt ging allzu sichtbar vor sich, wenn es auch Hitler gelang, die äußere Ordnung und Gesittung aufrecht zu halten, nach den ersten Monaten. Freunde und Zeitungschreiber kamen nach Deutschland und fanden, dass doch die Flüchtlinge sehr übertrieben hätten. Alles ging doch in bester Ordnung vor sich (Thomas Mann lässt im Zauberberg sagen: „vous (die Deutschen) aimez l'ordre mieux que la liberté, toute l'Europe le sait"). Aber inzwischen konnten weder Reinhard noch Helmuth Dehn, noch Bernhard Dehn weiterstudieren, durfte Marie Goldschmidt nicht weiter im Krankenhaus in Altona Röntgenschwester sein, noch Vater im Börsenvorstand noch im Vorstand seines geliebten „Vereins der am Kaffee-Handel betheiligten Firmen" sein, wobei an dem ganzen Verein das wichtigste war, dass man ja nicht das altmodische „th" im Wort "betheiligten" auslassen, d. h. durch das moderne „t" ersetzen durfte.

Auch musste er aus der Patriotischen Gesellschaft austreten, aus der Goethegesellschaft warf man ihn heraus, denn diese Vereine oder Institutionen wurden „gleichgeschaltet", oder was viel schlimmer war, sie ließen sich „gleichschalten" statt zu sehen, dass sie sich lieber auflösen sollten, statt ihres wahren und eigentlich Guten beraubt als Gespenster weiter zu existieren. Vaters Freund und Kollege, der „kleine" Herr Dietrich, kam zu Vater ins Privatkontor. Die „Patriotische Gesellschaft", deren Vorsitzender er war, habe den Befehl erhalten, den Arierparagraphen in ihre Sitzungen aufzunehmen. Um die Auflösung dieser alten und würdigen Gesellschaft zu vermeiden, habe man beschlossen, diesen Befehl auszuführen. Ihm sei das entsetzlich und so sei er nun auf dem Leidensweg, um den betroffenen Mitgliedern dieses mitzuteilen, denn es sei doch unmöglich, so etwas etwa schriftlich zu erledigen; dann könne man ja niemandem mehr in die Augen sehen. Aber Vater solle doch verstehen, dass diese ehrwürdige Gesellschaft dies Opfer wert sei. Vater setzte sich an seinem Schreibtisch und schrieb auf einen Zettel: „Die Patriotische Gesellschaft entlässt mich, aber mein Patriotismus bleibt der gleiche." Sah denn Herr Dietrich nicht, dass er durch solches Handeln diese Gesellschaft schon aufgelöst hatte, die im 18. Jahrhundert im Sinne der Aufklärung zur „Beförderung des nützlichen Gewerbes und der Wissenschaften" gegründet worden war, die die erste Sparkasse 1827 eingerichtet hatte und in vielen anderen Dingen neue Wege gewiesen hatte, wenn sie sich auch nun nicht mehr sonderlich lebenskräftig gezeigt hatte und sich im Wesentlichen darauf beschränkte, gute Vorträge zu organisieren (ich habe John Maynard Keynes im Patriotischem Gebäude, dem Haus dieser Gesellschaft, sprechen hören), und treuen Dienstboten Medaillen zum 25-jährigen Jubiläum zu verteilen. Es wäre mehr im Sinne der Gründer gewesen, die Gesellschaft eines anständigen Todes sterben zu lassen, als erst diese Konzession zu machen, dann jene und sich schließlich doch von der Partei-Maschine überblicken zu lassen. Aber in den neuen Mitgliedern war wohl nicht der Geist der Alten lebendig, die in dem Portal des Rathauses auf Lateinisch hatten meißeln lassen: „Mögen die Nachkommen die Freiheit bewahren, die die Väter erwarben."

Nach Herrn Dietrich erschien Herr Bohlen, „Sie wissen doch, in Firma Bohlen und Behn", mit Wörmans und Nottebohms, und wie sie alle hießen: Vater wisse doch, dass die Nazis sich den Handel mit schielen Augen ansähen, dass man alles tun müsse, um Anstoß zu vermeiden, es tue ihm sehr leid und falle ihm sehr schwer, aber er bäte ihn, doch aus dem Vorstand des Kaffee-Vereins zurückzutreten und auch nicht weiterhin Abgeordneter des Kaffeehandels im Börsenvorstand zu sein. Es wäre ihm sehr schwergefallen, dieses Ansinnen zu stellen, denn schließlich hätten sie bei so vielen Sitzungen zusammengearbeitet, kannten sich seit so vielen Jahren, im Interesse an der Sache … Vater setzte sich an seinen Schreibtisch und unterschrieb seine Amtsniederlegungen, seinen Austritt aus Ehrenposten, die er teilweise seit 30 Jahren, seit 1904 innegehabt hatte. Als Herr Bohlen, wohlerzogen und gut gekleidet, fort war, sagte Vater: „Hast Du gesehen, er ist plötzlich PG [Partei-Genosse] geworden, er hatte das Parteiabzeichen im Knopfloch. Eben hat er wie ein Hundsfott gehandelt, entweder an mir oder an seinen Führer Adolf Hitler, ich weiß nicht an wem. Seine so gut klingenden Bedauernsäußerungen waren Hochverrat an der Nationalsozialistischen Partei, denn so sollte es ihm, wenn er seinem Führer glaubt, ein Vergnügen sein, das zu tun, was er eben tat, oder er hat mich belogen. Aber ich glaube, es ist ihm nicht wohl in seiner Haut, sein Bedauern war ehrlich, und sein Glauben an Hitler falsch und unecht. Aber schon Bismarck hat ja immer gesagt, dem Deutschen fehlt Civil Courage und da hast Du ein Beispiel davon."

Traurig stand ich auf, dankte der Bäckersfrau, ließ es auch meinerseits an Civil Courage fehlen und musste an ein Erlebnis in den Osterferien 1933 denken, als ich aus Breslau nach Hamburg gefahren war und von dort aus mit meinen Freunden Ewald Ritter und Kai Robert Möller eine Radtour durch dieselbe Gegend gemacht hatte. Wir übernachteten in einem kleinen Städtchen, Sternberg in Mecklenburg, und am Morgen ging ich, wie dies nun einmal meine Sitte war, um mir die kleine Gotische Kirche des Ortes anzusehen, denn selbst in dem unbedeutendsten Nest gibt es schöne Bauten zu sehen. Beachtung und Verständnis, das Onkel Simon uns erzogen hatte. Außer mir hatte sich auch eine kleine Gruppe von Jungen des „Christlichen Vereins Junger Männer" eingefunden, was der Deutsche Zweig der YMCA war, den Hitler bald danach auflöste, denn der Hakenkreuz-Glaube war der allein seligmachende.

Wir sahen in der Kirche dies und jenes, sahen in die Gewölbe hinauf und lasen die Aufschriften auf den alten Grabsteinen und Platten und traten schließlich in die Kapelle ein, in der an der Wand eine umfängliche Holzschnitzerei hing. „Hier sehen sie die Verbrennung der Juden von Sternberg im Jahre …", sagte der Küster und nun erkannte man deutlich eine Gruppe von Männern mit dem typischen glockenförmigen Hüten, die die mittelalterlichen Juden tragen mussten. Sie standen, nur ihre Brust und Köpfe sichtbar, die Hände ausgestreckt, in einem geschnitzten Flammenmeer. „Und warum wurden die denn verbrannt?", fragte ein Junge. „Das sehen sie hier", antwortete der Führer, und zeigte an einen grauen Stein, in dem man eine Fußspur sah, so wie es aussieht, wenn jemand auf einen noch frischen Zementfußboden trat, und niemand diesen Schaden beseitigte, ehe der Zement hart wurde.

Es gab nämlich damals den Glauben, dass die Juden in der Osternacht die Hostie, die doch der Leib Jesu Christi ist, schändeten, d. h. sie stachen mit Nadeln in diese hinein. Dies hätten nun auch in dem fraglichen Jahr die bösen Juden Sternbergs getan und daraufhin habe die Hostie zu bluten angefangen. Die erschreckten Juden hatten die blutige Hostie in den Fluss werfen wollen, um so den Zeugen ihre Schandtat zu verbergen und zu beseitigen, aber der Stein, auf dem der Mann stand, der die Hostie ertränken wollte, gab nach und zeigte am nächsten Tag deutlich die Fußspur des Übeltäters; diese Spur nun und das Herschwimmen der Hostie genügte, um das Ereignis herbeizuführen, das jener mittelalterliche Holzschnitzer in so ausführlicher Weise festgehalten hatte. Der Stein mit dem Abdruck des Fußes und diese Schnitzerei gehört nun zu den Sehenswürdigkeiten Sternbergs. Die Schnitzerei hatte auch großen Kunstwert; ich glaube, sie ist sogar im „Dehio", dem katalogisierten Handbuch der deutschen Kunstdenkmäler aufgeführt. [Siehe dazu: http://www.jüdische-gemeinden.de/index.php/gemeinden/s-t/1875-sternberg-mecklenburg-vorpommern]

Der unschuldige junge Christ, der vorher gefragt hatte, konnte sich gar nicht genugtun, seine Verwunderung darüber auszudrücken, wie man jemals etwas so Dummes und Sinnloses habe glauben können. Er war so ehrlich naiv über solche doch offensichtlich ungerechte Grausamkeit entrüstet. Das war 1933. Wenige Jahre später mag er selber die Öfen in Auschwitz und anderen Todeslagern bedient haben und seine Sünde, seine Grausamkeit war noch viel größer als jene mittelalterliche Verbrennung, denn er konnte nicht einmal den vielleicht wirklich geglaubten Raub eines Heiligen als Vorwand vorbringen. Ich stand da nun in der halbdunklen Kapelle und musste denken, ob wohl einer meiner Vorfahren auf jenem Bild geschnitzt war, ohne zu ahnen, dass meine eigenen Eltern ein solches Schicksal erleiden würden.

Heute habe ich dieses Heft gekauft mit der Absicht, hin und wieder, wenn ich Zeit dazu habe, für Dich, mein kleiner Enrique, etwas hineinzuschreiben. Ich will Dir erzählen, woher Deine Eltern kommen, was für Leute Deine Großeltern, Urgroßeltern und deren Familien waren.

Dein Großvater, nach dem Du heißt, zitierte gern aus den deutschen Klassikern und eins seiner Lieblingszitate stammt aus Goethes „Iphigenie auf Tauris":

Wohl dem, der seiner Väter gern gedenkt, der froh von ihren Thaten, ihrer Größe, den Hörer unterhält und still sich freuend an's Ende dieser schönen Reihe sich geschlossen sieht!

Du wächst als Peruaner auf und kannst Dir nur mit Mühe eine Vorstellung von den Verhältnissen der alten Welt und gar noch in so lang verflossenen Zeiten machen, aber dein Vater, so gern & dankbar er in Peru lebt, wird doch wohl nie ganz das Heimweh nach Hamburg loswerden, wenn es sein kann, dass man Heimweh haben kann nach einem Land, das schon lang aufgehört hat, Heimat zu sein.

Wir wohnten in dem Vorort von Hamburg, der Winterhude heißt, in der Maria-Louisen-Straße 112. Dort bin ich am 18. September 1912 geboren & dort wohnten wir noch, als ich unser Haus im November 1935 verließ, um nach Peru auszuwandern. Das Haus war ein großes Mietshaus, fünf Stockwerke hoch & in jedem Stockwerk zwei Wohnungen. Es war wenige Jahre vor dem Ersten Weltkrieg erbaut, in den Jahren, in denen es Deutschland sehr gut ging und in denen die Bürger glaubten, es würde ihnen immer & in aller Zukunft so gut gehen. Stefan Zweig hat in seinen Lebenserinnerungen „el mundo de ayer" [Die Welt von gestern] dieses Gefühl und diesen Glauben an eine statische Sicherheit sehr gut beschrieben. Dein Großvater war Kaufmann und war Inhaber einer Kaffee-Import-Firma, die Thompkins, Hildesheim & Co. hieß ... Dein Großvater kaufte Kaffee aus Brasilien, Zentralamerika, Holländisch-Indien, Ostafrika und auch aus Peru und verkaufte ihn wieder an die Händler und Kaffeeröster im deutschen Inland.

Stell Dir nun vor, wir wohnten im Erdgeschoß. Über uns wohnte Herr Georg Rittershausen, dieser war Tee-Importeur und seine Firma hieß G.A. Ahrens und Söhne. Über Herrn Rittershausen wohnte Herr Kruger, und dieser, Du wirst lachen, war Kakao-Importeur, und seine Firma hieß Pedersen & Paulsen. Über Krügers wohnte, ich weiß nicht mehr wer und im obersten Stockwerk wohnte Professor Schädel, der an der Universität Französisch und andere romanische Sprachen lehrte. Auf demselben Stockwerk wie Schädels wohnte Frau Eberhardt; sie war ganz klein und dick. Wenn man bei Ihr durch die Haustür trat, sah man einen großen ausgestopften braunen Bären, hinter dessen Glasaugen elektrische Birnen waren, sodass sie ganz unheimlich funkelten. Herrn Eberhardt aber habe ich nie gesehen, denn die Engländer haben ihn gleich 1914 bei Kriegsausbruch als Spion erschossen im Tower of London. Oben im Dach noch über Schädels & Frau Eberhardt war noch eine kleine Wohnung für den Hausverwalter, den man in Hamburg Vice nannte. Man kann sich solche sozialen Verhältnisse heute vielleicht nur mit Mühe vorstellen, aber jenes Haus, genau wie alle anderen, die aus jener Zeit stammten, hatte zwei Treppenhäuser, das große vordere war für „Herrschaften", das kleine, dunkle, hintere für „Lieferanten". Zur Wohnung des „Vice" konnte man nur durch den Lieferanteneingang über enge dunkle Treppen gelangen, während das Treppenhaus des Vorderhauses bequem und breit war & außerdem noch einen großen Personenaufzug hatte, sodass eigentlich niemand je zu Fuß in die oberen Wohnungen ging. Der Vice musste das Treppenhaus sauber halten, und mit Kohlen die großen Öfen heizen, die alle Wohnungen immer mit heißem Wasser versorgten und im Winter auch mit Wärme, denn Du hast ja schon gelernt, dass in anderen Zonen die Winter so kalt sind, dass man erfrieren müsste, wenn man die Wohnungen nicht heizen würde. Der „Vice" musste auch die Straße vor unserem Haus freihalten, denn wenn man den Schnee im Winter nicht fortschaffen würde, dann könnte man bald nicht mehr weiter durch die Straßen gehen.

Ich habe dieses Dokument der Lebenserinnerungen von Wilhelm Meyer, die er für seinen Sohn und seine anderen Kinder hinterlassen hat, sehr bewusst in diese Zusammenstellung eingefügt. Die Erlebnisse dieses jungen Wilhelm ab 1933 sind so eindrucksvoll zu lesen, da sie als Zeugnisse dieser Zeit für einen jüdischen Bürger prägend gewesen sein müssen. Er wollte in diesen Aufzeichnungen seinem Sohn darstellen, dass er an seine Heimat und seine schönen Erinnerungen anknüpfen möchte. Die subtilen Erfahrungen, die er in Breslau machen musste, sind ein seltenes Beispiel für die tatsächlichen Bedrängnisse und Ängste, die ein so junger Mensch entwickeln musste. Er schloss aus diesen Erlebnissen, so schreibt er, dass er in seinem Land, im Land seiner Vorfahren, keine Bleibe mehr haben werde. Mit scharfem Blick erkannte er die Situation, obwohl immer noch hoffend, dass das Naziregime vielleicht nicht so lange existieren würde. Aber er machte sich darüber keine Illusionen.

Bertha Dehn
Bertha Dehn war Geigerin und seit 1916 Mitglied im Hamburgischen Staatsorchester. Dort spielte sie lange in der Gruppe der ersten Geigen. Ihrer Entlassung im Sommer 1933 kam sie durch eigene Initiative zuvor, indem sie sich aus Krankheitsgründen vorzeitig pensionieren ließ. In den späten 30er Jahren beschäftigte sie sich intensiv mit den Möglichkeiten einer Emigration. Diese wurde jedoch durch erhebliche Schwierigkeiten immer wieder behindert. Aus den Briefen von Heinrich Wohlwill an seinen Sohn Max geht sehr eindrucksvoll hervor, welche Anstrengungen sie in der Tat unternommen hat, um schließlich doch noch den Weg heraus zu finden. Es gelang ihr eine Woche vor dem 23. Oktober 1941, dem Stichtag, nach dem eine Auswanderung nicht mehr möglich war, ein Schiff in Genua zu besteigen und, wie ihr Bruder Georg, nach Ecuador zu gelangen. Sie ist 1949 nach Deutschland zurückgekehrt. Schon fast erblindet, hat sie die letzten Jahre in einem jüdischen Altersheim in der Schäfkampsallee in Hamburg gelebt. Ihre Geige wurde nach ihrem Tode an ihren Großneffen Thomas Brandis vermacht. Zeit ihres Lebens war sie in ihrem Wesen sehr unglücklich und fühlte sich immer sehr schnell benachteiligt. Dennoch ist es bewundernswert und bemerkenswert, mit welcher Kraft und Energie sie gelebt hat und schließlich sowohl die Auswanderung als auch die Rückreise nach Deutschland bewältigt hat. Bertha wuchs zwischen sieben Geschwistern auf, es war von Anfang an ein Leben der Arbeit und der Verantwortung für andere.

Mit 16 Jahren ging sie nach dem plötzlichen Tod ihres Vaters zu dessen Bruder nach England, nach der Rückkehr nach Hamburg begann sie

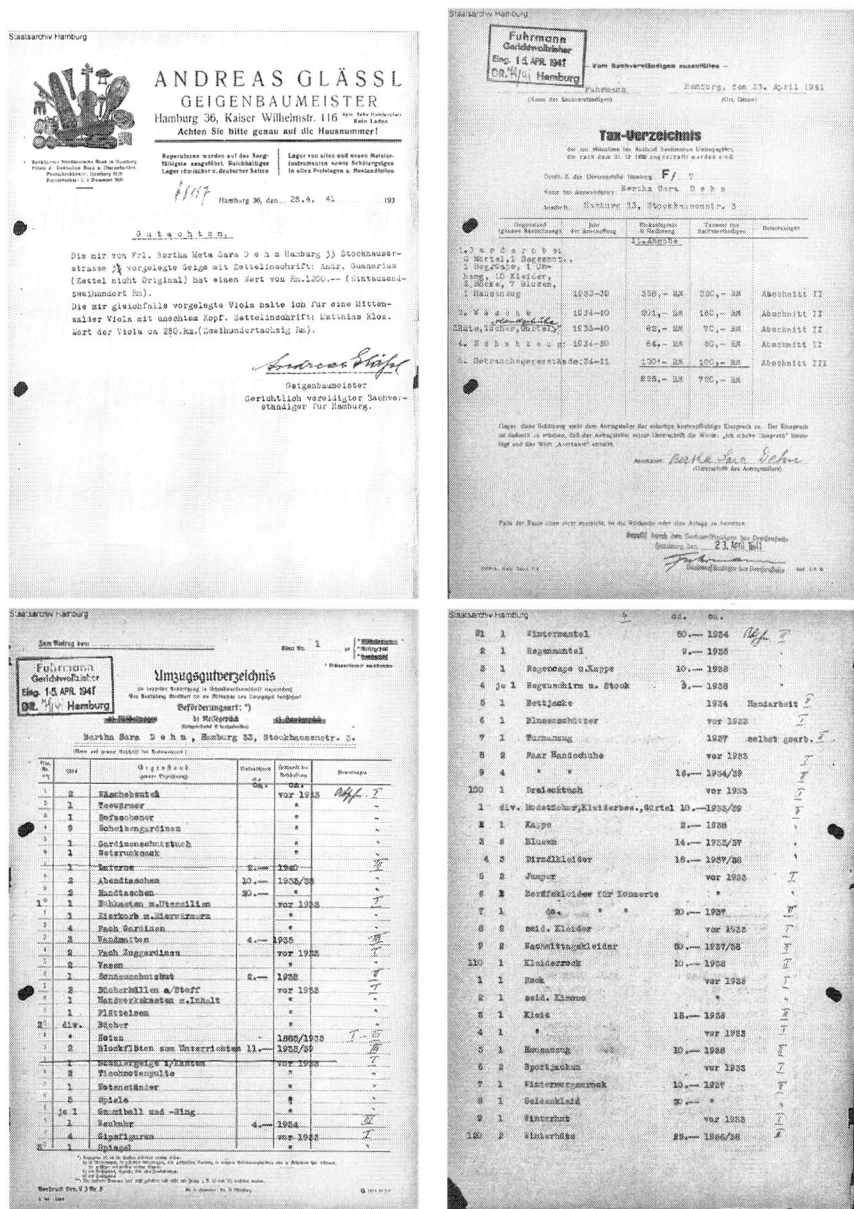

Abb. 48: Dokumente zur Aufstellung des Haushalts und Schätzung einer Geige

ihre musikalische Ausbildung im Berthold'schen Konservatorium. Sie wurde u. a. Schülerin des französisch-deutschen Geigers Henri Matteau (1874–1934).

Mit 28 Jahren ließ sie sich als Geigenlehrerin in Hamburg-Pöseldorf nieder, wo sie mit ihrer Mutter und ihrem älteren Bruder zusammen-

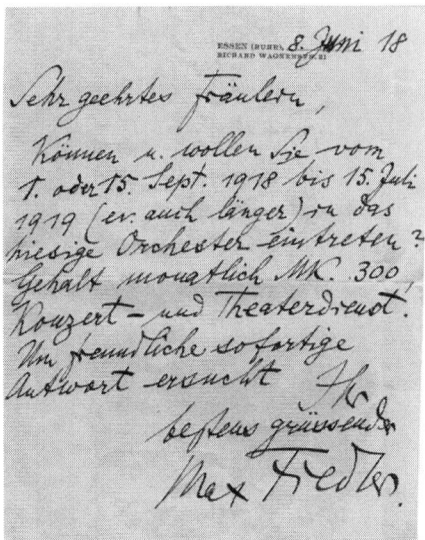

Abb. 49: Angebot des Philharmonischen Orchesters Essen an Bertha Dehn, 1918

lebte. Durch den Umstand, dass 1915 viele Musiker als Soldaten im Krieg waren, bekam sie die Chance, als einzige Geigerin in das Orchester des Hamburger Stadttheaters (später das Philharmonische Orchester) einzutreten. Sie spielte bis zum Jahre 1932 in der Gruppe der ersten Geigen. So konnte sie guten Gewissens ein Angebot des Städtischen Orchesters in Essen vom Juni 1918 ablehnen (siehe Abb. 49).

Ihre berufliche Tätigkeit im Orchester in den 20er Jahren war sicher geprägt von hohem Verantwortungsbewusstsein. Sie mag es sehr schwer gehabt haben als einzige Frau in der Männerdomäne eines Orchesters. Sie galt auch im Umfeld der Musiker als äußerst eigenständige Persönlichkeit, die ihre sehr individuellen Vorstellungen von Musik ausdrückte. Das machte es ihr nicht immer einfach unter den Kollegen.

Es ist schwer, sich vorzustellen, wie diese zerbrechliche, alleinstehende Person ihr Schicksal meisterte. Sie wurde innerhalb der Familie häufig als „schwierig" beurteilt. Man mag nach heutigen Definitionen vielleicht annehmen, dass sie zu Depressionen neigte. Sie hatte Idole, dazu gehörte an erster Stelle Ludwig van Beethoven, dann Romain Rolland und schließlich Albert Schweitzer. Mit den beiden Letztgenannten stand sie in brieflichem Kontakt, wie die Autografen belegen (siehe die Abbildungen weiter unten). Sie blieb offensichtlich Außenseiterin unter ihren Kollegen im Orchester. Diese Einschätzung wird aus späteren Aussagen von Zeitgenossen vermutet, wobei die äußeren Bedingungen für sie sicher nicht einfach waren. 1932 wurde sie auf Beschluss des Orchestervorstands, mit offensichtlichem Einverständnis des Generalmusikdirektors Karl Böhm, von ihrem seit 17 Jahren angestammten Platz in der ersten Geige an das letzte Pult der zweiten Geige versetzt. Diese Demütigung hat sie schwer getroffen, und sie wurde zusätzlich isoliert. Obwohl es erst das Jahr 1932 war, kann diese Entscheidung sozusagen im Vorgriff auf die radikalen Ereignisse von 1933 verstanden werden, wenn auch kein Beweis einer antisemitischen Entscheidung vorliegt.

So wird sie im Sommer 1933 entsprechend der neuen Gesetzeslage („Gesetz zur Wiedereinführung des Berufsbeamtentums") als Jüdin aus dem Staatsdienst entlassen. Es ist nun beachtenswert, wie sie versucht, ihr Schicksal dennoch selbst in der Hand zu behalten. Sie stellt von sich aus unter Vorlage eines Gesundheitszeugnisses den Antrag auf Pensionierung aus gesundheitlichen Gründen. Dies hatte offensichtlich den großen Vorteil, dass sie über mehrere Jahre immerhin eine kleine Pension erhält, die als Grundlage für ihr Auskommen zwar nicht ausreichte, aber wenigstens etwas war. Sie lebte fortan vom Geigenunterricht, wobei mehr und mehr „arische" Schüler wegblieben. Sie engagierte

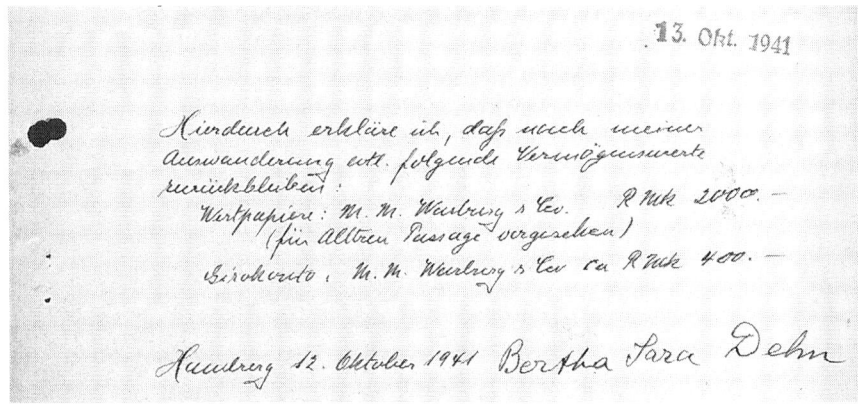

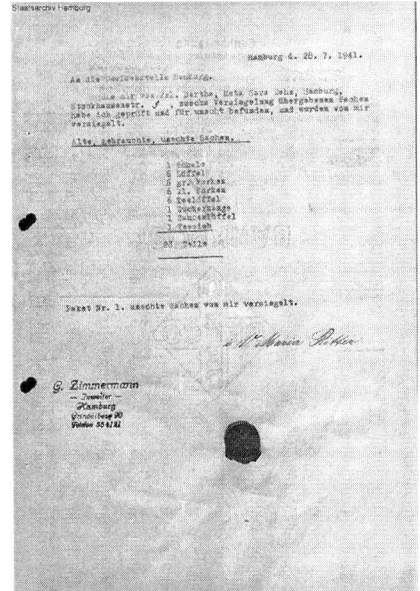
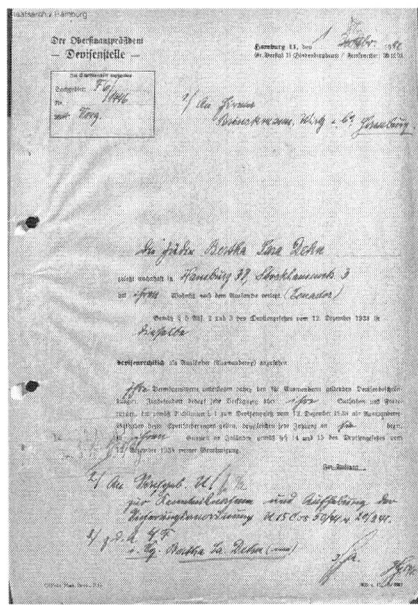

Abb. 50: Schätzung von Bertha Dehns Vermögenswerten

sich im jüdischen Kulturbund-Orchester in Hamburg und von 1936 bis 1938 auch im Kulturbund Rhein/Main. Kleinere Konzerte konnte sie nur öffentlich im Rahmen des „Erlaubten" geben, so im Kulturbund. In Hamburg trat sie in der „Oase" auf, eine Einrichtung, über die an anderer Stelle berichtet wurde (siehe Seite 122ff.). Die Konzertbesucher waren ausschließlich jüdische Bürger, die mit den Jahren immer weniger wurden. Nach den Pogromen im November 1938 wurde ihr bewusst, dass sie eigene Anstrengungen unternehmen musste, um das Land zu verlassen. Dieses Verlassen war keine bewusste und positiv geprägte Emigration, sondern nichts anderes als eine Flucht. Sie wurde wie Zigtausende aus Hamburg verjagt und musste zusehen, wie sie irgendwo in der Welt überleben könnte. Sie versuchte auf verschiedenen Wegen ein Einreisevisum (Affidavit) zu erhalten.

Die Absicht, das Land zu verlassen, war mit erheblichen Auflagen verbunden. Ihre „Vermögenswerte" wurden auf das Peinlichste genau aufgelistet, auch ihre Instrumente mussten taxiert werden, bevor sie die Genehmigung erhielt, diese mit auszuführen. Für den gesamten Wert wurde dann eine „Reichsfluchtsteuer" erhoben.

Eindrucksvoll ist ihr Briefwechsel mit Romain Rolland (Abb. 51 und 52), zu dem sie ein besonderes Zutrauen hatte, schon wegen seiner Verehrung für Beethoven, und mit Albert Schweitzer, dessen Antwortbriefe sich auch erhalten haben (Abb. 53, 54 und 55):

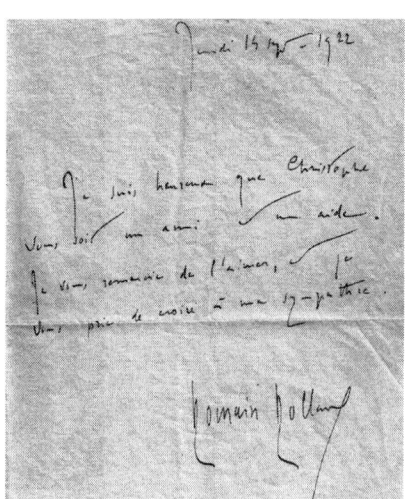

Abb. 51: Antwortbrief von Romain Rolland an Bertha Dehn, 1922

Sehr geehrtes, liebes Fräulein Dehn
im Auftrag von Herrn Professor Schweitzer, der infolge vollständiger Überlastung kaum noch zum Lesen und noch weniger zur raschen Beantwortung aller Post kommt, danke ich Ihnen für Ihr freundliches Schreiben. Ihre Fotos sowie ihr Brief sollen gehen weiter nach Afrika, aber Herr Schweitzer bittet, dass ich die Zeugnisse zurück sende, da sie sonst in der ungeheuren Korrespondenz untergehen könnten. Auch sind dieselben für Schweitzer nie ausschlaggebend zum Helfen. Wenn er Ihnen behilflich sein kann, tut er es herzlich gerne. Aber ich fürchte, dass es sehr sehr schwer sein wird. Antworten werden Sie auf jeden Fall erhalten, aber es können Wochen dar-

ASSOCIATION DES AMIS DE ROMAIN ROLLAND
89, Boulevard Montparnasse
PARIS (VIe)
Téléph.: BABYLONE 13.70

28 Juin 1950

Madame Bertha Dehn
Hamburg 13 Sedanstr. 23

Chère Madame,

Votre lettre du 16 Juin me touche infiniment et je vous en remercie. Ce sont des lettres pareilles qui faisaient le plus de plaisir à mon mari.

Sous pli séparé je vous envoie un Colas Breugnon en allemand pour votre jeune ami chômeur. Je vous enverrais aussi volontiers un livre, mais j'aimerais savoir lequel vous ferait plaisir.

Je vous envoie d'autre part les Bulletins de l'Association des Amis de Romain Rolland, que j'ai fondée quelques mois après la mort de mon mari. J'espère que vous voudrez en faire partie, ainsi que votre jeune ami. - Pour le moment nous n'avons que des Bulletins en langue française, mais j'espère que la maison Rütten et Loening qui entreprend l'édition des oeuvres complètes de R.R., pourra prendre sur elle la publication d'un Bulletin en langue allemande et la distribution de ce Bulletin à nos membres allemands.

D'autre part je viens de signer avec le Recteur de l'Université de Paris le document officiel relatif à l'établissement d'une Fondation R.R. à la Bibliothèque Ste Geneviève. Dans un an nous y aurons une salle qui portera le nom de Romain Rolland et où seront déposées et conservées nos Archives.

Je vous serais reconnaissante de m'envoyer copie de la lettre de mon mari que vous avez reçue en 1922, afin que ce texte soit joint à tous les autres que nous avons pu réunir jusqu'à aujourd'hui. - Si d'autre part vous connaissez d'autres correspondants de R.R., j'espère que vous voudrez bien me communiquer leurs noms et si possible leur adresse.

Ci-joint la liste des Allemands habitant Hamburg et faisant partie de notre Association, afin que vous puissiez, si vous le désirez, vous mettre en rapport avec ceux qui vous intéresseraient particulièrement.

Croyez, je vous prie, chère Madame, à mes sentiments les meilleurs
Marie Romain Rolland

Voudriez-vous me donner le nom et l'adresse de votre jeune ami

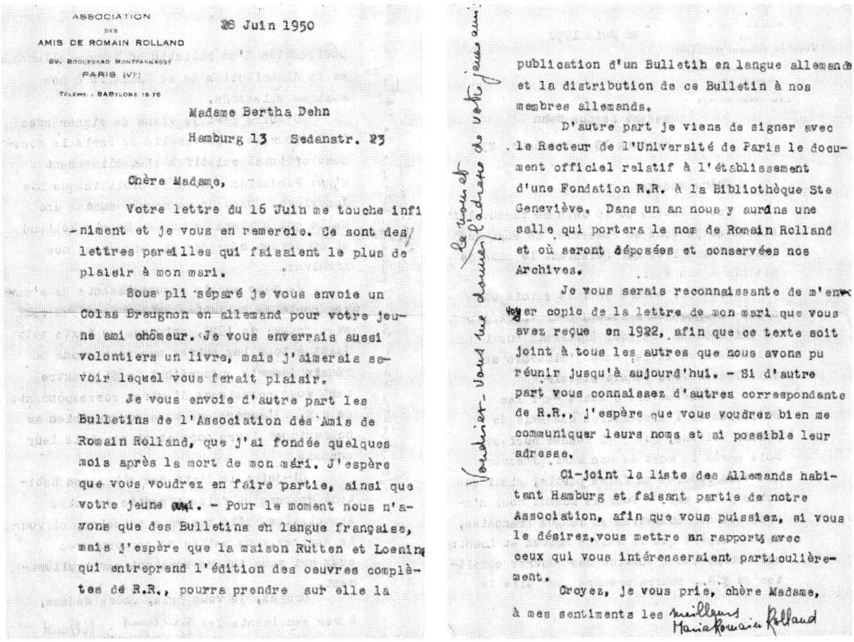

Abb. 52: Antwortschreiben des Sekretariats der Romain-Rolland-Stiftung an Bertha Dehn

Günsbach b. Münster
Elsass.

Sehr verehrtes, liebes Fräulein Dehn, 10. November 1938

Im Auftrag von Herrn Professor Schweitzer, der infolge von ständiger Überlastung kaum noch zum Lesen und noch weniger zur raschen Beantwortung aller Post kommt, danke ich Ihnen für Ihr freundliches Schreiben. Ihre Photo sowie Ihr Brief selbst gehen mit nach Afrika, aber Herr Schweitzer bittet, dass ich die Zeugnisse zurücksende, da sie sonst in der ungeheuren Korrespondenz untergehen könnten. Auch sind dieselben für Herrn Schweitzer nie ausschlaggebend zum Helfen. Wenn er Ihnen behilflich sein kann, tut er es herzlich gerne, aber ich fürchte, dass es sehr sehr schwer sein wird. Antwort werden Sie auf jeden Fall erhalten, aber es können Monate darüber vergehen.

Mit herzlichem Bedauern Ihnen nicht umgehend eine Antwort senden zu können, grüsse ich Sie freundlich

Ihre ergebene
Emma Hausknecht.

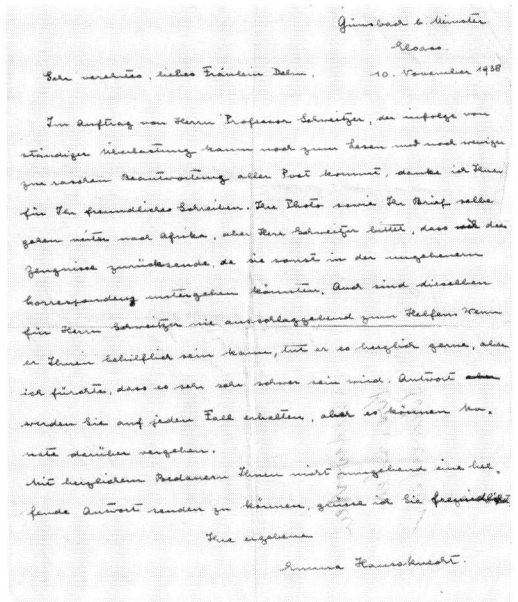

Abb. 53: Antwortbrief von Emma Hausknecht, der Sekretärin von Albert Schweitzer, vom 10. November 1938

über vergehen. Mit herzlichem Bedauern Ihnen nicht umgehend eine Antwort senden zu können, grüße ich Sie freundlich

Ihre ergebene Hanna Hausknecht

Liebes Fräulein Berta Dehn,
Ach, wüsste ich Ihnen eine Tür zu öffnen! Wie gern täte ich es, aber hier fern von der Welt habe ich die Verbindungen verloren und höre nun nur, wenn ich den Versuch mache, für jemand einzutreten, dass die Verordnungen für Ausländer noch strenger geworden sind. Das Land der größten Möglichkeiten bleibt Amerika, USA.

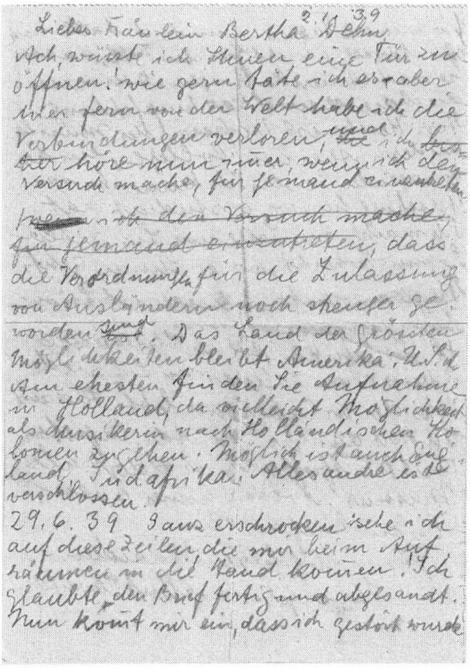

Am ehesten finden Sie Aufnahme in Holland, da vielleicht Möglichkeit als Musikerin nach holländischen Kolonien zu gehen. Möglich ist auch England, Südafrika. Alles andere ist verschlossen.

29.6.39. Ganz erschrocken sehe ich auf diese Zeilen, die mir beim aufräumen in die Hand kommen. Ich glaubte, den Brief fertig und abgesandt. Nun kommt mir ein, dass ich gestört wurde für mehrere Tage und ich hatte noch eine Adresse gesucht für den Fall, dass Sie nach Amerika gingen. Hier nun die Adresse und die Empfehlung.

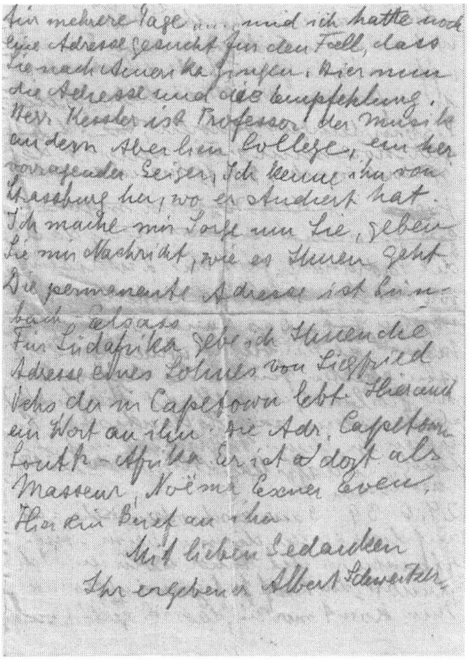

Herr Kessler ist Professor der Musik an dem Oberlin College, ein hervorragender Geiger, ich kenne ihn von Straßburg her, wo er studiert hat. Ich mache mir Sorge um Sie, geben sie mir Nachricht, wie es Ihnen geht. Die permanente Adresse ist Windsbach Elsass. Für Südafrika gebe ich Ihnen die Adresse eines Sohnes von Siegfried Ochs, der in Cape Town lebt. Hier auch ein Wort an ihn. Die Adresse Cape Town, South Afrika. Er ist dort als Masseur tätig.

Mit lieben Gedanken
Ihr ergebener
Albert Schweitzer

Lieber Ernst,
wenn je Fräulein Dehn aus Hamburg, Bratschistin, in USA ist und Sie um einen Dienst bittet, so seien Sie so lieb, ihr ihn zu leisten, als Familie herzlichst empfohlen.

Abb. 54: Antwortbrief von Albert Schweitzer an Bertha Dehn, 1939

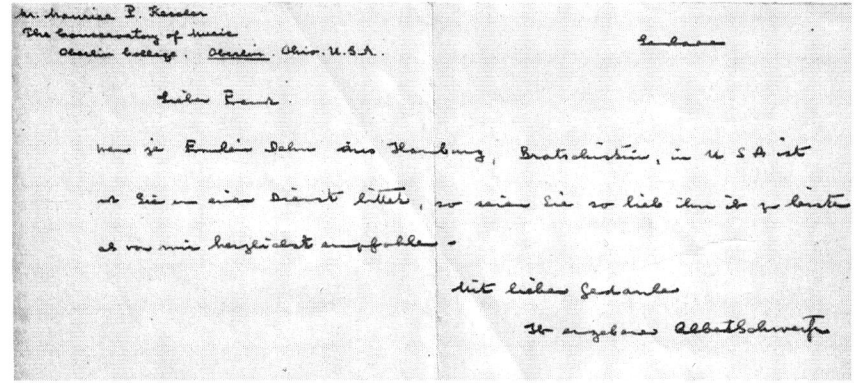

Abb. 55: Empfehlungsschreiben von Albert Schweitzer für Bertha Dehn, vermutlich geschrieben von Emma Hausknecht

Mit liebenden Gedanken
ihr ergebener
Albert Schweitzer.

Innerhalb der Familie gibt es Brief-Dokumente, die belegen, wie besorgt man ihr Schicksal begleitete. Robert Solmitz hat noch von New York aus versucht, ihr eine Einreisegenehmigung zu verschaffen.

Heinrich Wohlwill, ihr Schwager, äußerte sich voller Sorge, ob es Bertha Dehn noch gelingen könnte, die Schiffspassage über Kuba zu realisieren, wobei er auch zunehmend besorgt war, was aus ihm selbst und seiner Frau Hedwig, geb. Dehn, der Schwester von Bertha Dehn, werden sollte.

Heinrich Wohlwill beschreibt Robert Solmitz in einer chronologischen Aufstellung den quälend mühsamen Weg, den Bertha Dehn gehen musste, um aus Deutschland herauszukommen:

1941:

1.7. Bestätigung über beim Joint [Joint Distribution Committee, JDC, offizielle Bezeichnung: American Jewish Joint Distribution Committee] eingezahlte 335 Dollar liegen vor.

2.7. Telegramm nach Lissabon, bitte um Passageangebot.

13.7. Antwort Lissabon. Man wartet dort irrtümlich auf Geld vom Joint.

14.7. Telegramm nach Lissabon mit Aufklärung und erneuter Bitte um Angebot.

18.7. Telegrafisches Passageangebot aus Lissabon für den 24.8.

21.7. (Montag) Rücksprache mit Chassel. Chassel telefoniert und schreibt sofort nach Berlin, empfiehlt Berlin, trotz Weigerung der Konsulate, von sich aus ein argentinisches Zwischenvisum zu erteilen, das vorgeschriebene Depot nach Buenos Aires zu legen und für Bertha das Visum zu beantragen.

25.7. Berlin antwortet ablehnend. Ch. telefoniert sofort mit Berlin und erhält Zusage, dass Anweisung zur Überweisung des Geldes nach Buenos Aires am gleichen Tage hinausgehen soll.

Telegramm an Georg mit Bitte um Befürwortung.

Telegramm nach Lissabon mit Bitte, das Angebot festzuhalten.

31.7. Georg antwortet, dass das argentinische Konsulat in Quito von Außenminister Zertifikat erhielt, da wäre die Einreise legal und davon das hamburgische Konsulat per Kabel verständigt.

Herr Chassel ist am gleichen Tage in Berlin und erfährt dort, dass die Anweisung gar nicht hinausgegangen ist. Er setzt es aber durch, dass nunmehr am gleichen Tage die Anweisung zur Überweisung des Depots und zur Einzahlung der Flugpassage nach Ecuador hinausgeht.

1.7. Telegramm nach Lissabon mit Bitte um neues Angebot.

6.8. Passageangebot aus Lissabon für Dampfer Cabo de Hornoa, 9.9. ab Bilbao, später verlegt auf 9.9. ab Cadiz

22.8. Beim Hilfsverein läuft endlich Bestätigung ein, dass Geld in B. A. eingezahlt ist. Amtliche Bestätigung beim Konsulat liegt jedoch nicht vor

23.8. zwei Kabel an Georg und Ladewig mit Bitte um Intervention beim Außenministerium in B. A.

1.9. Antwort von Georg.: W. A. lehnt ab unter Hinweis, dass Dampfer Venezuela anlaufen. Der gleiche Hinweis war uns auch schon vom hiesigen Konsulat gegeben. Chassel nimmt das Kabel von Georg am gleichen Tage mit nach Berlin, kommt am 5. September zurück mit dem Bescheid, dass Venezuela die Erteilung eines Zwischenvisums ebenso grundsätzlich ablehnt, wie Argentinien. Chassel teilt aber mit, dass Joint beabsichtigt, für etwa 200 Auswanderer nach der Westküste Südamerika, die alle in der gleichen Lage wie Bertha sind, eventuell einen Dampfer zu chartern. Habe von der kubanischen Regierung bereits die grundsätzliche Zustimmung zur Erteilung des Transitvisums. Es fehlt nur noch die Festlegung des Transportweges von Kuba nach Ecuador

11.9. Kabel Antwort Ladewig, gleichfalls mit Ablehnung. Schlägt Versuch mit Brasilien vor. (Ganz aussichtslos).

18.9. Mitteilung des Hilfsvereins, dass Bertha eventuell am 8. oder 9. Oktober ausreisen kann, angeblich mit Dampfer „Isle de Teneriffe" ab Barcelona. Über den Weg der Beförderung von Kuba ist hier noch nichts zu erfahren. Ch. versichert aber, dass der Hilfsverein dafür, ebenso wie für das Zwischenvisum für Kuba aufkomme. Scharlach übernimmt es, die nötige Verlängerung des ecuadorianischen Visums in Berlin vorzunehmen.

Bertha Dehn gelangte am 12. Oktober 1941, 11 Tage vor dem endgültigen Ausreiseverbot für Juden, mit Ausreisegenehmigung von Genua über Kuba schließlich nach Ecuador, wo ihr Bruder Georg sie aufnehmen konnte. Dieser letzte Termin der Ausreise war möglich, ab 23. Oktober wurden alle Ausreisen unterbunden. So erschien ihr Name noch auf einer Deportationsliste nach Lodz am 25. Oktober 1941. Diese Tatsache führte zu dem Irrtum, dass in der Ausstellung „400 Jahre Juden in Hamburg" (Museums für Hamburgische Geschichte, 8. November 1991 bis 29. März 1992) Bertha Dehn als „verschleppt nach Lodz" beschrieben wurde, ein Irrtum, den ich den Ausstellungsleitern mitteilen konnte.

Berthas Leben in Ecuador war erbärmlich. Nur mühsam konnte sie sich mit Geigenunterricht über Wasser halten. Sie wohnte zunächst bei ihrem Bruder in Quito und wechselte später nach Cuencha. Dort wurde sie als Professorin für Geige und Bratsche am Musikkonservatorium und der Universität tätig. Einige mir vorliegende Zeugnisse über ihre Tätigkeit dort veranschaulichen, dass sie es mit ihrer eigenen Kraft geschafft hat, sich ein gewisses Maß an Anerkennung zu verschaffen.

1946 erlitt sie einen Schlaganfall und litt danach zusätzlich unter Sehstörungen, die schließlich zur fast völligen Erblindung führten. So musste sie das Geigespielen und das Unterrichten aufgeben, siedelte 1948 nach Porto Allegre zu Verwandten der aus Hamburg befreundeten Familie Wollheim über, bevor sie dann 1949 endgültig in ihre Heimatstadt Hamburg zurückkehrte und ihre Pension als ehemalige Angestellte des Hamburger Philharmonischen Orchesters nutzen durfte. Die letzten Jahre im jüdischen Altersheim in der Sedanstraße waren insbesondere geprägt durch ihre mehrfachen Behinderungen, durch Gangstörungen und die Sehbehinderung. Dennoch fand sie die Energie, noch einmal Geigenunterricht bei ihrem Großneffen, dem Geiger Thomas Brandis (meinem Bruder) zu nehmen. Sie starb 1953 im Alter von 72 Jahren.

Bertha Dehn hat es in ihrem Leben nicht leicht gehabt. Sie galt als schwierig, meist unzufrieden und fühlte sich stets vom Leben benachteiligt. Ich erinnere Episoden bei uns zu Hause in Barmbek, wo sie zu allen Festtagen zu Gast war. Wir erhielten wiederholt Care-Pakete, in denen ab und zu auch eine Dose mit einem ganzen Puter enthalten war. Dieser wurde dann zu

Abb. 56: Bertha Dehn

Weihnachten gegessen. Meine Mutter, sehr bedacht wegen der Sehstörungen von Tante Bertha, gab ihr ein zartes Stück Putenbrust auf den Teller. Als wir alle das Essen genossen, kam eine Bemerkung von Bertha: „Einer muss die Knochen ja kriegen." Dieser Satz blieb sprichwörtlich über viele Jahre in unserer Familie präsent.

Karl Arnold Dehn
Karl Arnold Dehn emigrierte schon Mitte der 20er Jahre nach Japan. Dort war er als Kaufmann insbesondere im Lachshandel tätig, diesen setzte er dann später in den USA fort und wurde sehr erfolgreich. Er heiratete Ruth Omega.

Der Sohn Karl Alan war mit Janice verheiratet, und aus dieser Ehe entstammen vier Kinder. Mehr Informationen über Karl Arnold Dehn ließen sich leider nicht ermitteln.

Georg Dehn
Der Jüngste der acht Geschwister, Georg Dehn, lebte bis 1939 in München. Er war verheiratet, zunächst mit Margarete Schenkel und in zweiter Ehe mit Wiltrud, geb. Weitzel. Georg Dehn hatte anfangs Archäologie und Kunstgeschichte in München studiert, war 1914 freiwillig zum Pflichtdienst in die Armee eingetreten. In dieser Funktion begegnete er auch dem Gefreiten Adolf Hitler, der ihm als Regimentsbote Befehle überbrachte. Nach schwerer Verwundung wurde Georg Dehn in die verbündete Türkei versetzt, wo er im Auftrag des bayerischen Kronprinzen Rupprecht archäologische Ausgrabungen durchführte. Nach dem Krieg wechselte er in das Finanzwesen bei der Privatbank Aufhäuser. Durch seine Arbeit in der Werbezentrale für die Reichswehr festigte er seine Kontakte zu ehemaligen Kriegsteilnehmern und Offizieren. Zeitweilig war er Sekretär der Demokratischen Partei in Bayern. Daher kam auch seine gute Beziehung zu Theodor Heuss, zu dem Vater von Hildegard Hamm-Brücher und zu anderen Politikern in Bayern. Damit war er gut vernetzt und kannte später auch einige lokale Nazigrößen. So glaubte Georg lange Zeit, dass ihm trotz des „rassebedingten" Verlusts seiner Anstellungen aufgrund seiner vielfältigen Verbindungen persönlich nicht viel passieren könnte. Nach der Reichspogromnacht wurde er für eine Nacht verhaftet. Nach Intervention auch durch Gestapobeamte konnte er am nächsten Morgen wieder entlassen werden, damit wurde ihm aber endgültig bewusst, dass ein Bleiben in Deutschland nicht mehr möglich war. Georg Dehn und seine Frau Wiltrud emigrierten schließlich 1939 nach Ecuador, wo sich die Familie durch Herstellung von Süßwa-

ren mühevoll über Wasser hielt. Die Familie kehrte 1956 nach München zurück.

Die acht Geschwister Dehn
Die acht Geschwister Dehn, die Kinder von Maximilian und Bertha Dehn, hatten ein sehr unterschiedliches Schicksal.

Die Lebenswege der Geschwister, die bis 1933 in der Regel ein befriedigendes eigenes Leben führten, waren durch die erzwungene Flucht aus Deutschland sehr unterschiedlich. Der Familienzusammenhalt war ausgesprochen eng (siehe das kurze Gedicht von Martin Goldschmidt von 1935, S. 132f.), nicht zuletzt bedingt durch die Tatsache, dass jüdische Mitglieder der Gesellschaft zunehmend ausgegrenzt wurden.

Mit der Machtübernahme des nationalsozialistischen Regimes änderte sich das Bewusstsein der jüdischen Familien radikal. In ganz kurzer Zeit wurde der Familienzusammenhalt intensiver und enger, andererseits wurden sehr bald die Lebensperspektiven für alle Mitglieder zunehmend ungewiss. Alle jüdischen Menschen, die in irgendeiner Form eine herausgehobene Position hatten, sei es in Vereinen, sei es in beruflichen Organisationen, realisierten sehr bald, dass ihre Funktionen nicht mehr sicher waren. Der Anwalt Rudolf Dehn verlor seine Position als Sprecher der Anwaltskammer. Der Bankier Eduard Goldschmidt musste unter Zwang seine Bank verkaufen. Der Chemiker Heinrich Wohlwill verlor seinen Posten als Direktor der Norddeutschen Affinerie. Max Dehn, als Professor für Mathematik an der Frankfurter Universität, merkte sehr bald, dass ein Verbleiben in seiner Position bei der Universität nicht mehr möglich war. Heinrich Meyer, der Besitzer des Kaffee-Großhandels, musste seinen Betrieb an seinen Prokuristen zu einem niedrigen Preis abgeben. Georg Dehn hatte gute politische Verbindungen und hielt sich so über Wasser, bis er registrierte, dass es in den späten 1930er Jahren auch für ihn eng wurde. Bertha Dehn, die Geigerin, schaffte es kurz vor dem 23. Oktober 1941 noch, das Schiff nach Südamerika von Genua aus zu besteigen.

Während diese Generation der acht Geschwister zum großen Teil registrieren musste, dass in diesem Deutschland eine Existenz nicht mehr möglich sei, war allen Familien sehr bald bewusst, dass alle Anstrengungen unternommen werden mussten, für ihre Kinder vorzeitig ein Leben außerhalb Deutschlands zu ermöglichen. Das gilt insbesondere für die sieben Kinder von Eduard und Elisabeth Goldschmidt, für die drei Kinder der Familie Heinrich und Marie Meyer, für die zwei Kinder der Familie Rudolf Dehn, für die Kinder der Familie Max und Toni Dehn aus Frankfurt. Eine Option war England mit der Schule Bunce Court, über die im Folgenden ausführlicher berichtet wird.

Die Schule Bunce Court

Diese Schule ist die Nachfolgeeinrichtung des von Anna Essinger gegründeten Landschulheims in Herrlingen in Süddeutschland, dessen Unterrichtsprinzipien im Wesentlichen auf der Montessori-Methode basierten. Die Lehrer sollten ein Exempel geben beim Lernen, Lachen und Leben. Die Schule war als koedukatorische für christliche und jüdische Kinder gedacht. Schon bald nach Beginn der Naziherrschaft wurde in der Schule ein Politikkommissar eingesetzt, der die Lehrmethoden genau überwachte. Anna Essinger registrierte sehr schnell, dass diese Schule mit vielen jüdischen Schülern und Lehrern unter den politischen Verhältnissen in Süddeutschland keine Chance mehr hatte. In bewundernswerter Direktheit fuhr sie allein nach London zum Innenministerium und bot an, mit der ganzen Schule nach England umzuziehen, ohne dass irgendwelche Kosten auf den Staat zukämen. Die Reaktion war überraschend positiv.

Man war sehr erstaunt, jemanden zu treffen, der sagte, ich habe einen Job und Geld, ich möchte ihn nur fortsetzen können, im Gegensatz zu vielen, die um einen Job gebettelt haben. Man brachte Anna Essinger in Verbindung zur verheirateten Tochter von Sir Herwick Samuel, ein Mitglied der britischen Regierung. Dessen Tochter sowie dessen Freundin und deren Freunde waren begeistert von der Idee und bereit, Anna Essinger bei der Suche nach einem Platz für diese Schule zu helfen.

Es wurde ein Platz in ländlichen Kent gefunden. Der Besitzer des Hauses war gern bereit, dieses Haus zu vermieten, da er die Kosten gar nicht mehr tragen konnte. So kam es, dass sowohl Anna Essinger und die Lehrer als auch Maria Dehn mit ihrem Haushalt einschließlich Möbeln Ende 1934 nach England in diese Schule auswandern konnten.

Die Schule wurde Ende 1933 als neue Herrlingenschule gegründet, wurde dann aber später unbenannt in Bunce Court School. Das Haus wollte der Besitzer schon längere Zeit abgeben. In einer Nacht- und-Nebel-Aktion wurden 66 Kinder dieser Schule in drei verschiedenen Gruppen mit Einverständnis der Eltern nach England überführt. Die drei Gruppen trafen sich in Ostende und nach Ankunft in Bunce Court wurde schon am nächsten Tag mit dem Unterricht begonnen. Schon in Deutschland wurden bevorzugt Kinder jüdischer Familien unterrichtet. Die erzieherischen Methoden, die Anna Essinger unter dem Begriff der deutschen Reformpädagogik verstand, wurden dort fortgesetzt. Den

Kindern sollten eine größere Perspektive, mehr Wissen und viele andere Möglichkeiten vermittelt werden.

Der Unterricht war damit geprägt durch neue Prinzipien, die den hierhin geflüchteten Kindern für ihr unsicheres Leben in einem fremden Land größere Chancen und Perspektiven ermöglichen sollten, in dem Bewusstsein, dass die Eltern dieser Kinder für diese in Deutschland keine Zukunft mehr sehen konnten. So stimmten sie dieser Verlegung ihrer Kinder in die Schule in England zu. Für die meisten Kinder, die allein reisen mussten, war es ein harter Verlust von Eltern und weiteren Familienangehörigen. In den Jahren bis 1938 erlebten diese Schüler, wie sie später registrierten, die ruhigsten und schönsten Zeiten der Existenz dieser Schule. Sie veranstalten Festivals und Tage der offenen Tür, hießen Besucher willkommen, bauten ein exzellentes Amphitheater, produzierten Theaterstücke und Hausmusik. Dabei waren sie verantwortlich, das Haus in Stand zu halten und beteiligten sich an der Gartenarbeit, um damit auch für die Lebensmittel zu sorgen, wie Eric Bourne, eines der ersten Kinder in der Schule, schreibt. Die Kinder hatten das Glück, von hoch qualifiziertem Lehrpersonal unterrichtet zu werden.

Ein wesentlicher Aspekt für die Kinder in Bunce Court war neben dem Schulunterricht die praktische Tätigkeit, die insbesondere in der handwerklichen Beschäftigung in der Werkstatt wie auch im Garten stattfand. Da ungewiss war, ob für diese Kinder später eine differenzierte Ausbildung oder ein Studium möglich wäre, wurde auf die praktische Ausbildung im Handwerklichen auch ganz bewusst Wert gelegt, um den Kindern im späteren Leben eine Existenz zu ermöglichen. Denn die finanziellen Möglichkeiten für die Schule waren doch erheblich eingeschränkt, da es keine staatliche Förderung gab. So war der Nachweis durch das Board of Education beeindruckend, dass ab 1937 diese Schule in England ausreichend etabliert und als effizient anerkannt war. Nach einer Woche Beobachtung durch Inspektoren erfolgte die Anerkennung der Aufsichtsbehörde über den hohen akademischen Standard, den die Schule mittlerweile erreicht hatte.

Es war nicht zuletzt Anna Essinger Kompetenz, viele Leute für diese Schule zu interessieren und damit auch die finanziellen Bedingungen für die Schule zu erleichtern. So gründete sie ein Komitee mit nationalen und internationalen Persönlichkeiten, die als Unterstützer viele Jahre tätig waren. Nach 1938 änderte sich die Atmosphäre der Schule dramatisch. Durch die Ereignisse des Novemberpogroms wurde die Situation für jüdische Familien und deren Kinder in Deutschland zunehmend unerträglich. Auch die Kindertransporte von 10.000 Kindern nach

England führte dazu, dass Bunce Court von einer größeren Gruppe von neuen Zugängen überlaufen wurde. Diese Kinder waren erheblich verängstigt und traumatisiert. Die Schule wurde erweitert, konnte zeitweilig zusätzliche Einrichtungen in der Nähe von Bunce Court anmieten und im folgenden Jahr neue Schlafräume für diese neu angekommenen Kinder einrichten. Die mit dem Transport angekommenen Kinder haben den schon dort lebenden Kindern über die tatsächlichen Zustände in Deutschland die Augen geöffnet. Dies wurde besonders belastend, nachdem England in den Krieg eingetreten war und Kontakte zu den Verwandten in Deutschland nicht mehr erlaubt waren. 1939/40 wurden Mitglieder des Lehrkörpers und auch Schüler in Internierungslager für „enemy aliens" gebracht, sowohl in England als auch in Übersee, wie z. B. Australien.

Insgesamt sind über 800 Kinder in dieser Schule in den Jahren 1933 bis 1948 unterrichtet worden. Eine besonders deprimierende Phase war die Zeit, als überlebende Kinder und Jugendliche aus Konzentrationslagern nach dem Krieg in diese Schule kamen. Diese Kinder hatten jahrelang keinen Unterricht erhalten und waren besonders motiviert, möglichst schnell viel zu lernen, um eine Lebensperspektive zu erreichen, teilweise auch unter der Gewissheit, ihre gesamte Familie verloren zu haben.

Die Schule Bunce Court war exzeptionell. Einige Schüler wie Eric Bourne oder Leslie Brent führten in ihren persönlichen Erinnerungen ihre späteren beruflichen Erfolge auf die exzellente Qualität des Unterrichts und vor allem die Motivation des Lehrerkollegiums für die so allein gelassenen Kinder zurück (Brent, 2010).

So war es möglich, dass gerade ein Teil der Nachkommen der Familie Dehn in jungem Alter als Internatskinder untergebracht werden konnten. Die äußeren Bedingungen waren äußerst einfach und mühsam. Es waren dies von der Dehn-Familie u. a. die drei Kinder von Robert und Hertha Solmitz, geb. Goldschmidt: Ruth, Ursula und Martin. Der junge Martin starb dort 1943 im Alter von 14 Jahren durch Suizid. Die Eltern Max und Antonie Dehn schickten ihre Kinder Eva und Maria ebenfalls nach Bunce Court, wo Maria später als Lehrerin arbeitete.

Die Tochter von Eduard und Elisabeth Goldschmidt, Hanna Mayer, war bis 1946 als Lehrerin in Bunce Court tätig (Brent, 2010). Diese Informationen wurden auch an die in Deutschland zurückgebliebenen Familienmitglieder detailliert weitergeleitet und finden sich in den Briefen von Heinrich Wohlwill nach Australien in allen Details wieder.

Das Schicksal der Verfolgten

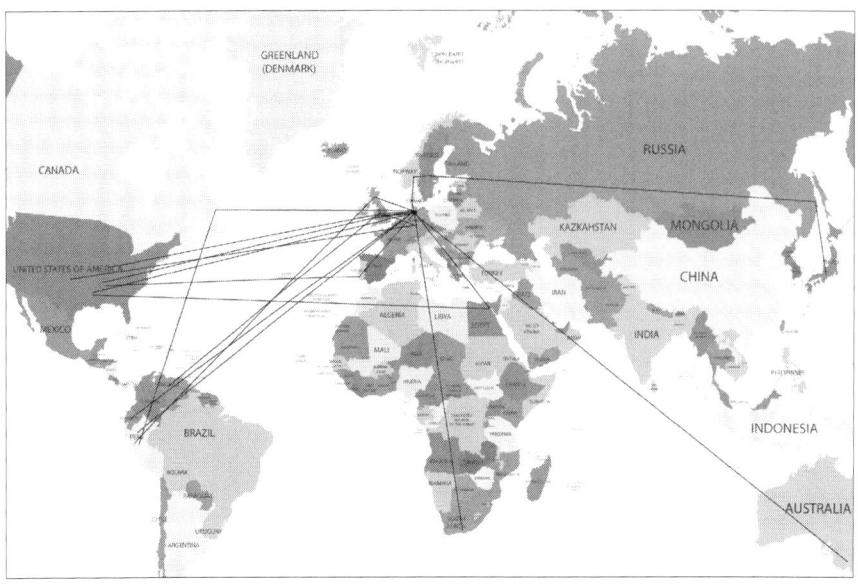

Abb. 57: Fluchtwege der Familienmitglieder (siehe auch hintere Innenklappe)

Die Abbildung 57 illustriert die „Wanderung" vieler Mitglieder der Familien Wohlwill und Dehn. Die Kinder und Jugendlichen sowie die jungen Erwachsenen, die ohne oder auch mit Eltern in die verschiedensten Gegenden der Welt fliehen mussten und von da an weitgehend auf sich selbst gestellt waren, haben in sehr unterschiedlicher Weise ihr Leben gestalten können. Nicht von allen sind genaue Beschreibungen ihrer Lebensumstände ab 1941 in dem fremden Land, in das sie gezwungen worden, bekannt. Es bleibt unsere Aufgabe, diesen Schicksalen nachzuspüren, um nachzuempfinden, was der Verlust nicht nur der Heimat, sondern insbesondere der engen Bindung an die eigene Familie bedeutet hat. Dieses Problem ist millionenfach durch das verbrecherische Regime der Nationalsozialisten an der jüdischen Bevölkerung und anderen Bevölkerungsgruppen ausgelöst worden. Einzelne Zeugnisse von Überlebenden, die entweder ihre Eltern oder auch ihre Geschwister und weiteren Verwandten in diesem System verloren haben, sind in den letzten Jahrzehnten zahlreich publiziert worden. Es geht darum, Erinnerungen an die weitverzweigte eigene Familie so aufzuarbeiten, dass sie für die nächste und übernächste Generation präsent bleiben. Das hilft, den familiären Hintergrund darzustellen. Es geht auch nicht darum, zu verstehen, was geschehen ist. Die Gründe für die ethnische Säuberung des deutschen Volkes von Juden, Sinti und Roma werden nie wirklich verstanden werden.

Die Dokumentation über die engere Verwandtschaft der Familien Wohlwill und Dehn zeigt die Entwicklung beider Familien im 19. und 20. Jahrhundert und erläutert den eindrucksvollen Aufstieg verschiedener Familienmitglieder in die Gesellschaft des deutschen Bürgertums. Die Ereignisse nach 1933 sollen bespielhaft aufzeigen, unter welchen Bedingungen jüdische Familien unter den menschenverachtenden Maßnahmen des nationalsozialistischen Regimes leiden mussten.

Der größte Teil der Familie ist in den Jahren von 1934 bis 1940 ausgewandert. Dieser Ausdruck „auswandern" ist allgemein gebräuchlich, aber trifft die Realität in keiner Weise: Vertreibung ist hier der richtigere Begriff und Flucht vor Demütigung und Lebensbedrohung der Grund des Handelns.

Terezín (Theresienstadt)

Insgesamt fünf direkte Verwandte unserer Familie sind nach Theresienstadt deportiert worden: das Ehepaar Heinrich und Hedwig Wohlwill, geb. Dehn, Sophie Wohlwill, Heinrich und Marie Mayer, geb. Dehn. Die Lagerhaft dort haben Heinrich Wohlwill, Heinrich Meyer und Sophie Wohlwill nicht überlebt. Marie Meyer wurde nach Auschwitz weiter transportiert und ist dort vergast worden. Einzige Überlebende war Hedwig Wohlwill, die nach ihrer Befreiung schwer erkrankt nach Hamburg zurückkehrte, wo sie noch drei Jahre gelebt hat.

Was wissen wir von Theresienstadt?

Es handelt sich um eine Garnisonsstadt, deren Bau unter Kaiser Joseph II. 1780 begonnen wurde. Sie erhielt zu Ehren seiner in diesem Jahr gestorbenen Mutter Maria Theresia den Namen Theresienstadt (Benz, 2013, S. 15–18). Angegliedert an die Stadt war eine Festung, die schon bald nach der Besetzung der Tschechoslowakei durch die deutsche Armee als Zwangseinrichtung verwendet wurde. Zunächst wurden Gegner der deutschen Besatzung, wie insbesondere Kommunisten und andere Widerstandskämpfer, in dem dortigen Gefängnis inhaftiert. Die weitere Verwendung dieser Stadt wurde nach der Wannseekonferenz 1941 konsequent von Reinhard Heydrich, dem amtierenden Reichsprotektor von Böhmen und Mähren und Chef des Reichssicherheitshauptamtes, umgesetzt. Die „Endlösung der Judenfrage" war für den Nationalsozialismus die planmäßige Ausrottung des jüdischen Volkes.

H. G. Adler hat das wesentliche Werk zur Geschichte von Theresienstadt von 1941 bis 1945 schon 1955 geschrieben, eine zweite Auflage ist 1960 erschienen. Zur Umwidmung der Stadt als Konzentrationslager wurde sie von der normalen Bevölkerung evakuiert und dann planmäßig zur „Endlösung der Judenfrage" zunächst mit Juden aus der Tschechoslowakei (ca. 85.000), nach 1942 mit Juden aus der deutschen und europäischen Bevölkerung besetzt. Das Lager wurde teilweise als Aushängeschild für ausländische Beobachter verwendet. Vor einem Besuch des Internationalen Roten Kreuzes 1944 wurden die Einrichtungen gesäubert, verschönert und die Insassen wurden aufgefordert, einen zufriedenen Eindruck zu machen. Es gab sportliche Veranstaltungen und auch Theater- und Konzertvorführungen. Auch gab es für diese Tage der Anwesenheit des Internationalen Komitees besondere Essensrationen.

H. G. Adler schreibt in seiner Abhandlung, dass die Wahl des Ortes aufgrund der einfachen Bewachungsmöglichkeiten durch die Befestigungsanlagen, die geographisch zentrale und verkehrstechnisch günstige Lage und schließlich die geringe Rücksicht, die man auf die tschechischen Einwohner bei der Räumung der Stadt nehmen musste, als besonders geeignet empfunden wurde. In dem Protokoll der Wannseekonferenz erklärte Heydrich unter anderem: „Im Zuge der praktischen Durchführung der Endlösung wird Europa von Westen nach Osten durchgekämmt. Das Reichsgebiet einschließlich Protektorat wird, allein schon aus Gründen der Wohnungsfrage und sonstiger sozialpolitischer Notwendigkeit, mit einbezogen werden müssen. Die evakuierten Juden werden zunächst auch in sogenannten Durchgangsghettos verbracht, um von dort aus weiter nach dem Osten deportiert zu werden. [...] Es ist beabsichtigt, Juden im Alter von über 65 Jahren nicht zu evakuieren, sondern sie in einem Altersghetto unterzubringen. Vorgesehen ist Theresienstadt. Neben diesen Altersklassen – von den am 31. Oktober 1941 sich im ‚Altreich' und der Ostmark befindlichen Juden sind etwa 30 % über 65 Jahre alt – sollen dort auch weiter schwer kriegsbeschädigte Juden und Juden mit Kriegsauszeichnungen untergebracht werden. Mit dieser zweckmäßigen Lösung werden mit einem Schlag die vielen Interventionen ausgeschaltet" (aus dem Protokoll der Wannseekonferenz 1941, zitiert nach Benz, 2013, 35f.). Dieses Protokoll ist das Kernstück zum Verständnis der offiziellen Judenpolitik vom Herbst 1941 bis tief in das Jahr 1944 hinein und in manchen Maßnahmen sogar bis in die letzten Kriegsmonate. Die SS hatte die Organisation des Lagers in perfider Weise den Juden „selbst" überlassen. Unter Leitung eines „Judenältesten" und zwei stellvertretenden Judenältesten wurde die innere Struktur des Gemeinwesens kontrolliert. Es wurde subtil Buch geführt über die angekommenen und abgegangen Transporte. Die Personen wurden in einer Zentralkartei erfasst. Das Zentralsekretariat war das Exekutivorgan des Judenältesten. Alle anderen Abteilungen, auch die übrigen Unterabteilungen, waren ihm zwar gleichfalls untergeordnet, aber nach innen selbstständig mit eigenen Leitern. In der Kanzlei des Zentralsekretariats liefen alle Fäden des Lagers zusammen. Wolfgang Benz zufolge betrachteten die Insassen von Theresienstadt den Judenältesten als unumschränkten Herrscher des Ghettos. Der Judenälteste stand in regelmäßigen Kontakt mit der SS-Kommandantur, der er Bericht erstattete und von der er Befehle erhielt. Alle drei Judenältesten, die nacheinander amtierten, genossen mit Abstufungen, je nach ihrer Herkunft, ihres bürgerlichen Status und ihrer charakterlichen Eigenarten einen schlechten Ruf unter den Juden in Theresienstadt, obwohl sie sich selbst keineswegs so sahen, da sie nur durch äußeren Zwang zu den Verantwortlichen der Selbstverwaltung geworden waren. Der in Galizien geborene und in Mähren aufgewachsene Jakob Edelstein, der perfekt Deutsch, aber kaum Tschechisch sprach, und als Handlungsreisender sein Brot erworben hatte, erfreute sich als frommer Jude und Sozialist nur geringer Beliebtheit. Ebenso sein Nachfolger Paul Eppstein, der durch und durch deutscher Akademiker war, und seine Sache so gut machen wollte, wie er nur konnte. Schließlich Benjamin Murmelstein, der Rabbiner aus Wien, dem bis zu seinem Lebensende das Odium des Verräters anhängen sollte.

Bis September 1944 bekleidete Dr. Paul Eppstein, den die Nationalsozialisten zu diesem Zweck aus Berlin geholt hatten, das Amt. Er war Anfang 40. Im Januar 1943 hatte der Kommandant, SS-Hauptsturmführer Dr. Seidel, den bis dato amtierenden Judenältesten Jakob Edelstein zu sich bestellt und ihm im Auftrag aller mitteilen lassen, am nächsten Tag erwartet man wichtige Funktionäre aus Berlin und Wien, und die Verantwortlichkeit in Theresienstadt werde deshalb neu geregelt. Die Hauptverantwortung für die Selbstverwaltung des Ghettos trage künftig Dr. Eppstein aus Berlin, an der Spitze eines Triumvirats, dem Edelstein aber noch angehören werde.

Edelstein zeigte sich jedoch, nachdem er sich 14 Monate abgerackert hatte, um die Organisation einigermaßen in den Griff zu bekommen, über die Zurücksetzung verletzt und enttäuscht (Benz, 2013, S. 50). Edelstein wurde schließlich zusammen mit seiner Familie nach Auschwitz deportiert und ermordet. Sein Nachfolger in der Position des Judenältesten Eppstein hat versucht, sich ein Jahr lang einerseits der SS gegenüber verantwortlich zu zeigen und andererseits für die jüdischen Insassen das Beste herauszuholen. Auch er war bei den Juden im Lager extrem unbeliebt und wurde eines Tages von der SS abgesetzt und noch am selben Tag erschossen. Sein Nachfolger war Murmelstein, der das Lager überlebt hat und schon deswegen von vielen auch nach dem Krieg sehr angefeindet wurde.

Die Selbstorganisation der jüdischen Insassen war unter ständiger Kontrolle der SS durch den Lagerleiter Seidel, der ebenso wie sein Nachfolger Karl Rahm nach dem Krieg hingerichtet wurde.

Aus den vielen Zeugnissen der Lagerhaft von Angele Mumssen, Alice Kruse und Elsa Bernstein, die zum Teil in ihren Erinnerungen auch Begegnungen mit unseren Familienmitgliedern schilderten, und vielen anderen ist das Leben oder befristete Überleben in seinem Grauen nur zu erahnen. Unsere Großmutter hat nach ihrer Rückkehr nach Hamburg einen erstaunlich wenig inhaltlichen Bericht über ihre Zeit in Theresienstadt geschrieben, in dem ihr Leiden und die erlebten Grausamkeiten nicht mit einem Wort erwähnt wurden. Wie die vorwiegend älteren Menschen aus ihrem angestammten Leben heraus in Güterwaggons gepfercht über mehrere Tage dorthin transportiert wurden, übersteigt jede Vorstellungskraft. Viele autobiographische Dokumente zeugen von den unvorstellbaren Lebensverhältnissen. Das einzige Ziel war es, irgendwie zu überleben.

Fast erblindet und schwer krank kam Hedwig zurück, selbst der Rücktransport in „Freiheit" wurde noch mit schweren Belastungen über drei Tage abgewickelt. (Siehe den Brief von Hedwig Wohlwill nach der Befreiung Ende Juli 1945, Seite 180)

Sophie, die Schwester unseres Großvaters, hat es auch in Theresienstadt wieder vermocht, durch Klavierspielen Freude und Entspannung zu verbreiten. Sie ist sich und ihrer Einstellung unter diesen extremen Bedingungen treu geblieben, auch wenn sie zunehmend unter der Mangelernährung und den Infektionen litt, an denen Tausende um sie herum starben, bis es auch sie ereilte. Die nicht gehaltene Grabrede von ihrer Schwester Gretchen (siehe das Kapitel „Sophie Wohlwill") gibt ein Charakterbild von Sophie wieder, das sie in ihren dienenden Eigenschaften besonders eindrucksvoll schildert.

Über Heinrich Meyer, den geliebten Onkel, und seine Frau Marie, die immer so fröhlich und humorvoll war, gibt es kaum Zeugnisse, nur einige Hinweise auf das langsame Versiegen ihres Lebenswillens. Nach dem Tod ihres Ehemanns Heinrich Mayer wurde Marie mit einem der nächsten Transporte 1944 nach Auschwitz zur Vernichtung verfrachtet. Die Juden waren für die SS und die Gestapo keine Menschen und mussten aus der arischen Bevölkerung ausgemerzt werden, wie Ungeziefer. Mit dieser Ideologie ging das Wachpersonal vor, wobei es dem einen oder anderen glückte, vom Vernichtungstransport ausgenommen zu werden. So normal und nüchtern klingen die kurzen Postkarten von Hedwig Wohlwill, meist in Druckschrift geschrieben an ihre Tochter Margarete (siehe das Kapitel „Überleben unter Bedrohung – Postkarten aus und nach Theresienstadt"). „Mir geht es gut", steht häufig in diesen Karten, die Antwort-Karten von Hamburg waren ähnlich nüchtern. Die Karten aus Theresienstadt wurden einer strengen Zensur unterzogen, sodass die Wirklichkeit des Lebens nicht geschildert werden konnte. Nur alle zwei Monate durfte man ein Paket schicken, immerhin sind einige angekommen, wobei unklar ist, was aus den Paketen vorher entwendet wurde. Selbst eine Überweisung von 20 Mark

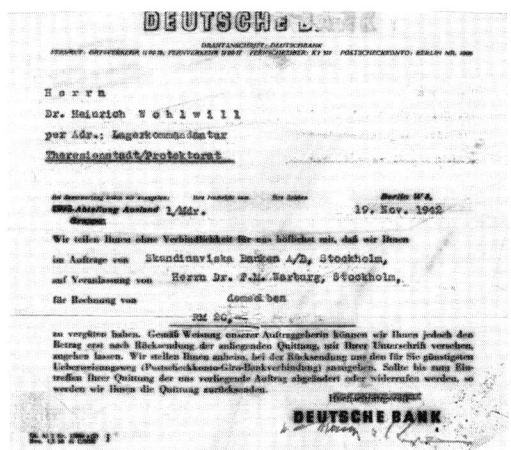

Abb. 58: Überweisungscheck von Fritz Warburg aus Stockholm an Heinrich Wohlwill über 20 Mark, 1942

an Dr. Heinrich Wohlwill über die Deutsche Bank muss man heute als Aberwitz ansehen (Abb. 58). Konnten die Insassen ein Bankkonto halten, von dem sie Geld abheben konnten? War das die Voraussetzung für die Geldübertragung?

Es gab sogar eine Bank der jüdischen Selbstverwaltung. Sie diente der SS als Glanzstück ihrer Propaganda. Die Hauptaufgabe bestand in der Verarbeitung der von den Abteilungen bzw. von den Hausältesten abzuliefernden Lohn- und Auszahlungslisten und Auszahlung der fälligen Beträge.

Wir wissen alle nicht und es übersteigt die Vorstellung, welche Realität diese Menschen erleben mussten. Die eindrucksvolle Schilderung von Käthe Starke in dem Buch „Der Führer schenkt den Juden eine Stadt" stellt in erschütternder Weise ihre Erlebnisse während der Jahre in diesem KZ dar. Hier wird auch die große Täuschung erkennbar, mit der die SS dieses Lager als Musterlager deklarierte und letztlich die extremen Grausamkeiten an den dort lebenden älteren Menschen praktizierte. Die mangelhaften Essensrationen, die völlig unzureichende gesundheitliche Vorsorge, die unmenschlichen Beschränkungen in

Bezug auf den Kontakt zur Familie – all dies waren subtile Methoden, um den Insassen die Macht über deren Schicksal zu demonstrieren.

In nüchternen Zahlen schreibt Wolfgang Benz in seinem Buch über Theresienstadt: Es wurden 141.000 Juden nach Theresienstadt deportiert (gegen Kriegsende kam noch 15.000 KZ-Häftlinge aus den Evakuierungstransporten dazu). Über 75.000 stammten aus der Tschechoslowakei, 42.345 aus Deutschland, 15.324 aus Österreich, 4.008 aus Holland, 1.270 aus Polen, 1.074 aus Ungarn, 466 aus Dänemark. In Theresienstadt starben etwa 35.500 Menschen, in Vernichtungslager deportiert wurden in mehr als 60 Transporten 88.000 (von ihnen überlebten 3.500). Insgesamt kamen 118.000 Menschen ums Leben, 23.000 wurden gerettet (Benz, 2013, S. 205).

Elsa Bernstein, deren Tochter mit einem Sohn von Gerhart Hauptmann verheiratet war, schildert in ihren Aufzeichnungen nach drei Jahren Theresienstadt die dortigen Verhältnisse, das ständige Sterben von Insassen, den Hunger und die Infektionen. Diese Aufzeichnungen sind kurz nach ihrer Befreiung entstanden, das Manuskript war lange verschollen und wurde erst 1999 unter dem Titel „Das Leben als Drama" publiziert.

In den Erinnerungen von Angele Mumssen, die sie im Sommer 1958 niederschrieb, wird der Alltag der Insassen mit all seinen Grausamkeiten, den Hygieneverhältnissen und der Mangelernährung tief beeindruckend beschrieben. „Wir waren", so schreibt sie, „zwar auf harte Lebensbedingungen gefasst, aber wir hatten noch gewisse Illusionen. Wie schnell verging uns diese Illusion, als nur spärliche Karten von den nächsten Angehörigen ergingen, denen man die strengste Zensur anmerkte, und in den Todesnachrichten in sichtbarer Verschleierung nur angedeutet waren." So schreibt sie für ihren Enkel Matthias Mumssen, ein Jugendfreund von mir, der mir diese Erinnerungen überlassen hat. Zunächst beschreibt sie den Transport von Hamburg nach Theresienstadt:

„Am 19. Januar 1944 versammelten wir uns innerhalb der Talmud Thora Schule. Dein Papa, Tante Irene und meine Mellingstedter Freunde [Tommy und Paul Wohlwill] begleiteten mich, diesmal war das Verbleiben der Begleitung erlaubt, bei einem Transport von arisch versippten Menschen übten die Nazis etwas Rücksicht auf die Art der Verwandtschaft. Eine endlose Zeit stand man wartend herum: Es gab kaum eine Sitzgelegenheit. Ich war noch so schwach von der Grippe. Dein Papa erkämpfte schließlich einen Stuhl für mich. Ich saß aber dann allein zwischen Fremden. Ein Naziweib ging herum, und zu unserem Erstaunen nähte sie Judensterne auf unsere Mäntel. Was hatte dieses Symbol, das zur Unterscheidung diente, noch für einen Sinn, jetzt da wir mit dergleichen leben sollten? Unter den Widerwärtigkeiten und Demütigungen hatte ich persönlich bisher wenig gelitten. Die sogenannte privilegierte Mischehe schützte mich vor dem Tragen des Judensterns, und da mein Aussehen gar keine Kennzeichen der semitischen Rasse aufwies, konnte ich mich unbekümmert wie andere bewegen. Wenn ich in der Stadt zu einer zahnärztlichen Sitzung ging oder eine langwierige Besorgung machte, und in der Mittagszeit mich an die Bedürfnisse des Magens mahnte, widersetzte ich mich dem Verbot, ein Lokal zu betreten und aß im Restaurant des Warenhauses Tietz – jetzt Alsterhaus genannt –, dabei stand zwischen den 4 Säulen die Inschrift „Juden unerwünscht" und ich fühlte mich wie unter einer Tarnkappe. Aber meiner Kühnheit setzte ich bald ein Ende, als heimlich der Doktor WM, der das gleiche getan hatte, durch Denunziation böswilliger Nachbarn verhaftet wurde und drei Wochen im Fuhlsbüttel im Gefängnis für sein Vergehen büßen musste. Auch daran hatte ich nicht zu leiden gehabt. Ich selbst war es, die bei manchen den Verkehr abbrach um sie nicht zu gefährden. Nicht nur die Hamburger Gesellschaft, sondern auch das Volk im Ganzen war nicht nationalsozialistisch eingestellt, das wusste Hitler und so kam er ungern in die Hansestadt. Ebenso in den benachbarten Läden, in denen ich einkaufte, wurde ich nie mit üblichen Heil Hitler begrüßt."

Sie schreibt weiter:

„Mit Entsetzen hatten wir schon am Bahnhof entdeckt, dass wir in einem Güterzug befördert werden sollten. Da gab es kein Coupé! Nur Gepäck- oder Viehwagen, in die wir hineingezwängt wurden. In der Mitte des Waggons wurde unser Gepäck abgelagert. Rundherum waren sehr schmale Bänke angebracht. Es war gedrängt voll, viele saßen auf ihrem Gepäck. Unwillkürlich suchte mein Blick den vermeintlichen Beschützer, der mir eine Ruhelage in Aussicht gestellt hatte. Er zeigte sich nicht mehr. Er war in Hamburg geblieben, er und seine lügenhaften Versprechen, und mit ihm manche der letzten Hoffnungen, deren Zerfließen mir erst allmählich bewusst werden sollte. Als die Wagentür nach dem letzten Fahrgast zugeschlagen wurde, waren wir fast im Dunkeln. Eine schwache Beleuchtung spendete spärliches Licht. Fenster gab es natürlich nicht. Wir waren abgestellt von der Außenwelt.

In einem Winkel dieses engen Raumes, in dem wohl 50–60 Insassen zusammengepfercht waren – Männlein und Weiblein – war eine Gardine angebracht. Dahinter ein Kübel! Die Primitivität dieser improvisierten Latrine erschien uns noch schrecklicher als Kälte, Dunkelheit und der harte Sitz. Ich hatte eine große warme Reisedecke bei mir, breit genug um auch Helene H. darin einzuwickeln, die nur notdürftig ausgestattet war. Das war ein Symbol für die Verbundenheit, die während der langen Gefangenschaft in gegenseitiger Hilfsbereitschaft uns ermöglichen sollte, auch das Schwerste zu ertragen. Im Gegensatz zu mir, die ich überreich an Proviant war, die tagelang alles mitzunehmen bis ins letzte durchdacht hatte, hatte sie bis zur letzten Minute Schritte zur Befreiung getan, in immer wieder neuen Versuchen, sich dem Unabwendbaren zu entziehen. Und als dies dann misslang, konnte sie ihr Denken nicht mehr auf die notwendigen Vorbereitungen konzentrieren. Wie gerne habe ich ihr dann geholfen mit den aufgestapelten Schätzen in meinem Rucksack. So saßen wir drei zusammen, die einst auf gesellschaftlicher Höhe gestanden hatten und durch langjährige Anpassung an die arischen Familien unserer Männer der jüdischen Gemeinde ganz entfremdet waren. Von nun an waren wir, alle nivelliert, zu jüdischen Sträflingen gestempelt."

Einige Tage nach der Ankunft im Lager Theresienstadt, nachdem Angele Mummsen mit Schrecken erfahren musste, dass sie aus Platzmangel auf einem völlig unzureichend und katastrophal ausgestatteten Dachboden ohne Bett untergebracht wurde, stellte sie sich langsam auf die Umstände ein. Bei ihrem ersten Rundgang durch die Stadt begegnete ihr die erste Bekannte, die Pianistin Sophie Wohlwill.

Ein weiterer Erfahrungsbericht stammt von Alice Kruse (Kruse, 1969), die mit der Familie Goldschmidt direkt verwandt ist und damit angeheiratet zur Familie Dehn gehört. Sie war mit einem Nichtjuden verheiratet und war schon zu einem Arbeitseinsatz außerhalb Hamburgs befohlen, als sie den Einberufungsbefehl zur Deportation am 14. Februar 1945 erhielt. Dieser Transport verließ Hamburg auf dem Weg nach Theresienstadt. Wegen der Endphase des Krieges dauerte dieser Transport zehn Tage. Sie war von ihrem damals siebenjährigen Sohn und ihrem Mann getrennt worden. Sie beschreibt ihre Ankunft in Theresienstadt:

„Der Bahnhof leuchtete grelles Licht aus, die SS Soldaten, bewaffnet, standen sich in zwei Reihen gegenüber, wir wurden mit unserem Gepäck durch die Reihen getrieben, es wurde uns schwer, da der Boden sehr morastisch war, und wir von der langen Fahrt ermüdet und verängstigt und der Empfang recht gefährlich aussah. Wir gingen durch die Wallanlagen in die unterirdischen Kellerräume der Festung, Schleuse genannt, weil alle Neuankömmlinge dort erst einmal durch mussten. Es standen wohl an den Seiten ältere Lagerinsassen, die uns Mut zuriefen, wir wussten ja nicht, was uns jetzt bevorstand. In den Kellerräumen mussten wir auf die Registrierung warten, wurden jetzt zu einer Nummer, ich Transport VI. 10-163, zugleich bekamen wir den Judenstern. Alles Gepäck und später auch die Kleider (diese gingen in die Desinfektion) wurden uns abgenommen. Bei der Registrierung wurde neben Personalien nach dem Beruf gefragt, wegen der Arbeitszuteilung. Gewohnt, minderwertige schwere Arbeit zu leisten, erwartete ich ähnliche. Ohne Hoffnung nannte ich aber doch meinen ehemaligen Beruf als Jugendleiterin. Ich hatte aber Glück, es war Bedarf dafür. Hunderte von verlassenen und verschleppten Kindern, Waisen aus allen Ländern waren in Kinderhäusern aufgefangen. Dort sollte ich mitarbeiten. In Bademänteln ging es zur Typhusimpfung, recht rigoros ausgeführt und dann ins Bad unter Duschen. Dieses taten wir nicht sorglos, denn es waren viele

Gerüchte mittlerweile schon auch zu uns gekommen. So schlimm auch schon die über Stunden sich hinziehende Prozedur war, diese Angst war unbegründet. Unser Haar wurde bis auf ein Mindestmaß abgeschnitten, wegen der Reinhaltung im Lager, aber es war auch wieder eine entehrende Geste. Wir waren von der Fahrt und alledem müde, aber auch hungrig und zum Schluss wurde der trockene Kartoffelbrei mühsam herunter geschluckt. Man gab sich schließlich völlig zermürbt und hoffnungslos in die Situation der Gefangenschaft und des Ausgeliefertseins.

Dann suchten wir unser neues Quartier auf, nachdem uns Kleider und Gepäck zurückgegeben waren, d. h. wir mussten es suchen. Es war gut durchsucht, das für sie wertvolle herausgeholt worden, wie Taschenlampen, Füllfederhalter, Esswaren und anderes mehr. Geld und Schmuck wurden uns abgenommen. Ich hatte nur 200 RM mitgenommen und ein kleines Medaillon mit den Bildern von Mann und Kind, die Bilder durfte ich herausnehmen. Wir Hamburger Frauen wurden in der Badhausgasse untergebracht. Durch parallel angelegte Hauptwege ging es in parallele Gassen, kleine leicht gebaute verwohnte Häuser mit Torbögen zu den Hinterhöfen, so wie auf der Bühne Elendsviertel gezeigt werden, wo eine Holztreppe auf die Galerie der zweiten Etage führt.

Ich musste mich in der Aufsicht der Fürsorge melden, wo ein kurzes Examinieren stattfand. Die Abteilung stand unter der Aufsicht von Rabbiner Baeck. Man schickte mich in einen Kindergarten, wo eine holländische Jugendleiterin eine tadellose Arbeit leistete, die ich sehr bewunderte. Die Qualität einer solchen Arbeit unter den gegebenen traurigsten Verhältnissen war kaum glaubhaft. Man muss sagen, dass hier eine große Sauberkeit und Ordnung war, die Kinder bekamen zweckmäßige Ernährung und gute Pflege, jüdische Bräuche wurden eingehalten, so wie das feierliche Begehen des Freitag-Abends." (Kruse, 1969)

Alice Kruse wurde schließlich in einem Jugendheim als Sozialarbeiterin eingesetzt und wurde nach viereinhalb Monaten Haft am 26. Juni 1945 nach Hamburg entlassen.

Dies sind sehr unterschiedliche, aber ergreifende Schilderungen von Menschen, die Theresienstadt, das „Muster-KZ", erlitten und überlebt haben. Jeder einzelne Erfahrungsbericht beeindruckt wegen der Beschreibung von menschenverachtenden Handlungen von Menschen gegen Menschen. Es übersteigt weiterhin die Vorstellungskraft, warum und wieso Menschen zu solchen Handlungen fähig waren.

Nach der Befreiung – Das Tagebuch von Wilhelm Mayer 1945/46
Nach Ende des Krieges werden die Informationen über die Realitäten der verschiedenen Vernichtungslager (wie Auschwitz, Treblinka und viele andere mehr) nur langsam der Öffentlichkeit bekannt. Andererseits sind Angehörige zutiefst beunruhigt, was wirklich geschehen ist

und wie es ihren Familienmitgliedern ergangen ist. Daher sind die Aufzeichnungen von Wilhelm Mayer in Peru exemplarisch so wichtig.

Wilhelm Mayer schreibt, gerichtet an seinen ältesten Sohn Enrique:
„Mai 1945: Heute kam von Tante Toni Dehn aus Chicago ein Brief, in dem Folgendes steht: The first thing I have to answer is about your mother [Marie Mayer]. By now you may have heard already from Reinhard [Wilhelms Bruder], and my information, coming from the same source, would only be a repetition. I shall quote from a letter from Alice Kruse to Hannah Meyer in England, sent through an English soldier; Alice Kruse too had been brought to Theresienstadt as late as last February; she returned to Hamburg together with Tante Hedwig and some other people. She writes that Marie Mayer has been transferred from Theresienstadt to Poland last September [1944] and that it seemed impossible to get any information from that country so far. The same description came from a family who arrived in Switzerland from Theresienstadt earlier and who told or wrote to Leni Cohn. They too had the information about Marie and said that had it not been for some trouble she had with her leg, Tante Hedwig might have been allowed to go to Switzerland too. We do not know more than just that.

Tante Toni schreibt, es sei noch Hoffnung vorhanden, denn bisher habe man keine Nachrichten aus Polen erhalten und man sollte an Deine Großmutter wie an eine sehr schwer Kranke und nicht wie an eine Tote denken.

Dein Vater, lieber kleiner Enrique, gehört nicht zu den Leuten, die leicht viele Emotionen haben. Diese Nachricht ist für ihn ja auch nicht ganz unerwartet, denn wir haben ja genug von Gräueln in den Konzentrationslagern gelesen, aber der Mensch lebt von der Hoffnung und ganz tief drinnen habe ich nie bezweifelt, dass Deine Großmutter hier bei uns auf der Chacra leben würde und dass Du, Enrique, sie kennen und lieben würdest.

Wenn Du dieses lesen wirst, so wirst Du Dir sicherlich schon aus den Erzählungen Deiner Eltern ein Bild von Deiner Großmutter gemacht haben, aber hier will ich Dir noch einmal sagen, dass sie klug und sehr tapfer war, begeisterungsfähig und sehr hilfsbereit. Alle, die sie kannten, mussten sie lieb haben und hatten Vertrauen und manchmal Verehrung für sie. Sie war sehr einfach und schlicht und doch sehr kultiviert. Sie war sehr herzlich und offen und kam mit allen Menschen aller Stände und in allen Altern immer gut aus.

28.7.45 Aber ich bin ganz von Tante Hedwigs Brief abgekommen; ich will ihn noch zu Ende abschreiben und meine Kommentare diesmal in Tinte fassen.
[Hier folgt ein Brief, den Hedwig Wohlwill nach ihrer Befreiung an Wilhelm Mayer geschrieben hat:]
Ich und Hanna & Dore Glinzer, die schon seit 1943 heimatlos sind, wir Alten möchten unabhängig von Brandis eine kleine Häuslichkeit für uns haben, Ach, wenn sich das nur verwirklicht. Ich habe es sehr gut, wohne auch zentral, habe günstige Ver-

kehrsmöglichkeiten. Margarete und Jungen & Freunde können mich erreichen. Aber ich wäre draußen doch wieder in eigener Häuslichkeit. Ich habe heute den 3. Brief von Marianne. Sie schreibt so rührend und lädt mich für ein bis drei Monate zu sich ein, sie ist sehr beschäftigt. Ein Klavier bekommt sie in ihre Wohnung und kann musizieren, wenn sie Zeit hat; eine Kollegin spielt gut Klavier. Sie hat große Sehnsucht, bekommt aber vorläufig noch keine Erlaubnis zum Reisen hierher. Durch Marianne habe ich auch gute Nachrichten über Max und die seinen [Max Wohlwill in Australien]. Weihnachten haben sie nach alter Tradition mit Tannenbaum gefeiert.

Am Dienstag, den 26. Juni verließ der Hamburger Transport Theresienstadt, 4 Tage und 5 Nächte dauerte die Fahrt. Des nachts sind wir in irgendwelchem Haus in großen Scheunen, auf Säcken untergebracht, auf dem Fußboden liegend [Tante Hedwig ist fast 70 Jahre alt]. Das macht mir gar nichts aus.

Eine Nacht blieben wir im Omnibus, ich reise in einem Roten Kreuz-Wagen. Ich war in Theresienstadt ziemlich heruntergekommen, konnte kaum gehen! Ich habe mich auch sehr erholt, besonders jetzt unter der fürsorglichen Pflege der guten Frau Wacker. Ich habe dort im Konzentrationslager unterrichtet, Kinder betreut. Jetzt habe ich es sehr schön warm. Eben war Herrmann Brandis hier. Im September wurde er 15 Jahre alt. Er hilft mir sehr, besorgt gern für mich, denkt nach, was ich nötig habe. Ich will mit ihm die Biographie von Galilei, Geschichten von seinem Urgroßvater Wohlwill, lesen. Es ist broschiert. Dr. Eggers will es einbinden. Ich lese auch allerlei Geschichtliches, Herrmann und ich werden beide nicht alles verstehen, aber es ist wunderschön geschrieben, wir werden Freude daran haben. Ausgezeichnet entwickelt hat sich auch der 2. Sohn Brandis, Albrecht Max. Er sorgte für Vater und Mutter, die es beide schwer haben. Hoffentlich bekommen sie im Frühjahr eine eigene Wohnung. 1942 haben sie vom August bis Ende Januar in Alsterdorf gewohnt und haben sich dort noch recht glücklich gefühlt. Im Januar 1943 ist ihre Wohnung völlig zerstört in Barmbeck, sodass sie alle zerstreut wurden. Albrecht Max zog nachher wieder zu den Eltern als der Vater in Wilhelmsburg eine Praxis für einen anderen Arzt übernahm. Er hat wirklich wie ein reifer Mensch alles für seine Eltern getan. Die 3 anderen Jungen blieben in einem Heim (Kupfermühle) auf dem Lande. Jetzt sind Hermann und Albrecht Max in Wilhemsburg und gehen beide auf die Oberschulen und sind ganz glücklich dort. In ihrer Musik-Ausbildung sind sie reifer geworden. Hermann spielt sehr gut Klavier. Das wird hoffentlich besser werden, wenn sie in eine eigene Wohnung kommen. Thomas, der ist 10 Jahre alt, spielt sehr gut Geige. Albrecht Max wird Anfang Mai 14 Jahre alt, spielt Cello. Thomas ist auch schon selbständig, hilft, und ist da noch der 6-jährige Matthias. Er hat erst ein halbes Jahr Unterricht und hat seiner Mutter neulich einen inhaltsreichen Brief geschrieben. Er hat viele Fehler gemacht, orthographische. Die Kinder entbehren das Familienleben sehr! Vater Albrecht (der Arzt) hat mit dieser Heimatlosigkeit sehr gelitten.

Das Traurigste, was ich in Theresienstadt erlebt habe außer dem Tode meines Mannes, war das Verlorengehen unserer Schwester Marie. Am 16. Mai 1944 kam sie von Theresienstadt fort. Ich habe dann nicht wieder von ihr gehört. Ich habe durch einen Courrier noch einmal geschrieben, und manchmal denke ich, sie hat sich mit ihrer Tüchtigkeit irgendwie durchgeschlagen, und taucht vielleicht noch einmal in Südamerika auf. Aber jetzt habe ich die Hoffnung doch aufgegeben. Jüngere Menschen sind zurückgekehrt. Ich weiß von einer, die aus Belsen zurückgekehrt ist. Marie war immer mutig und hoffnungsvoll und sehr demütig in ihr Schicksal ergeben. Ich glaubte niemals an eine Heimkehr und dann kam ich zurück.

Ich füge noch hinzu, dass Heinrichs Schwester Sophie im Januar 1943 nach Theresienstadt kam, um bei Heinrich zu sein, aber er lebte nicht mehr. Im März 1944 starb Sophie an Schwäche, ähnlich wie Heinrich. Von all der alten Generation starben Georg und Helene Gerson, Martha Loewenberg & Ella Nauen.

Tante Hedwig vergisst ganz Heinrich Mayer zu erwähnen. Aus dem ganzen Brief kann man wohl sehen, wie sie gelitten hat, aber auch wie zäh die Menschheit ist. Sie denkt, ihr altes Haus wiederaufzubauen und dort mit alten Freundinnen zu leben, sie denkt Marianne in England zu besuchen. Sie nimmt an der Entwicklung ihre Enkel teil, sie liest Bücher, bildet sich weiter.

[Aus einem Brief von Frau Anna Warburg an Wilhelm Mayer, Stockholm, 2. August 1945:]

Thank you for your letter of 4 of July. Before and after that I have tried to trace your mother, but unfortunately I have not been able to get any news. But don't lose all hope yet. There are some people rescued, one can't get the names of, partly because they have been placed in so many different places & partly because it is nearly impossible to get news from the parts occupied by the Russians. I have written to England and asked if they have the names on their lists. Our niece Anita Warburg is working in a committee that tries to get lists of missing people. The last postcard I got from your mother was written January 1944. I will send you the few postcards I got from your mother. What they say & what we have heard afterwards of people who have been in Theresienstadt, they did not have an awful time there. They were just a Jewish town with their own Bürgermeister and hospitals and good doctors. And I heard that your father as well as your uncle Heinrich Wohlwill died peacefully in the hospital. If your mother was deported with those others about a year ago, I don't think she did suffer long. Though of course I do not mean that it was not awful anyhow. But I think those had a very short suffering. But I hope you will find her one day. I was very fond of your mother, though we seldom met in the last years. I worked so much social work and had such a large family. I wish I could have written something nice to you but there still is so much sadness in the world one can't think of much else even if one has the personal happiness to have one's family saved. Give my love to Franziska and unbekannterweise to your wife and to your little son too. With kind regards your Anna Warburg.

Du magst nach Vielem fragen, wenn Du diesen Brief liest, in dem sogar Du einen Gruß kriegst, aber vielleicht wirst Du fragen: Wie kommt es und warum schreibt diese Dame denn auf Englisch, wenn sie doch aus Hamburg ist, und auch die Person, an den sie schreibt, besser Deutsch als Englisch spricht. Wir haben nicht nur keine Heimat mehr, wir haben nicht einmal mehr eine Muttersprache.

[Ergänzend muss man sich fragen, wie naiv Frau Warburg die Verhältnisse von Theresienstadt registriert hat – „they did not have an awful time", schreibt sie. Das belegt u. a. die mangelnde Information über die wirklichen Verhältnisse in den KZs.]

„Aus einem Brief von deiner Großmutter Marie Behrendt vom 1/9/45 aus Buenos Aires

… am 17. August, als ich das Telegramm an Euch sandte, hatte ich durch Mercedes Ascher gehört, dass Alice Kruse von ihrer und Hedwig Wohlwills Rückkehr nach Hamburg berichtet hat. Und kein Wort von Mutter. Mir wurde eiskalt und mir schien klar, es muss etwas passiert sein. Aber nun wollte ich doch, bevor ich Euch dies schrieb, wissen was Ihr wisst …

Aber wir alle trauern mit Euch. Eine gütige, kluge Mutter. Wir fühlen den Verlust selbst so schwer, dass wir wissen, was Du lieber Wilhelm leidest; nachdem man gerade gehofft hatte, sie noch für vieles entschädigen zu können … Ich weiß, dass das gemeinsam Tragen nur noch fester miteinander verbinden wird & in Eurer Mutter liebensvoller Art lag es, dass Euer Glück voll wird, Euch an Eurem Sohn freut, der ja immer süßer wird. Die letzten Bilder liegen dauernd vor mir. Er hat so einen bezaubernden Ausdruck … Mit Eurer Mutter haben offenbar sehr, sehr viele das Gleiche erlitten … Und ich war überzeugt, Mutter würde diesem Schicksal entgehen".

11.9.45

Bei Goethe kannst Du lesen:

 Nach drüben ist die Aussicht uns verrannt;
 Tor, wer dorthin die Augen blinzelnd richtet,
 sich über Wolken seinesgleichen dichtet!
 Er stehe fest und sehe hier um sich,
 den Tüchtigen ist diese Welt nicht stumm.
 Was braucht er in die Ewigkeit zu schweifen!
 Was er erkennt lässt dich ergreifen.
 Er handel so den Erdentag entlang;
 Im Weiterschreiten find' er Qual und Glück,
 er unbefriedigt jeden Augenblick

Solche Dinge waren für Deinen Großvater nicht nur wunderschöne Worte, sondern verpflichtende Lehren. Vielleicht komme ich auch einmal dazu, Dir meine Gedanken darüber aufzuschreiben, warum allen Religionen, Verpflichtungen, Philosophien d. h. also Weltanschauungen nie das mystische Element ganz fehlt, selbst wenn sie sich noch so rationalistisch geben.

Trotzdem: in uns lebt, was unsere Vorfahren waren und wenn wir uns der Erbschaft klar sind, so kann die daraus entstehenden Verpflichtung uns Kraft und Hilfe sein auf dem Lebensweg. Lotti Cohn, eine Verwandte von Euch, legte folgende Zeilen ihrer (und meiner) Tante Elisabeth Goldschmidt hin, als sie 1938 im Juli Deutschland verließ:

Was gewesen, nimmer erstirbt es,
brennt, leuchtet, wirkt weiter in Kindern und Enkeln
Besonnte Kindheit, geborgene Jugend; unendliche Liebe
Euch gegeben in ruhevollen, glücklichen Tagen
Aufstrahlen wird sie in dunklen Zeiten
Zaubrisch wie Sonnenlicht oder ein Lächeln
Trübe Schwere aufzuhellen
Über alle Länder verstreut & Meere
Bindet Euch Gleiches vielfältig Erleben
Bindet Euch Tausend Fäden der Liebe untrennbar
Begegnet Ihr Euch ersteht Euch die Heimat!
Güte und Rechtlichkeit, lebend im Blute der Ahnen
Euch und den Kommenden sei sie Erbe und Frohe Verpflichtung
Eine Fackel weitergereicht vom Vater dem Sohne
Licht und Wärme spendend dem Träger seiner Umwelt!
Dem Geiste der Alten getreu, zum Segen Euer Geschlechter

Nun versteht ihr vielleicht, warum ich mir diese Arbeit mache, hier allerhand aufzuschreiben: Güte und Rechtlichkeit, lebend im Blute der Ahnen, Euch den Kommenden (dieses seid Ihr!).

Leider nämlich ist die Sache mit dem „lebend im Blute der Ahnen" mehr ein poetischer Ausdruck, denn wie Goethe sagt: „Was Du ererbt von Deinen Ahnen hast, erwirb es um es zu besitzen", und ich hoffe, dass ich mit dieser Geschichte Euch helfe, dieses Erbe zu erwerben. Denn ich glaube fest, dass es die Mühe lohnt, dass es ein Erbe ist, das Euch Flügel wachsen lassen kann, mit denen ihr euch aufschwingen könnt, und euch frei machen könnt von mancher bösen Sklaverei.

Abschließende Betrachtungen

Diese Chronik berichtet über zwei Hamburger Familien, die sich von der jüdischen Religion losgelöst frei entwickelt haben und sich bis 1933 integriert gefühlt haben in die bürgerliche Hamburger Gesellschaft. Das 19. Jahrhundert bot für jüdische Bürger eine ungeahnte Entfaltungsmöglichkeit, die nicht nur den Zugang zu höheren Schulen, sondern auch die Weiterbildung in Universitäten und die Ausbildung in anderen Berufen ermöglichte. Gerade diese Familien belegen beispielhaft, wie wissbegierige und intelligente junge Menschen die Möglichkeiten aufgriffen, um in ganz verschiedenen Berufen ihre Laufbahn zu verfolgen. Sie stammten ursprünglich aus jüdisch-orthodoxen Kreisen und konnten sich von dieser Bildungsenge und traditionellen Familienstruktur lösen. Am Beispiel des Gründers der Familie Wohlwill, Immanuel (Yoel Wolf), wird diese Entwicklung illustriert. Seine Schulerfahrung in der progressiv ausgerichteten Jacobson-Schule hat seine Perspektiven für die gesellschaftliche Stellung der jüdischen Bevölkerung radikal verändert. Während sein Vater noch traditionell als Talmud-Lehrer lebte, konnte sich der Sohn durch die von ihm besuchte Schule in Seesen, in der er mit jüdischen Internatsschülern und christlichen Schülern des Ortes zusammentraf, davon lösen. Im Gegensatz zu seiner elterlichen Prägung wurde er zu einem Verfechter einer neuen Aufklärung, die ihn so weit brachte, dass für ihn die Religionen gleichberechtigt sein sollten. Diese progressive und liberale Einstellung war die Voraussetzung dafür, dass diese Schule heute als Vorreiter des progressiven Judentums in Deutschland gilt (Frassl, 2001).

Es ist nicht verwunderlich, dass sich daher seine Kinder, insbesondere nach seinem frühen Tode, frei entwickeln wollten und zur Religion ein eher reserviertes Verhältnis einnahmen. Emil, der ältere Sohn von Immanuel Wohlwill, ist vermutlich durch die diskriminierenden Erfahrungen als Schüler in Blankenburg im Harz besonders negativ beeindruckt worden. Als einziger Jude in dieser Schule wurde er ständig gehänselt und hat darunter offensichtlich sehr gelitten. Erst der Umzug nach Hamburg und der Eintritt in das Johanneum eröffnete ihm den Kontakt zu anderen jüdischen Schülern und die Möglichkeit, seine freiheitlichen Gedanken zu teilen. Für alle fünf Kinder von Immanuel und Friederike Wohlwill, geb. Warburg, galt diese freiheitliche und liberale Grundeinhaltung für ihr ganzes Leben.

Ähnlich gilt es für die Familie Dehn, die ursprünglich geprägt war von Vorfahren, die Rabbiner waren und sich nach jüdischer Tradition entwickelt hatten, sich jedoch mit der Person von Maximilian Dehn, der als Arzt frühzeitig liberal und progressiv dachte, von der strengen Religion gelöst hatte. So galt für die acht Kinder eine liberale Grundeinstellung, die sie nicht zum Christentum führte, der Toleranzgedanke stand in ihrer Weltanschauung und Philosophie jedoch sehr stark im Vordergrund. Wir wissen zu wenig über den früh verstorbenen Maximilian Dehn und wie er wirklich dachte. Andererseits ist es der Witwe Bertha Dehn, geb. Raf, offensichtlich gelungen, ihre Kinder liberal und frei zu erziehen. Vermutlich hat Bertha Dehn in ihrer Herkunftsstadt, Valparaíso in Chile, diese Prägung erhalten.

Sowohl die Kinder von Immanuel und Friederike Wohlwill als auch die von Maximilian und Bertha Dehn entwickelten sich ganz individuell nach ihren Neigungen. Darunter waren Kaufleute, Wissenschaftler, Pädagogen und Künstler. Die bunte Mischung in dieser Generation, denen es offensichtlich gestattet wurde, ihre Neigungen zu pflegen und sich beruflich entsprechend zu entwickeln, zeichnet beide Familien aus. Durch die unverkennbar beeindruckenden Leistungen einzelner Mitglieder wurden diese in der bürgerlichen Gesellschaft anerkannt und prägten die Hamburger bürgerliche Gesellschaft in ihrer liberalen, offenen Haltung mit. Es ist aber nicht zu verkennen, dass diese erste Generation nach Immanuel Wohlwill und Maximilian Dehn jeweils mit jüdischen Partnern eine Familie gründeten. Erst in der darauffolgenden Generation finden sich einige Beispiele für Mischehen. Diese Tatsache sollte in der Zeit nach 1933 noch eine nicht unerhebliche Rolle spielen. Die Nachforschungen zu diesen beiden Familien zeigen in den 20er Jahren des 20. Jahrhunderts, dass der enorm enge Kontakt untereinander sehr auffällig war. Natürlich gab es viele berufliche und persönliche Kontakte zu nichtjüdischen Menschen, vielfach auch durch die ausgeübten musikalischen Aktivitäten, was einen großen Stellenwert in diesen Familien hatte. In den Schilderungen der gesellschaftlichen Erlebnisse lag der Schwerpunkt aber meist auf den engen Beziehungen innerhalb der Familie. Die Mitte bis Ende der 1920er Jahre sich stärker entwickelnde antisemitische Haltung innerhalb der deutschen Gesellschaft hat sicher auch Spuren hinterlassen im Selbstverständnis dieser beiden Familien. Nach der erfolgreichen privaten und beruflichen Weiterentwicklung aller Familienmitglieder wurde 1933 mit der Machtübernahme der Nationalsozialisten das Leben sofort anders geprägt. Sehr bald wurde klar, dass man als Jude nicht nur durch die Religion definiert war, sondern der Ahnenpass jedes einzelnen deutschen Bürgers darüber bestimmte, wer den Ariernachweis antreten konnte. Alle Bürger, die von jüdischer Abstammung waren, wurden gleichgesetzt, ob noch an die jüdische Religion gebunden oder zum Christentum übergetreten. Es wurde kein Unterschied gemacht. Das „Gesetz zur Wiedereinführung des Berufsbeamtentums" vom 7. April 1933 hatte die zwangsläufige Konsequenz, dass Juden nach dieser Definition nicht mehr in öffentlichen Einrichtungen tätig sein konnten. Dies betraf aus unserer Familie Bertha Dehn als Musikerin, Paul Wohlwill als Richter, Friedrich Wohlwill als Arzt, Gretchen Wohlwill als Kunsterzieherin und Rudolph Dehn als Vorsitzender der Anwaltskammer. Diese Bestimmungen wurden ausgeweitet auf alle anderen Berufe in der Wirtschaft und in der Kunst. Ärzte mussten die Krankenhäuser verlassen, Richter wurden entlassen, Anwälte konnten nicht mehr tätig werden, Musiker mussten die Orchester verlassen und Kunsterzieher als Lehrer in Schulen verloren ihre Position. Junge Menschen, die noch gerade Abitur machen durften, konnten nicht mehr die Universität besuchen und wurden von heute auf morgen gezwungen, sich nach Alternativen umzusehen. Familien, die über die nötigen finanziellen Mittel verfügten, setzen alles daran, ihre Kinder ins Ausland zu schicken. Die einzelnen Schicksale der Familien, die ihre Kinder wegschicken mussten, sind von erschütternder Dramatik. So ist ein Teil der Kinder der Familie Dehn zum Beispiel in die Schule in Bunce Court geschickt worden. Andere wurden in die USA und nach Südamerika geschickt und sollten dort ein eigenes Leben aufbauen. Die zurückbleibenden Eltern sind dann teilweise etwas später auch ins Ausland gefolgt und haben dann ihre Kinder wieder aufnehmen können. Andere haben es nicht mehr geschafft. Dieses gilt für die Familie Heinrich und Marie Mayer, wie auch für Heinrich und Hedwig Wohlwill und die Schwester von Heinrich, Sophie Wohlwill.

Die Nachforschungen über die einzelnen Familien haben immer wieder die Frage aufgeworfen, warum diese Familien nicht rechtzeitig doch noch die Flucht erwogen haben. Es bleibt die Vermutung, dass die ältere Generation, die so verdient in der Gesellschaft gewirkt hatte, sich lange Zeit nicht hatte vorstellen können, dass sie ein solches grauenhaftes Schicksal ereilen würde. Auch muss bedacht werden, dass es keine realen Vorstellungen über die Gräueltaten gegeben hat. Aus späten Briefen von Heinrich Wohlwill (1941 und 1942) an seinen angeheirateten Neffen Robert Solmitz wird schließlich die Verzweiflung erkennbar, dass er und Hedwig sich wohl zusammen mit der Familie Mayer und seiner Schwester Sophie in ihr Schicksal ergeben müssten. In seinen Briefen erscheint immer wieder die Formulierung „uns geht es immer noch ganz gut".

Die Perfidie, die sich unter dem Stichwort „Endlösung der Judenfrage" zeigte, wurde mit dem Lager Theresienstadt, bevorzugt für die älteren jüdischen Bürger gedacht, sichtbar. Dieses Gefangenenlager war ein auf Jahre hingezogener langsamer Tod für viele Insassen. Es war kein Vernichtungslager wie Auschwitz oder Treblinka, aber die Lebens- und Leidensbedingungen durch die räumlichen Verhältnisse und die extreme Mangelernährung war bewusst auf ein langsames Sterben der meisten Menschen ausgerichtet. Es wurde auch als ein Durchgangslager bezeichnet, durch das viele Menschen aus Deutschland und Europa gehen mussten, um dann in die Vernichtungslager in Polen und anderen Ländern transportiert zu werden. Von meinen fünf Familienmitgliedern hat nur Hedwig Wohlwill drei Jahre Haft in Theresienstadt überlebt. Über diese Zeit hat sie nie wirklich reden können. Andere haben in ausführlichen Berichten ihren Aufenthalt beschrieben, aus diesen Zeugnissen kann man sich wirklich die Lebensumstände der Inhaftierten vorstellen, ohne die Gründe jemals verstehen zu können. Ich habe diese Recherchen in den Archiven und eigenen Unterlagen über viele Jahre zusammengetragen, um der nächsten Generation meiner Kinder, meiner Enkel, meiner Nichten und Neffen sowie den weiteren Familienangehörigen eine Dokumentation zu überliefern, die mir wichtig erscheint. Wichtig ist es mir, dass diese Geschehnisse, diese Verbrechen in den nächsten Generationen erinnert werden. Für unsere eigenen Nachkommen erscheint der direkte Bezug zu ihren Verwandten vielleicht der wichtigste Schlüssel zu sein, sich der Geschehnisse in der nationalsozialistischen Zeit und der Ideologie der Judenvernichtung bewusst zu werden.

Literaturverzeichnis

Aarons, Victoria / Berger, Alan L.: Third-Generation Holocaust representation. Trauma, History and Memory. Illinois, USA, 2017

Benz, Wolfgang: Theresienstadt. Eine Geschichte von Täuschung und Vernichtung. München 2013

Bernstein, Elsa: Das Leben als Drama. Erinnerungen an Theresienstadt: Dortmund 1999

Blumenthal, W. Michael.: Die unsichtbare Mauer. Die Dreihundertjährige Geschichte einer deutsch-jüdischen Familie. München 2004.

Bourne, Eric: Bunce Court. Story of a school. Maidstone, UK, 2004

Brandis, Matthias.: Die Familie Wohlwill. Eine jüdische Hamburger Familie im 19. und 20. Jahrhundert. Vortrag im Verein für Hamburgische Geschichte: Hamburg 2009

Brent, Leslie.: Ein Sonntagskind. Berlin 2010

Bruhns, Maike.: Geflohen aus Deutschland. Hamburger Künstler im Exil 1933–1945. Bremen 2007

Büttner, Ursula / Jochmann, W.: Hamburg auf dem Weg ins Dritte Reich. Entscheidungsjahre 1931–1933. Hamburg 1993

Büttner, Ursula: Die Not der Juden teilen. Beispiel und Zeugnis des Schriftstellers Robert Brendel. Hamburg 1988

Chernow, Ron.: The Warburgs. A Family Saga. London 1993

Dawson, John: „Max Dehn, Kurt Gödel and the Transsibiran Escape Route", in: *Notices of the American Mathematical Society* 2002, 49, Nr. 9, S. 1068–1075.

Elon, Amos: Zu einer anderen Zeit. Porträt der jüdisch-deutschen Epoche (1743–1933). Aus dem Amerikanischen von M. Fienbork. München 2003

Frassl, Joachim: Die Jacobson Schule in Seesen. Festschrift: 200 Jahre Jacobsonschule. Seesen 2001

Frassl, Joachim: Suche nach dem Erinnern. Der Jacobsontempel, die Synagoge der Jacobsonschule in Seesen. Seesen 2003

Friedländer, Saul: Das Dritte Reich und die Juden. München 2007

Grenville, John: The Jews and Germans of Hamburg. The destruction of a civilization. Abingdon-on-Thames, UK, 2012

Grolle, Joist: „Wohlwill, Anna", in: Kopitzsch, Franklin / Brietzke, Dirk (Hg.): Hamburgische Biographie, Band 1. Göttingen 2001, S. 349f.

Heine, Heinrich: „Brief an Immanuel Wohlwill". In: Heinrich Heine Säkularausgabe, Bd. 20, S. 71, Brief Nr. 47

Henderson, Marius / Lange, Julia: Entangled Memories. Remembering the Holocaust in a Global Age. Heidelberg 2017

Herzig, Arno (2007): „Immanuel Wohlwill (1799-1847). Protagonist der jüdischen Reform und Akkulturation", in: Brietzke, Dirk / Fischer, Norbert / Herzig, Arno

(Hg.): Hamburg und sein Norddeutsches Umland. Aspekte des Wandels seit der Frühen Neuzeit. Hamburg 2007

Jacobson, Herrmann; Rede, gehalten bei der Einführung der am 8. Juli stattgefunden Einführung des Herrn Immanuel Wohlwill als Directors der Jacobson-Schule zu Seesen. Braunschweig 1838

Jarck, Felix: „Der Anatom Friedrich Wohlwill", in: Portugal-Post Nr. 33, Februar 2006

Kleinert, Andreas: „Sudhoff-Vorlesung über Emil Wohlwill", in Deutsche Gesellschaft für Geschichte der Medizin, Naturwissenschaft und Technik 1901–2001, aus Anlaß des 100-jährigen Bestehens, S. 1–4

Kruse, Alice: Aufzeichnungen über unseren Abtransport nach Theresienstadt. New York 1969

Krüss, Hugo: Trauerrede zu Emil Wohlwill, 5.2.1912. Unveröffentlichtes Manuskript. Hamburg 1912

Mumssen, Agnele: Wie ich Theresienstadt erlebte, 10.1944 bis 30.6.1945. Unveröffentlichtes Manuskript. Hamburg 1958

Nonne, Max: „Mein verehrter und Lieber Herr Wohlwill. Laudation zu Wohlwills 70. Geburtstag", in: *Gazeta Medica Portuguesa*. Separata Do Volume IV Nr. 3, 1951

Schütt, Hans-Werner: Emil Wohlwill. Galilei-Forscher, Chemiker, Hamburger Bürger im 19. Jahrhundert. Beiträge zur Wissenschaftsgeschichte. Hildesheim 1972

Starke, Käthe: Der Führer baut den Juden eine Stadt. Berlin 1975

Taubitz, Jan.: Holocaust Oral History und das lange Ende der Zeitzeugenschaft. Göttingen 2016

Von Treuenfeld, Andrea.: Erben des Holocaust. Leben zwischen Schweigen und Erinnerung. Die Vision der Neuen Welt. Gütersloh 2017

Wohlwill, Adolph: Geschichte des Elsasses: eine kurze Übersicht. Hamburg 1870

Wohlwill, Adolph: Weltbürgerthum und Vaterlandsliebe der Schwaben, insbesondere von 1789 bis 1815. Hamburg 1875

Wohlwill, Adolph: Aus drei Jahrhunderten der hamburgischen Geschichte (1648–1888). Hamburg 1897

Wohlwill, Adolph: Neuere Geschichte der Freien und Hansestadt Hamburg, insbesondere von 1789 bis 1815. Gotha 1914

Wohlwill, Emil: Galilei und sein Kampf für die Kopernikanische Lehre. 1. Band. Hamburg / Leipzig 1909

Wohlwill, Friedrich: Lebenserinnerungen, Boston 1953, unveröffentlichtes Manuskript.

Wohlwill, Friedrich: „Über die nur mikroskopisch erkennbare Form der periarteriitis nodosa", in: *Zeitschrift für Pathologie* 1923, 34, S. 510

Wohlwill, Gretchen: Die Trauerrede, die am Grab von Sophie Wohlwill nicht gehalten werden konnte. Unveröffentlichtes Manuskript, Lissabon, Portugal 1945

Wohlwill, Gretchen: Lebenserinnerungen einer Hamburger Malerin. Hamburg 1984

Wohlwill, Hedwig: Lebenserinnerungen an Heinrich Wohlwill. Persönliches Manuskript für ihre Enkel. Hamburg 1947

Wohlwill, Immanuel: „Über den Zustand der Jacobsonschule in Seesen während der letzten 3 Jahre", in: *Allgemeine Zeitung des Judenthums*, 1. Jg, Heft 1, 1847

Wohlwill, Immanuel: Verbesserung der sittlichen Erziehung des Hauspersonals. Unveröffentlichtes Manuskript. Seesen 1847

Abbildungsnachweis

Abb. 3: Katalog zur Jacobson-Ausstellung in Seesen, 2019

Abb. 8, 25, 26, 39, 40, 48 und 50: Staatsarchiv Hamburg

Abb. 14: Sabine Wohlwill, Sidney, Australien

Abb. 17: Aus dem Film „Where death wears a smile" (1985) von Frank Heimann und Paul Rea

Abb. 28: Renate Kelaher, Sidney, Australien

Abb. 34: Ursula Osborne, USA

Abb. 36: Geni.com

Abb. 42: Dawson, John: „Max Dehn, Kurt Gödel and the Transsibiran Escape Route", in: *Notices of the American Mathematical Society* 2002,49, Nr. 9, S. 1068–1075.

Abb. 47 und 48: Enrique Mayer, Rio de Janeiro, Brasilien

Abb. 49, 51, 52, 53, 54 und 55: Aus dem Nachlass von Bertha Dehn

Alle anderen Abbildungen befinden sich im Besitz der Familie des Autors.

Genealogy and family trees of two jewish families from Hamburg

Wohlwill und Dehn
From 1800 to 2019
Originally established by Christopher Winter (Wohlwill),
Sidney/Australien
Modified, actualised and newly structured by Matthias Brandis,
Freiburg, March/June 2019

*This genealogy contains with few exceptions
not the living family members.
The complete genealogy with all living family members
can be ordered through the author.*

Wohlwill family

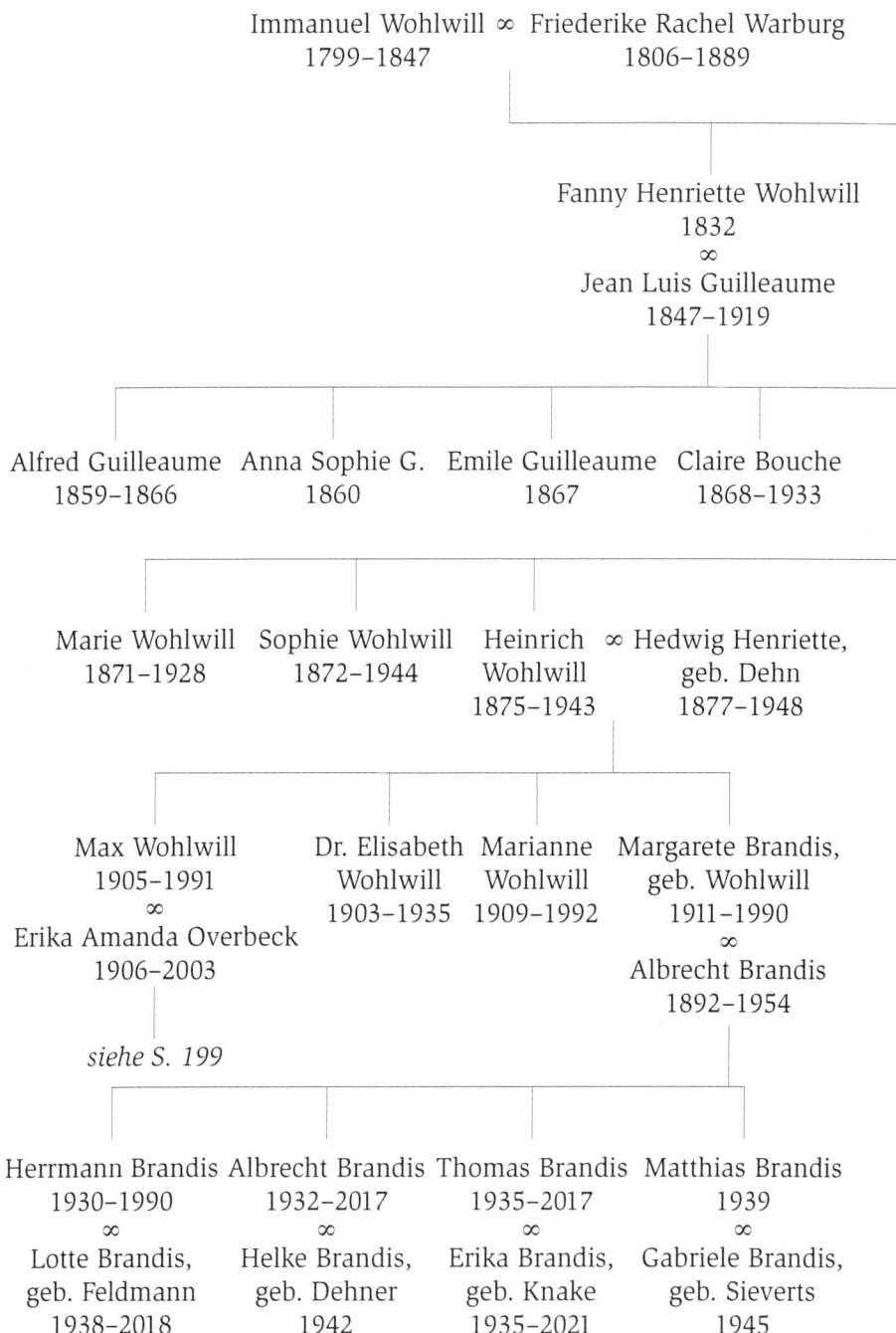

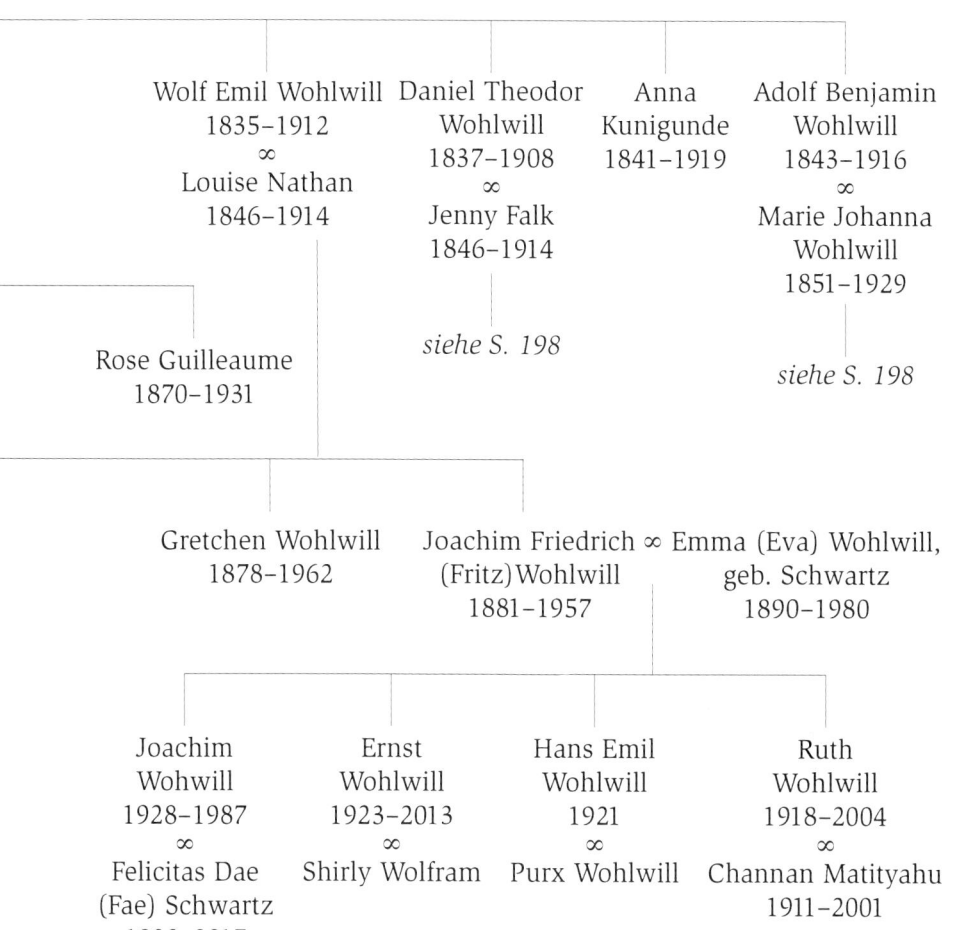

Daniel Theodor Wohlwill ∞ Jenny Falk
1837–1908   1846–1914

Paul Wohlwill
1883–1972
∞
Emmy Auguste Thomas
1883–1961

Emile Wohlwill
1871–1960
∞
Martha-Louise Wohlwill (Volville)
1883–1972

Andreas Wohlwill
1911–2001
∞
Friedel Wohlwill
1918–2013

Barbara Wohlwill
1908–1991
∞
Karl Auerbach
1906–1975

Suzanne Jeanne Volville
1906
∞
Jean Albert Richard
1900

Robert Charles Theodor Wohlwill
1908–1983
∞
Suzette Marie Karcher

Adolph Benjamin Wohlwill ∞ Marie Johanna Wohlwill
1843–1916   1851–1929

Otto Wohlwill
1876
∞
Alexina Honeyman Murray
1875

Conrad Wohlwill
1881–1946
∞
Margarete Theimann
1898

Rudolph Wohlwill
1881
∞
Catherine Williamson
1882

Hedwig Wohlwill
1884

Elisabeth Marie   Ida Wohlwill
1916

— 198 —

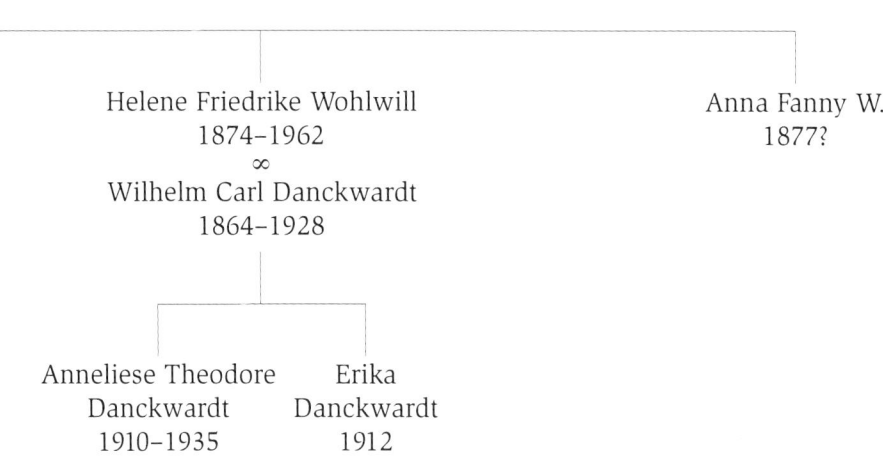

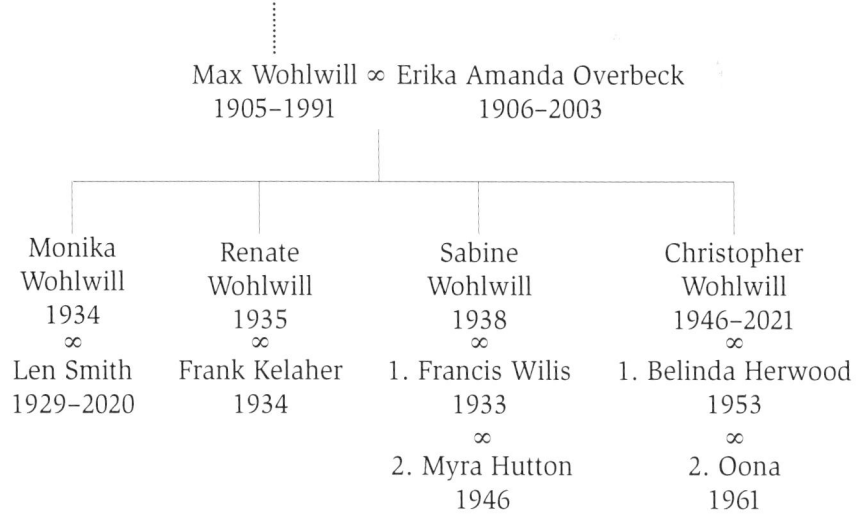

Dehn family

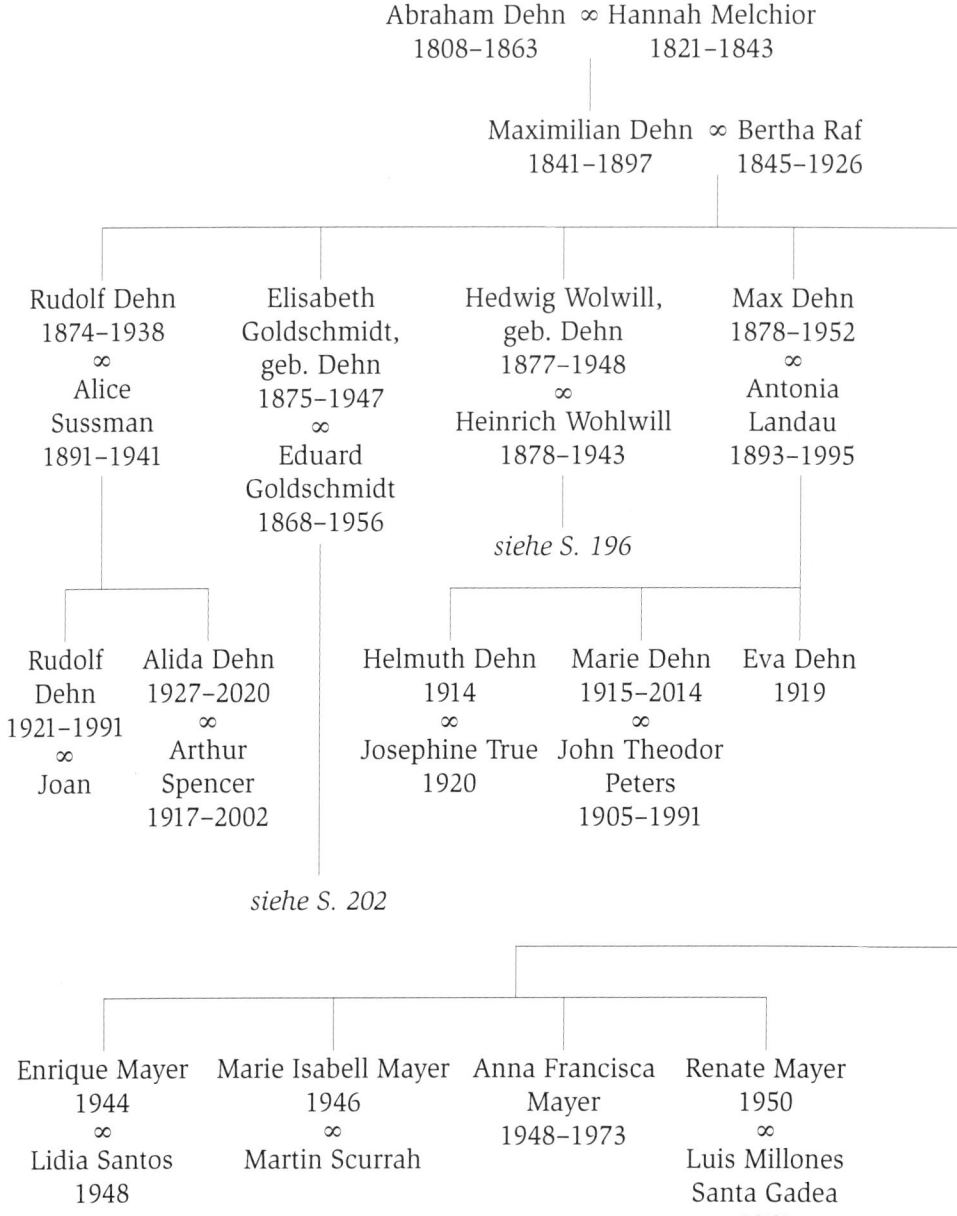

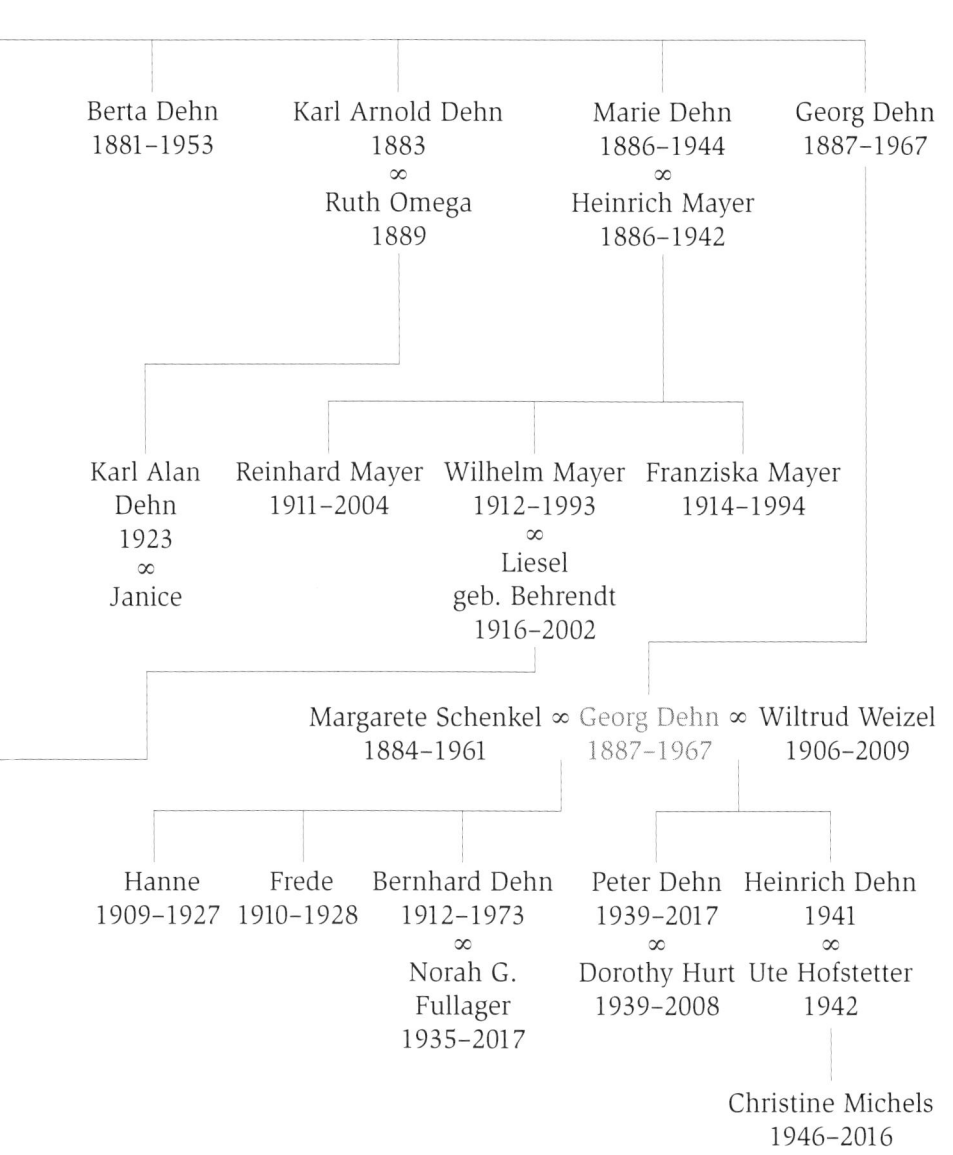

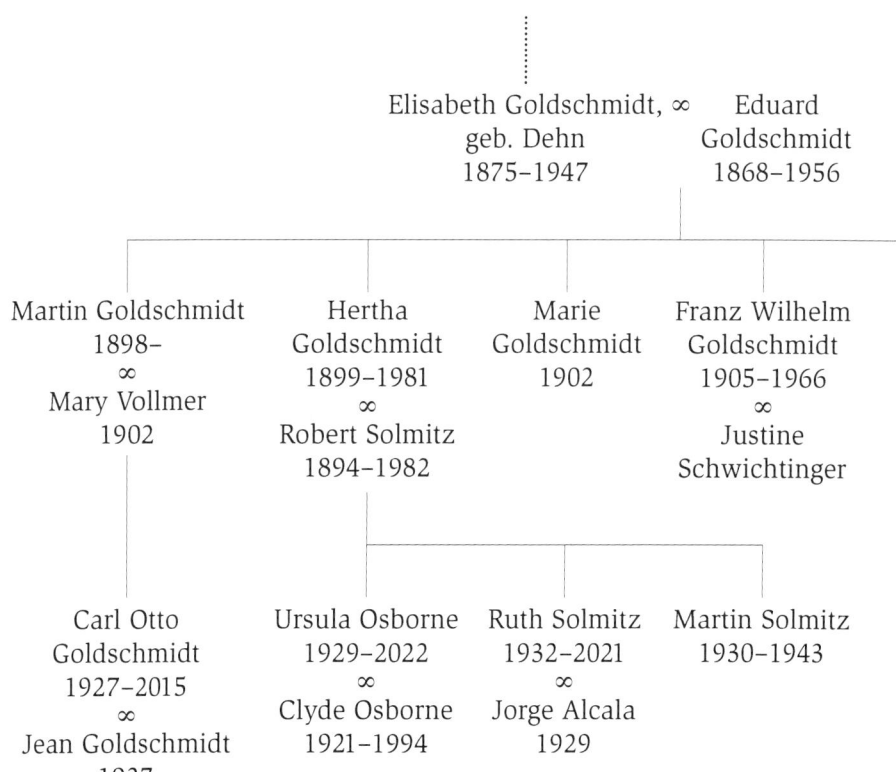

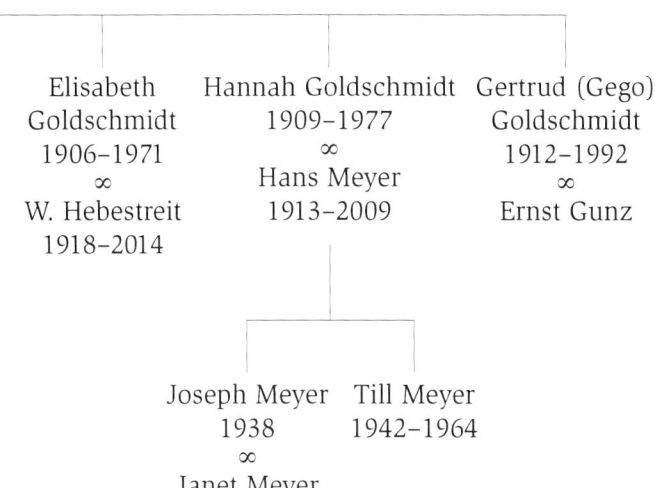

Danksagungen

An erster Stelle danke ich Herrn **Philipp Hartmann** für das hervorragende Lektorat dieses Manuskriptes. Ohne seine hochprofessionelle Hilfe wäre das Buch nicht so entstanden.

Ich danke besonders meiner Frau **Gabriele Brandis** und meiner Tochter **Johanna Menzinger** für das Korrekturlesen und die wichtigen Hinweise zur Formatierung und IT-Dokumentation.

Meinen Cousinen **Sabine Erika** und **Renate Kelaher** in Sidney, Australien danke ich für die Überlassung der Briefe meiner Großeltern.

Meinem Vetter **Christopher Wohlwill (Chris Winter †)** in Sidney danke ich für seine jahrelange Zusammenstellung der Genealogie, die sich im Anhang dieses Manuskripts findet. Gern hätte er diese Dokumentation noch gelesen.

Meiner Cousine **Ursula Osborne** in Kalifornien danke ich für die ergänzenden Briefe aus dem Robert Solmitz Archiv und Robert Solmitz' Bericht über die „Oase" (Leo Baeck Institut, New York).

Meinem Vetter **Prof. Tilo Brandis**, Berlin, danke ich für die Transkription der teilweise in Sütterlinschrift verfassten Briefe, sodass ich diese alle in den PC übertragen konnte.

Prof. Enrique Mayer, Rio de Janeiro, danke ich sehr dafür, dass ich die wichtigen Erinnerungen von seinem Vater Wilhelm Mayer in das Manuskript übernehmen konnte.